中山出版
ZHONGSHAN PUBLISHING
香山承文脉 好书读百年

创变百年

老字号咀香园的传承与发展

谭华健　著

SPM
南方出版传媒
广东人民出版社
·广州·

图书在版编目（CIP）数据

创变百年 ： 老字号咀香园的传承与发展 / 谭华健著. -- 广州 ： 广东人民出版社，2020.10

ISBN 978-7-218-14095-7

Ⅰ. ①创… Ⅱ. ①谭… Ⅲ. ①食品企业－企业发展－概况－中山 Ⅳ. ①F426.82

中国版本图书馆CIP数据核字(2019)第297768号

CHUANGBIAN BAINIAN——LAOZIHAO JUXIANGYUAN DE CHUANCHENG YU FAZHAN

创变百年——老字号咀香园的传承与发展

谭华健 著

出 版 人：肖风华

责任编辑：李锐锋　冼惠仪
封面设计：陈宝玉

统　　筹：广东人民出版社中山出版有限公司
执　　行：王　忠
地　　址：广东省中山市中山五路 1 号中山日报社 8 楼（邮编：528403）
电　　话：（0760）89882926　　（0760）89882925

出版发行：广东人民出版社
地　　址：广东省广州市海珠区新港西路 204 号 2 号楼（邮编：510300）
电　　话：（020）85716809（总编室）
传　　真：（020）85716872
网　　址：http://www.gdpph.com
印　　刷：广东信源彩色印务有限公司
开　　本：787mm×1092mm　　1/16
印　　张：16　　　　字　数：235 千
版　　次：2020 年 10 月第 1 版
印　　次：2020 年 10 月第 1 次印刷
定　　价：55.00 元

如发现印装质量问题影响阅读，请与出版社（0760-89882925）联系调换。
售书热线：（0760）88367862　　邮购：（0760）89882925

推荐序：
看似平常最奇崛，成如容易却艰辛

回溯中国近代企业发展史，就会惊奇地发现，百年来的中国企业真有点像"你方唱罢我登台"式的舞台表演，前赴后继地生生死死、死死生生，令人眼花缭乱。尤其是近40年里，各种各样不同性质的企业走马灯似的来来去去，让人目不暇接，涌现出一副副新鲜的面孔，能坚持下来的却不多。改革开放初期，那些迅速崛起的颇有影响的企业或公司，到今天有不少也被淘汰；真正拥有百年老字号品牌的企业，并不多见。

但是，在东方的日本和西方的德国，百年企业的持续发展却并不是什么新鲜事儿。在岛国日本，全国有几万家百年老店。其中，有200年以上历史的老店就有3000多家。它们大多从事酿酒业、酱制品业、服装业、不动产业、旅馆业和餐饮业，还有各种各样的制造业。仅东京一地，就有2000多家百年以上的著名老店。根据有关资料统计，当今全球共有4434家公司超过200年历史。其中，日本3146家、德国837家、荷兰222家、法国196家、中国16家、美国14家、印度3家。拥有几千年文明的中国，不仅地大物博、人口众多，而且自古至今从来不缺能工巧匠和行家里手，但在民生日用品生产制作的精细化和品牌化上，却远远不如国土狭小的日本。

在德国，350万家企业中，有百年历史的企业就有800余家，而且90%由家族自主经营。德国最大的100家家族企业，平均年龄超过100岁，都是名副其实的百年老店。特别引人注目的是，在众多中小企业中，有约1400家企业是"隐形冠军"，被称为"散落在德国各地的珍珠"。在全世界3500个"隐形冠军"中，德国占了近一半的比例，主要集中在医疗技术、环境、专用设备、化工、电子设备等领域。这些被称为"隐形冠军"的企业，它们的企业战略都有一些共同的特性，大都采用"利基"战略，专注某个狭小领域，逐渐形成持久的竞争优势；以质量为导向，高度注重产品核心质量和价值，精益求精地制造产品；注重技术革新，提供解决问题的专有技术，组织个性化生产；专注客户维护，有固定的客户群，有优秀的售后服务，与客户之间建立充分的信任。正是这些战略创新遥遥领先于同行的"隐形冠军"，为德国经济和品牌的成功奠定了坚实的基础。

日本和德国的大中小企业能够成为百年老企业，主要原因在于它们始终如一的执著坚守和精益求精的工匠精神；在于它们始终不断进行技术创新和管理创新，始终坚持诚信经营和顾客至上的企业家精神；在于它们始终坚持以人为本，不求一本万利或投机取巧，但求有利有成、有所收获和企业长久发展。这些百年老企业薪火相传、长盛不衰的根本原因，正是它们执著地坚守自己的初心，对自己的产品精益求精，始终不渝地发扬自己企业的工匠精神和企业家精神。中国历史上也曾有自己的工匠精神和企业家精神，也曾有自己的百年老店和普罗大众喜欢的产品，但当下与日本、德国、荷兰、法国相比，则有一定的距离。这不仅是文明古国之殇，也是今日中国之痛。

纵观古今中外的历史，大凡百年老店，一般都有一个令人骄傲的响亮字号和为人津津乐道的名优品牌。这些响亮字号和名优品牌都不是凭空捏造或大吹大擂而来的，而是企业经营者不忘初心、培育精心、经营细心和服务诚心的结果。尤其是它们生产制作的商品，绝大多数是独一无二的特色产品。这种天下就此一家的绝活，大都经过上百年的磨炼，技艺达到了炉火纯青的地步，其中的技术含量和文化含量以及成功经验是他人可望而不可即的。百年老店，依靠的是秘而不宣、外人不知的祖传秘方或家传绝活，使用的是从大千世界搜罗而至、精挑细选的上乘材料，其工艺制作的流程和材质甄选的标准都有自己的规范和要求。

十分难得的是，百年老店都十分重视人才的培养和销售网络的构建与保持，都十分重视家族企业代继更替中的职业传承与文化坚守。这些老店往往子承父业，代代相传，孩子从小耳濡目染，在学习、生活中养成了一种几乎本能的爱店精神和荣誉感。百年老店里有很多大师级的能工巧匠，他们敬业爱业，总是一丝不苟，埋头苦干，不仅以身作则，做精、做专、做强自己的产品，而且善于"传、帮、带"，从而使精湛的技艺能够顺利地传承下去，历久弥香。

咀香园健康食品（中山）有限公司（全书简称"咀香园"）已度过百年华诞，中国老字号的阵容里增添了一名新兵，世界百年老店的排行榜上又多了一个中国品牌。地处华南的咀香园，见证了百年中国的历史巨变和社会发展，自身也经历了百年嬗变中的阵痛与周折，但仍然能够在不断创新和改革中稳步前进。像绝大多数低调而又实干的中山人那样，咀香园也在激烈的市场竞争中"手把红旗旗不湿，弄潮儿敢向涛头立"（宋代潘阆《酒泉子》），不仅在同行业中独占鳌头，而且在上海世博会上大放异彩。经历了一次次的社会变迁和政策调整以及制度改革后，咀香园并没有固守自己不合时宜的老规矩、旧习惯，而是在创造性继承中创新性发展，主动适应不断变化的新形势和新要求，从而成为中山市乃至全国传统食品产业的领头雁。

"乱花渐欲迷人眼，浅草才能没马蹄。"（唐代白居易《钱塘湖春行》）随着生产方式和经济社会变革而来的，是人们消费观念与饮食习惯的改变，咀香园曾经奉献给海内外乡亲的传统味道已经成为美好的记忆。新时代、新经济、新人类，需要好企业、好产品、好品牌。大众对美好生活的向往，以及对咀香园传统食品的持续期待，也成为咀香园一直奋斗的目标。而咀香园恰恰能在每一次体制机制转轨过程中找准自己的位置，明确发展的方向，在坚守传统中不断锐意创新，逐渐形成了"诚、勤、俭、礼、善、和"的企业文化和企业人文精神。本人多年参加咀香园的各种文化活动，在与"咀香园人"的交往中，更觉得这六个字就是咀香园企业文化和企业人文精神最好的表达。

其一是"诚"。人无诚信不立，家无诚信不和，业无诚信不兴，国无诚信不强。诚信乃立德修身之本，更是企业发展之魂。中山咀香园，百年老字号。大业精诚历风雨沧桑，风靡岭南展香山（1925 年，香山县改名中山县以纪念孙中山先生）气象。令人齿颊留香的杏仁饼，既是咀香园的金字招牌，也是中山独特的文化名片。经营信为本，买卖礼当先。百余年来，咀香园始终崇尚信义，以诚待人，用质量报答香山父老的口碑，用真诚回馈企业伙伴的信任。质量就是咀香园的诚信，诚信就是咀香园的生命。

其二是"勤"。勤能补拙是良训，一分辛劳一分才，从家庭作坊到现代企业，咀香园既以德善为本，更以勤俭传家。小小的杏仁饼，看似寻常却艰辛。为保证味道醇厚，必遵古法炮制，历经浸豆、烘豆、磨粉、拌料、打饼、烘焙、冷却等几十道工序，制作虽繁却不敢稍省人工，品味虽贵亦不敢减少物力。开创者砥砺奋进，后来人铿锵前行。这种勤奋精神，使咀香园漂洋过海，换回香溢五洲的荣耀。宁肯自己多麻烦，不让顾客不方便。尝鲜怀旧是人之常情，咀香园不辞费力繁琐，即便利润微薄，保持的依然是一个"鲜"字，依靠的是一个"勤"字，得到的就是一个"好"字。

其三是"俭"。"历览前贤国与家，成由勤俭败由奢。"（唐代李商隐《咏史》）杏仁饼诞生之初便打上了"勤俭"的烙印：萧家婶女潘雁湘因家道中落，经济拮据，难以招待亲友而妙手偶成。如今，流传下来的不仅有齿颊留香的百年余味，更有勤俭持家的生活哲学。咀香园出品的月饼，早期只用油纸卷一小包，内装四块，每块187.5克，后改为纸盒、铁盒包装防潮，40年传统不改。咀香园摒弃骄奢之风，只用最简单、最环保的包装，既对产品内在质量充分自信，更时刻铭记朴素的持家之道。一粥一饭，当思来处不易；半丝半缕，恒念物力维艰。咀香园的制作工艺，恪守物尽其用的原则，免致浪费。针对现代化的生产工艺，咀香园设计出一套节约资源的高效利用系统，原料采购、生产、包装、运输等环节都围绕产能和市场供求来精密计算，既保障了食品安全，又避免了资源浪费。

其四是"礼"。《礼记·曲礼》云："夫礼者，所以定亲疏，决嫌疑，别同异，明是非也。"礼是为人处世的法则，也是安身立命的保证。大商谋道，小商谋利。咀香园明礼诚信，遵纪守法，在百年传承中形成了自己的经营哲学，建立了自己的标准体系。1500多项标准，包括751项技术标准、365项管理标准、300多项工作标准的建立，形成了咀香园全面的质量标准化体系。2004年，咀香园制定了传统食品杏仁饼的联盟标准，极大地规范了本地杏仁饼企业的生产行为，确保了传统产品的质量。咀香园还参与制定了十多项国家行业标准，牵头成立咀香园企业技术中心和研发工程中心、广东省焙烤食品工程技术研究中心、食品科学与技术国家重点实验室咀香园分实验室、博士后创新实践基地等，重点研究焙烤食品行业共性技术难题。

其五是"善"。咀香园杏仁饼传统制作工艺作为省级非物质文化遗产，其发展与社会休戚相关，代表着社会的良知和企业的社会责任。慈善万人行、慈善爱心店中，总少不了咀香园的身影；义务献血、扶危济困中，也始终有咀香园的担当。面对食品安全的社会问题，咀香园积极谋求善举，不仅成为重要的食品安全科普基地、全国工业旅游示范点，还获评为全国先进社科组织，更是广东省唯一一家首批入选"全国中小学质量教育社会实践基地"的食品企业。

其六是"和"。家和万事兴。"和"是中国人的理想境界。咀香园以人为本，把员工当主人。有市场就有竞争，但咀香园坚信"同行不是冤家"。同甘共苦，风雨同舟，供应商、经销商是咀香园的伙伴。咀香园待客有道，以和为贵，和气生财。咀香园积极推进"和"文化，推动了企业持续健康发展，提高了企业的经济效益，实现了企业与社会的和谐共赢。

咀香园在百年艰苦创业的奋斗历程中，形成了"诚、勤、俭、礼、善、和"的人文精神，不仅创造性地继承了企业的文化传统，而且创新性地拓宽了企业的发展空间，实现了从传统店铺向现代企业的华丽转身。"诚、勤、俭、礼、善、和"六字精神，虽是本人在观察、访谈、交流和总结中所做的概括，但更是"咀香园人"在传承与创新中不断凝聚、不断磨炼、不断提升的真实写照。

"看似平常最奇崛，成如容易却艰辛。"（宋代王安石《题张司业诗》）咀香园的奋斗历程，也是中山人艰苦创业的历史缩影。追寻咀香园的历史足迹，了解咀香园的前世今生，讲述咀香园的成长故事，探求咀香园的成功奥秘，就是一次文化的熏陶，就是一次思想的教育，就是一次情感的操练，就是一次精神的洗礼，就是一次境界的提升。但是，中山人对咀香园的历史和文化、人物和事件、成就和辉煌等，仍然缺乏全面的认识和深入的了解，甚至忘却了咀香园的传统饼品带给人们齿颊留香的甜美记忆，更忘记了在咀香园里演绎的一个个真情故事。

如今，当人们因不知咀香园的来龙去脉而胡猜乱想时，《创变百年——老字号咀香园的传承与发展》一书的作者经过长期的跟踪采访、实地调研和文献阅读，以富有历史触觉而又理性、有文化底蕴而又艺术的笔法，平实而生动地讲述咀香园鲜为人知的人物和故事。此书关注的是历史的场景、故事的细节和人物的表现，注重的是叙述的话语、表现的形式、承载的内容和读者的立场，因而通俗易懂又妙趣横生，深入浅出又意味无穷。我相信，《创变百年——老字号咀香园的传承与发展》的出版，无疑会极大地满足广大读者的阅读需求，也将达到策划者、著作者和出版者共同预期的目标。

中山市社会科学界联合会主席　胡波

2020 年 3 月

自序：
从老字号看企业家精神

近年来，创新浪潮一浪高过一浪。"独角兽企业"①"瞪羚企业"②"高科技""黑科技""硬科技"等新词不断涌现。为何本书在探讨企业家精神时，没有选择一家知名上市公司或人工智能等领域的新技术企业，却偏偏选了一家传统食品行业的百年老字号——咀香园作为观察样本？

咀香园的历史最早可追溯到晚清，但是在1918年才正式登记注册。1918年，第一次世界大战结束，战后世界经济进入新时期。1918年至今的100年来，正是中国企业家不断探索、发展、成长、成熟的100年。从清末开始，经历民国时期、新中国成立后公私合营、改革开放，咀香园发展的百年历史，无不折射出中国近代传统手工业萌芽、传承、发展和创新的百年轨迹，被誉为近代商业文化的一本"活字典"。

选择老字号咀香园，利于从一个更长的历史视角来观察，这远比某一个短时间内高速度增长的新型企业更有意义。

从历史视角观察企业发展

中国近代工业的发展，从被迫打开国门到新中国成立之前有过三次起

---

① 独角兽企业，是投资行业尤其是风险投资业的术语，一般指成立时间不超过10年、估值超过10亿美元的未上市创业公司。

② 瞪羚企业，是银行对成长性好、具有跳跃式发展态势的高新技术企业的一种通称。

飞的尝试。第一次是洋务运动，第二次是民国初年的工业化浪潮，第三次是 20 世纪 30 年代国民政府推行的改革。虽然三次尝试都以失败告终，但它们引起的对中国工业化道路的反思却是深刻的。[1]

中山古称"香山"，建制于南宋绍兴二十二年（1152 年），1925 年为纪念孙中山先生而改称中山县。辖区曾包括今天的中山市、珠海市、澳门特别行政区和顺德、番禺等地的部分地区，是珠江三角洲的大县。

这里自古以来就是一片商潮涌动、各路商业奇才辈出的热土。在三次起飞尝试中，香山人都是实践者、领军者，成绩卓著。洋务运动期间中国第一批近代工业产生，是中国近代以来的第一次工业化尝试。洋务运动中，香山买办群体如群星闪耀，在中国社会改革和转型中起到重要作用。

1904 年后清政府颁布了第一部公司法，对私人创办股份公司和各种承担有限（或无限）责任的合伙经营企业进行规范和引导。至此，现代企业家事实上已开始逐渐取代传统商人。[2]

中国近代工业化的第二次尝试在民国初期。这一时期，作为"模范县"的中山县，工商业经济发展进入"小黄金期"。民国七年（1918 年），咀香园进行工商登记，1928 年注册了商标。

中国工业化的第三次尝试发生在 1927—1937 年。这一时期，萧家咀香园实现了"二代传承"，越做越大。即使在抗日战争期间，咀香园也没有出现断裂，还通过澳门向海外拓展。

1956 年，咀香园饼家与石岐 30 多家私营饼店合并，成立咀香园糖果饼店加工场，扩大了生产场地，增加了产量。咀香园由私营到国营，由作坊走向企业。

1978 年改革开放后，咀香园大力进行技术改造，烘饼从炭炉改为电炉，原来的捞糖粉工序改为机械搅拌，燃料从煤改为电。20 世纪八九十年代，咀香园步入快速发展的阶段。1998 年，咀香园率先完成国营企业改制。2003 年后，搬入新工厂的咀香园在创新发展方面大展拳脚，"老字号"招

---

[1] 高德步、王珏：《世界经济史（第三版）》，中国人民大学出版社 2011 年版，第 257 页。

[2] ［美］戴维·兰德斯、乔尔·莫克、威廉·鲍莫尔著，姜井勇译：《历史上的企业家精神：从古代美索不达米亚到现代》，中信出版社 2016 年版，第 573 页。

牌越擦越亮。

可以说，咀香园是中国过去100年经济发展史上大调整、大发展的参与者、见证者，是中国百年来经济发展中的企业缩影。研究咀香园百年发展史，也是对中国百年企业史的回顾与思考。

创新需要好的制度安排

创新是利用知识去创造新财富和新价值的过程。美国经济学家道格拉斯·诺思认为，历史上的经济增长并不是由技术进步决定的，技术进步只是伴随经济增长的一个现象或结果，制度变革对技术创新起到决定性的影响。制度创新是经济长期增长和人类社会进步的原因。

诺思研究表明，制度安排在决定收益结构中扮演着重要角色。收益结构，是指从事社会中的不同创业职业所带来的相对报酬。诺思认为，与资本主义兴起相伴而来的收益结构的变化，似乎可被视为工业革命之后史无前例的经济增长的重要原因。

戴维·兰德斯、乔尔·莫克曾发问：历史上并不缺少惊心动魄的大发明时代，但为何生产率和产出率仍这么低，且增长得如此缓慢？这一提问，对深入实施创新驱动发展战略的今天来说仍有思考的价值。政产学研介资（政府机构、文化创意企业、教育培训机构、科研机构、中介机构、投融资机构）之路如何走得更好，各国都在探索。中国不缺科学成果，但过去大多数成果是"冷藏"在办公室的柜子里，或是仅仅停留在实验室阶段。科技与经济是典型的"两张皮"。

科技成果如何与市场高效对接，如何打通"最后一公里"？这方面，美国硅谷给我们提供了很好的经验。硅谷，1900年还是遍地果园和农田的地方，在不到一个世纪的时间里便成为世界高科技之都。巧合的是，硅谷的百年史与咀香园的百年史几乎是同步的。研究咀香园百年史时，也可以将中西方在经济与科技结合方面的创新做法进行比较研究。

在梳理咀香园的百年发展过程中，制度的安排对咀香园的创新来说至关重要。无论是民国时期的商标注册、打假行动，还是新中国成立后的公私合营、20世纪90年代的国企改制等，正因为在重要的历史时期及时适应制度变革，咀香园才有了持续发展的动力。

咀香园虽为老字号，但没有"老资格"。2000年以来，在产学研合作方面，咀香园一直是主动的。2003年搬入中山火炬开发区之后，其创新的步伐更快。创新除了技术之外，还有商业模式、管理模式等多元的创新组合，如咀香园早期探索"工业＋旅游"模式，不仅增加了销售，还增强了品牌影响力；策划一年一度的中秋文化研讨会，与中山市社会科学界联合会共建社科基地等都是创新的实践。

正因为有了好的制度安排，咀香园在每一次转型升级中不但没有"缺位"，而且做得很"到位"。

对企业寿命的若干思考

企业是有生命的。当代中国民营企业2.9年的平均寿命是非常短的，这可能反映了大多数创办企业的中国人都比较缺少企业家才能。[①]

企业界还有一个需要面对的难题——随着改革开放后"一代创业者"年龄越来越大，"二代接班"如何顺利交接？据数据统计，截至2017年年底，中国民营企业共计超2700万家，其中85%以上是家族式企业，在未来10—20年，这些企业都将面临交接班与传承发展的问题。

从百年企业史来看，中山老字号在全国所占比例不低，咀香园、榄都堂（小榄镇）、益和堂（沙溪镇）、美味鲜等，其创始时间均可追溯至晚清，均有百年以上的历史，50年以上的企业就更多了。难能可贵的是，这些老字号能得到很好的传承与发扬。从这一点来看，中山市确实是具有企业家精神特质的一方沃土。

咀香园、榄都堂（小榄镇）、益和堂（沙溪镇）等老字号，与20世纪八九十年代"红极一时"的威力、小霸王、凯达、爱多等中山品牌相比，更强调自身的"造血功能"，能在一些关键时刻平稳过渡，并迎来新的开始。

---

① ［美］戴维·兰德斯、乔尔·莫克、威廉·鲍莫尔著，姜井勇译：《历史上的企业家精神：从古代美索不达米亚到现代》，中信出版社2016年版，第588页。

台湾工业技术研究院原院长林垂宙在《创新四重奏：从实验室到市场》一书中讲道："产业的成功标准一般说来，不外有三：能否占有市场，能否创造利润，能否持续经营。"

在撰写此书的过程中，除了对咀香园深入了解外，笔者还实地走访了解榄都堂、沙溪凉茶、美味鲜等中山老字号。

榄都堂始创于清道光七年（1827年），是当时榄乡公约（清嘉庆年间设立的地方自治机构）内何、李、麦三大氏族集合其他绅士提议所设，故当时珠三角流传一句老话——"两龙不认顺，小榄不认香"。这里的"两龙"是指龙江、龙山；"顺"是指顺德；"香"指的是香山，是中山的旧县名。沧海桑田，榄都堂一直沿袭下来，在此基础上，1958年小榄制药厂开办。2015年，金城医药（全国同行业首家登陆创业板的上市公司）改组小榄制药厂并成立了广东金城金素制药有限公司，下设广东金城榄都医药有限公司，在国家健康产业基地设立新厂，传承榄都、榄药文化及知识产权，恢复"榄都堂1827"字号。具有190多年历史的中山老字号——榄都堂重放光彩。

沙溪凉茶历史悠久。早在清光绪十一年（1885年），沙溪凉茶由广东省香山县隆都塔园村（现广东省中山市沙溪镇塔园村）黄汇首创。100多年前，沙溪凉茶以"朱老汇凉茶"之名风靡隆都，旁及省港澳地区。如今，沙溪凉茶已升格为"广东沙溪制药有限公司"，走上了现代企业之路。

美味鲜起源于清末民初的"泰茂酱园"。石岐大大小小的十多家酱园在1956年实行公私合营，起名为公私合营石岐酱料厂。1958年改为地方国营石岐酱料厂。1989年，石岐酱料厂正式更名为中山市美味鲜食品总厂。2000年，广东美味鲜调味食品有限公司成立。2014年，厨邦（美味鲜旗下品牌）文化博物馆建成。近年来，美味鲜产销量在全国同行业中名列第二。

从全市来看，至2018年，中山市有38个国家级产业基地、18个专业镇、5万家工业企业，其中又以中小企业、民营企业为主。因此，在经济高质量发展中，中山市尤其要注重如何才能帮助民营企业飞得更高。

从全球来看，日本是世界上数一数二的老字号企业数量众多的国家。据日本东京商工数据，日本创业100年以上的企业有2万多家。在这些老字号中不乏行业龙头型企业，如 1586 年创业的松井建设（世界上最古老的上市企业）、1918 年创业的松下、1919 年创业的住友商事等。日本的老字号企业集中于家电、通信、装备制造业等行业，具有规模效益。中山市的老字号企业主要集聚在食品、中医药等传统行业，产品的附加值相对较低。

2018 年咀香园百年庆典时，笔者曾与企业相关负责人谈及企业寿命的话题。在当下乐于赚快钱的社会心态下，为什么咀香园没有尝试多元化投资？为什么不考虑将规模再做大些，甚至上市？为什么热衷于"慢工出细活"？

后来，"全球创业教父"、考夫曼基金会主席卡尔·施拉姆的两句话启发了我，他说：第一，自有记录的历史早期开始，人们一直对创造、创新和施展才华充满激情，正是这种动力使人类社会得以达到目前的先进和复杂程度；第二，促进经济增长的生产性企业家精神和利用各种机会谋取私利的非生产性企业精神之间存在着冲突。

企业家精神的内涵与外延

2017 年 9 月 8 日，中共中央、国务院出台了《关于营造企业家健康成长环境弘扬优秀企业家精神更好发挥企业家作用的意见》，这是中央首次发文明确企业家精神的地位和价值。

要理解企业家精神，首先要理解何谓企业家。企业家不等于狭义的制造业企业主。"企业家"一词源于法语"Entrepreneur"，意思是"敢于承担一切风险和责任而开创并领导一项事业的人"，带有冒险家的意思。历史上对企业家的解读也是五花八门。著名政治经济学家约瑟夫·熊彼特，在《经济发展理论》一书中把新组合的实现称为企业，把职能是实现新组合的人们称为企业家。上述提法，使我们理解"企业家精神"这一概念有了更多的想象空间。

清华大学经济管理学院原院长钱颖一教授在《硅谷百年史》（2016 年升级版）推荐序中写道："企业家和企业家精神，创业和创业公司，是推动市场经济发展的重要动力。在主流经济学中，过去只局限于研究价格调节机制。在非主流的经济学里，特别是奥地利学派，则非常强调企业家精神。比如熊彼特，他认为资本主义的最大活力是企业家的创新，他称之为'创造性的毁灭'（Creative Destruction）。奥地利学派的另外一个重要代表是哈耶克。他从根本上批评计划经济，认为社会的知识分散在每个个人身上，而任何计划者都不可能把握所有信息。因此，只有发挥每一个个人的积极性，激发他们的创造性，经济才会有活力。如今硅谷的成功，证明了他们的观点是正确的。"

熊彼特将企业家精神概括成四大特点：一是建立私人王国的梦想和意志；二是在利润和金钱之上的对胜利的热情；三是创造的喜悦；四是坚强的意志。认为企业家需具备有眼光、有胆略、有组织能力的"三种独特的品质"。其在《经济发展理论》一书中还讲道："企业家并不是一种职业，而是一种状态，但一般说也不是一种持久的状态，因此企业家并不形成一个专门的社会阶级。"

按照熊彼特的分析，企业家精神应该是一个宽泛的概念，与当下大多数人认为的企业家精神只是从事制造业生产的企业老板的精神是不同的。经济发展，除了需要制造业企业老板拥有上述"四大特点""三种独特的品质"外，与经济领域相关的主管部门、园区管理者，甚至社会中介机构等均需要具备企业家精神。企业家精神应该是一个系统工程，而非我们理解的制造业企业家单一群体的行为。只有这样，才能营造好经济发展的"全环境"，让制造、营商、创新、金融等形成发展合力。

从咀香园的百年发展史，特别是改革开放以来中山市经济发展不同阶段的表现来看，只有在每一次转折点上做好制度革新，使广义上的企业家精神发挥好，中山市经济发展才会迸发出活力。新时代下，政府部门、企业、社会等更需要主动适应变革，寻找利于经济发展的新路子。

大湾区建设需发挥企业家精神

中山市社会科学界联合会胡波主席在分析"香山商帮"时提及：从郑观应的商战思想到孙中山的商贸观，再到徐润经商的成功，不能不发出"香山代有才人出"的感叹。

香山商业文化中应该继承和发扬的积极因素很多。比如，敢为天下先的精神，对外开放的态度，保留自己传统精神同时又善于吸收外来精华的做事方法，兼容并蓄、融汇百川的胸襟，都是现代人需要提倡的，也都是我们在现代经济建设中需要的文化精神。香山商业文化中也有一些不足之处，比如很多企业的家族味太浓，受传统束缚比较深；地域观念比较重，对内抱团，对外排斥。这些因素使香山商业无法完全转轨为现代商业，影响了其进一步的发展。

从咀香园的百年发展史来看，咀香园既继承了香山商业文化，又适时地随时代进步发展而进行创新调整。比如，从萧家家族企业到公私合营、国企改制、建立现代企业制度，在每个历史关键节点上，咀香园没有"缺位"，这正是咀香园的难能可贵之处。

黄明同、卢昌健所著的《孙中山经济思想研究》一书中提及，孙中山的故乡广东，既是近代中国民众斗争风起云涌的一片热土，又是商品经济蓬勃发展的一片沃土。香山临近的澳门，则是中西文化最早的交会点。可以说，明末清初以来，广东外贸活动的兴盛使广东社会经济迅速发展，并形成良性循环的逻辑起点：外贸发展—农业生产商品化—手工业产品创名优—外贸再发展。事实上，广东经济正是循着这样的轨迹发展的。

与历史上其他商帮不同，香山商帮还有一个明显的特征，即受"大香山湾区"（澳门、珠海、中山）的影响较大，香山商人具有国际新视野。早期，澳门成为香山商帮看世界的窗口，这种影响在改革开放40多年中也颇为明显。

英国学者马克·奥尼尔在《唐家王朝——改变中国的十二位香山子弟》一书的结语中有这样一句话——"邓小平选择广东省——这十二位香山子弟的故乡——作为实施改革政策的首个省份，具有重要意义。"[1] 广东省是在中国有着悠久的私人企业经营史，并且获得财富、经验以及联系华侨最紧密的最佳省份。

---

[1] 马克·奥尼尔：《唐家王朝——改变中国的十二位香山子弟》，南方日报出版社2016年版，第278页。

2017年3月5日，全国两会政府工作报告中首次提出粤港澳大湾区城市群发展规划。粤港澳大湾区建设已经被写入党的十九大报告和政府工作报告，提升到国家发展战略层面。粤港澳大湾区指由香港、澳门两个特别行政区和广东省的广州、深圳、珠海、佛山、中山、东莞、肇庆、江门、惠州等九市组成的城市群，是继美国纽约湾区、美国旧金山湾区、日本东京湾区之后的世界第四大湾区，是国家建设世界级城市群和参与全球竞争的重要空间载体。

2018年4月17日，全国港澳研究会会长、国务院港澳事务办公室原副主任徐泽率该会专家学者一行到访中山市，就当前粤港澳大湾区的建设发展情况考察调研。借此机会，笔者与全国港澳研究会副会长、中国（深圳）综合开发研究院常务副院长郭万达就中山如何更好地融入粤港澳大湾区建设等话题进行交流。

郭万达认为，粤港澳大湾区首先是一个开放的湾区，中山要发挥优势主动融入湾区发展。中共广东省委赋予中山的"三个定位"很重要。一是"东承西接"的支撑点，表明了中山区位的重要性。中山在大湾区中所处的地理位置优势明显。大湾区既有湾区也有河口，是"河口＋海湾"，而中山既临河口，又近海湾，有海、有山、有城，本身在地理位置上就是沟通东西岸的。二是沿海经济带枢纽城市，表明了中山的地位。三是大湾区的重要一极，决定了中山的定位。重要一极的含义是中山要利用优势、特点，主动融入，不能被动，不能站在边上看别人发展。

发展是第一要务，人才是第一资源，创新是第一动力。中山是粤港澳大湾区的重要一员，新时代下的中山企业家应有更大作为。

目　录

| 第一章 |

打开尘封的记忆

　　这是盐的味道，山的味道，风的味道，阳光的味道，也是时间的味道，人情的味道。

　　这些味道，已经在漫长的时光中和故土、乡亲、念旧、勤俭、坚忍等情感和信念混合在一起，才下舌尖，又上心间，让我们几乎分不清哪一个是滋味，哪一种是情怀。

——纪录片《舌尖上的中国》

　　中山，古称香山。据历代《香山县志》记载，南宋绍兴二十二年（1152年）置香山县。这里地处珠江口西岸，是古代始于广州的海上丝绸之路的必经之处。从宋代开始，中山就是商品的集散地。中国宋史学会副会长葛金芳在《南宋：走向开放型市场的重大转折》一文中讲道："南宋时期，全国经济重心完成由黄河流域向长江流域的历史性转移，我国经济形态自此逐渐从自然经济转向商品经济，从封闭经济走向开放经济，从内陆型经济转向海陆型经济，这是中国传统社会发展中具有路标性意义的重大转折。"[1]明末清初，香山商业日渐繁荣。葡萄牙人占领澳门后，香山逐渐成为中外贸易、中西文化的交会点，成为当时的区域商贸中心。

---

[1]　管成学：《南宋科技史》，人民出版社 2009 年版，第 25 页。

从香山商业文化博物馆说起

孙文西路古称迎恩街，1925年孙中山先生逝世后，为纪念孙中山先生改称为孙文路。孙文西路从隋唐时期到1925年间逐渐拓展，才形成今天的格局。

南宋时，香山建县城于石岐山（现烟墩山）以东的地方（现孙文中路西段、民生北路、拱辰路一带），因"布铁沙于地以筑城"而称铁城，设县署于仁山下（现孙中山纪念堂内）。

孙文西路这条古老的街道位于铁城西门外，西连津渡（现岐江河），南绕烟墩山，东达仁山，构成"山、水、城"的格局，成为石岐一带的商业文化中心。

史载，民国初期，作为县城中心的铁城，范围狭小，城里面积约0.2平方千米，有23条街道，千余户人家，以县署机关及官宦士绅府宅为主。四方城门以外的城关地段，面积约1.3平方千米。其中，西门外为商业区及交通要道，称石岐大街市及石岐津渡。北门外是农贸集市区，称沙岗墟。东南两门外为普通居民区。城外共100多条街道，万余户人家。

民国十年（1921年），县政府开始实行拆旧城、筑马路、建新城的计划。1925年，四门城楼先后拆除。1932年，孙文西路、孙文中路、孙文东路、凤鸣路、太平路、民生路、民族路、长堤路、拱辰路共九条马路先后建成。至1949年10月，县城面积扩展至四平方千米。

民国时期，县政府开始接受西方建筑的理念，融合了西方古典建筑文化，至今孙文西路还保存木雕、灰塑等中西合璧的建筑物。

为了保护这一历史建筑群，并重塑孙文西路悠久繁华的容貌，中山市政府结合旧城改造，于1997年8月20日开始分两期对孙文西路进行施工改造，至1998年9月19日全面竣工。历时一年多时间，将孙文西路改造成孙文西路文化旅游步行街，其东起悦来路口中山百货大楼，西至中山商业大厦，全长500多米，路宽近20米，集聚商铺百余家。自然弯曲的商业街道，融合岭南与南洋风格的骑楼，琳琅满目的特色商品……这一切记载着石岐城区的形成及发展阶段，更凝聚着中山 80 多万海外侨胞的乡情。

如果说古韵悠悠的骑楼是一首千转百回的经典老歌，那么追溯中山辉煌灿烂、人才辈出的商业历史，孙文西路文化旅游步行街就是一本气势磅礴的百科全书。位于步行街中心位置的香山商业文化博物馆，则是这本百科全书中最荡气回肠的一节。

在中山市社会科学界联合会主席胡波等人的提议下，香山商业文化博物馆于 2003 年 12 月 15 日正式立项。从征集筹备展品到展馆建设历经数年，于 2006 年 1 月 17 日建成并正式对外开放，是我国首家商业文化专题博物馆。

馆址的选择颇有深意，是 20 世纪 40 年代的石岐镇总商会旧址。明代后期，这里的商业发展形成了"十八间"，即 18 个大型批发零售商户以及一批小商户。这些被称为"十八间"的商号各有主营项目，比如专营纸料的金玉楼、专营布匹的疋头铺，还有琳琅满目的陶瓷铺、海味杂货铺、中药铺等。这个时期的石岐城区呈现出商贾云集、购销两旺的景象。"十八间"是香山商业史真正的起点。

香山商业文化博物馆矗立在步行街上，苍翠的棕榈树掩映下，更为这座古香古色的老建筑增添了迷人的魅力。这是一座高达三层的建筑，属于错层结构，总建筑面积 2000 多平方米。馆体的正立面按原石岐镇总商会旧址原貌重建，外部采用中西结合的建筑风格，具有浓厚的历史气息和鲜明的时代特色，与孙文西路步行街的南洋风格建筑群落互相辉映。

跨进博物馆的大门，脚下地面上带有岁月痕迹的马赛克地板砖，镌刻着百年来这座城市被流行风席卷的深刻印记。阳光照射在斑斓的老式彩窗上，映射出这栋建筑昔日非同凡响的地位。迎面是老石岐 20 世纪初的陈设，让人仿佛走进了百年前的时光隧道，尽情地游览在繁华的老街上。屏幕上正按照时间顺序投影着历年来周遭的变迁与发展，闪烁的黑白画面与未进门前那现代化十足的街道一对比，让人顿生今夕是何年的迷蒙感。

博物馆一层主要展示中山商脉，即中山从农业经济向商业经济的转变。分为生活环境和原始商业、早期中外贸易枢纽、现代工商业兴起和商业风俗文化四个部分，其中商业风俗文化主要通过多媒体来展示，设有旧石岐模型与当铺、药店、布匹店、茶庄、缸瓦店和码头等场景。

徜徉在这些实物面前，当年石岐繁荣的商业景象仿佛历历在目。

"老板，新回来的布匹，快来看看！"口齿伶俐的店员笑口常开，面对每个客人都热情周到。茶庄里，翠绿的龙井新茶已经沏好，薄薄的烟雾轻轻袅绕，茶香醉人。茶楼里早已是人头涌涌，座无虚席。码头上，赤膊的工人忙碌地搬运着货物，各类鱼虾海产、衣鞋服饰应有尽有。粗犷的汉子不时大声吆喝："让开，让开……"岐江河上碧波荡漾，舟楫往来无休，仿佛看到年迈的艄公伫立在船头，手搭凉棚，唱起本地原汁原味的咸水歌①。江畔正在洗衣服的妹子，身细如柳，声脆脆如初啼的黄莺，调皮地回应着。

西风东渐

香山地区成为中国近代商业的策源地，发挥其巨大影响的时间是从清朝末年开始的。1840 年，英国通过鸦片战争打开中国的国门，清政府被迫在 1842 年 8 月 29 日签订中英《南京条约》。《南京条约》规定：广州、福州、厦门、宁波、上海等五处港口，贸易通商无碍。

第一次鸦片战争后，上海开埠通商，外国商人和广州、香港的洋行纷纷抢驻上海。1856 年 8 月，具有"中国留学生之父"之称的香山人容闳搬到上海。②1870 年，在容闳的努力下，清政府接受了他关于派中国青年赴美学习的提议。此项计划于 1871 年夏天开始实施。1872 年 8 月 11 日，陈兰彬、容闳率领第一批学生梁郭彦、詹天佑等 30 人启程赴美。

1872—1875 年，由容闳倡议，在曾国藩、李鸿章的支持下，清政府先后派出四批共 120 名学生赴美国留学。在 120 名赴美留学的学生中，有 84

---

① 咸水歌是流行于珠三角地区一带的传统民歌，是当地劳动人民在田间、基围、河堤树下自娱自乐和谈恋爱时唱的民歌，很有地方特色。

② 1828 年 11 月 17 日，容闳出生于香山县南屏村（今珠海南屏镇）一个贫困的农民家庭。少入澳门马礼逊学堂。1847 年赴美留学。后考入耶鲁大学，1854 年以优异成绩毕业，成为毕业于美国大学的第一个中国留学生。

人来自广东，其中 39 名来自香山，占了近三分之一。香山成为中国现代化进程的摇篮与此举也颇有关系。19 世纪 60—90 年代的晚清洋务运动中，这批出国留学的香山人发挥了重要的作用。

香山商业文化博物馆的入门处有五座雕像，是郑观应、唐廷枢、徐润、马应彪、郭乐五位香山人。他们或提出商战思想，或参与洋务运动，或开创四大百货，是中国近现代商业史上叱咤风云的人物。

1842 年，在中山三乡镇雍陌村，一个男孩呱呱坠地，他就是郑观应。郑观应提出了"商战"思想，是中国近代最早具有完整维新思想体系的理论家、启蒙思想家。从一个小茶栈的译员到买办官商，郑观应一生都在动荡和战乱中度过，足迹遍及大江南北、异国外埠。他将所历所闻辑成《救世揭要》《易言》等，重点讲述关于国计民生的工商经济问题，内容包括商战商务、金融税收、工业交通、农业水利等。

郑观应受西方影响很重。他看到西方工商业的发展带来国力增强和物质上的丰富。反观国内那个时代，商业成为不正当和低下的营生，强烈的观念反差与强烈的国力反差促使郑观应萌生一套成熟的商战思想，其商业核心思想包括"兵站不如商战""工商可以立国"等。从 1886—1891 年，蛰居澳门的郑观应在郑家大屋完成惊世巨著《盛世危言》，提出从政治、经济、教育等方面对中国社会进行改造的方案。

郑观应既是一个买办、实业家，还是一个具备创新精神，善于提炼、总结和实践的思想家。此后，中国民主革命先行者孙中山先生突破"重农抑商"的传统，以农为经，以商为纬，提出同功论，较早接受西方经济学的思想，在一定程度上也受到郑观应的影响。

从郑观应最早主张"商战"到孙中山的"实业救国""以商为纬"，再到中国茶王徐润商战实践的成功，无不体现出香山人的商业思想和实践上的前瞻性。

香山商业文化博物馆的二层主要展示先进的近代商业思想和中国早期现代化中的香山籍买办。分为郑观应的商业思想与实践、孙中山的商业思想与实践、四大百货公司的经营方式与商业思想、富于地域特征的香山买办群体、香山买办的经济与生活状况五个部分。设有郑家大屋（郑观应澳门故居）、买办"居室"、上海轮船招商局三个场景。

"富于地域特征之香山买办群体"的宣传板块还介绍了中国早期现代化中的香山买办，讲述了他们从买办到实业家的进程：19世纪，香山人从事洋行买办者众，其地位与作用尤为突出；他们熟悉洋情，精通英语，善于经商，是西方经验和中国传统之集大成者；他们积累财富之后，积极投身于民族工商业，转化为民族资本家；徐润、唐廷枢、郑观应、莫仕扬等是他们之中的代表人物。

从栩栩如生的场景中仿佛看到了当年这些遨游商海的巨子奋斗的身影。一批批商业巨子犹如天上璀璨的星辰，次第亮起，汇聚成片，成为近代中国耀眼的商业星河，以前所未有的影响力在中国近代商业历史上留下了浓墨重彩的一笔。

在中国近代企业产生的进程中，买办和买办化商人曾是一支比较活跃的力量。甲午战争前，他们几乎在所有比较重要的近代企业的创办和发展中都十分活跃。买办集团的上层如唐廷枢、徐润、郑观应等香山县人和外国势力的接触较早，拥资较厚，对经营近代企业具备较丰富的知识和较大的号召力量。[①]

在这一时期，也形成一批侨商投资家乡建设的热潮。根据招商局档案记载，当时响应号召的多数都是广东籍侨商，也有少数福建籍侨商。有姓名可稽者，共有28人。各人的投资额最高的为5000两，最低为500两，一共招集到股金50000两。1880年，郑观应、经元善筹办上海机器织布局时，也曾向旧金山、南洋、新加坡、长崎、横滨等城市募集华侨股金。[②]

中山历史悠久的商业氛围孕育出了众多商业名人，对中国近代商业发展做出了巨大贡献，影响深远。如郑观应的"商战思想"、孙中山的"以农为经，以商为纬"的重商理念至今仍然影响着中国商业活动；先施、永安、新新、大新四大百货公司都是从中山走出去进而影响全国的。据统计，1830—1900年的70年间，上海、广州、天津、汉口、九江以及香港各商

---

① 严中平主编：《中国近代经济史：1840—1894（下册）》，人民出版社2001年版，第1652页。
② 严中平主编：《中国近代经济史：1840—1894（下册）》，人民出版社2001年版，第1672页。

埠的四家英国洋行买办中，中山人占了90%。

哈佛大学费正清东亚中心前主任、社会学家傅高义教授曾提到，广州的对外贸易可以追溯到罗马帝国时代，当时一小部分罗马商人来到广州。唐朝时，许多阿拉伯商人定期来广州，不仅和东南亚国家交流，和中东地区的国家也有相当规模的贸易合作。1757年，乾隆皇帝将所有对外贸易限制于广州口岸。"一口通商"下的广州出现了繁华的商业。鸦片战争期间，所有对外贸易都经过广州，由此催生的"十三行"组成一个垄断性的行会组织——公行。距离广州不远的香山地区也受到这种对外贸易的影响。

作为广州"海上丝绸之路"必经之地的香山，得地利之便，明清以来一直是中国最早接触国外的地方之一。正是这几百年来遏制不住的民间自发商业活动，给古老商埠——石岐积淀了深厚的商业文化。

16世纪，葡萄牙人占据澳门，澳门、香山两地的贸易越发频繁。1842年中英《南京条约》签订后，香山因邻近澳门、香港地区及广州，对外贸易和商品流通迅速兴盛。香山境内的石岐、小榄、前山等地，因商业繁荣而成集镇。

中山市社会科学界联合会主席胡波研究认为，香山向来就有重商尚实的传统，在古代一直是海上丝绸之路的重要驿站，明清时期又是中西商贸的唯一枢纽。但香山商帮的形成，与这些历史和文化的优势似乎没有直接关系，倒是1842年中英《南京条约》签订后，五口通商和中外贸易合法化、常态化开展后的一系列涉外活动，从根本上催生了香山商帮。在胡波看来，香山商帮有三个明显的特点：一是他们的专业性、地域性、家庭性和涉外性更加明显；二是他们的危机意识、家国情怀和国际视野；三是他们率先响应清政府开展洋务运动的号召，积极投身中国早期工业化的建设热潮之中。

回溯近代中国经济史，我们也许能更清楚地了解到香山买办在中国近代经济社会发展和早期工业化建设中的地位和作用。可以说，他们是中国近代工业化的先驱者。①

---

① 胡波：《中山史话》，社会科学文献出版社2014年版，第135页。

新商业实践

1900 年 1 月 8 日，香港皇后大道 172 号上的先施百货公司隆重开业，张灯结彩，喜气洋洋。整个香港为之轰动，万人空巷，大家都把目光聚焦在这家中国 20 世纪第一家现代百货公司上。

百货公司里的商品不仅标价出售，还聘用男女店员共 25 位，开了中国商业史上女性站柜台售货的先例——这是马应彪效仿澳大利亚英人商店的做法。先施百货公司的女店员长得都很标致，统一的亮丽服饰，面若桃花且带有亲切的微笑。前来凑热闹的香港市民络绎不绝。在一段时间里，围观的人越来越多，店里生意都没法做了。警察在冬日里还出动维持秩序，被挤得满头大汗。

先施百货公司是四大百货公司中最早成立的，由马应彪联合 11 位澳大利亚华侨、美洲华侨及香港富商、香山同乡集资创办。"先施"之名，取自四书《中庸》中的"先施以诚"。1918 年，先施百货公司确立以香港为总公司，广州、上海为分公司的联合经营管理制度。1936 年，先施百货公司又在澳门开设分公司。在 1900 年初创时，先施百货公司仅有资本 2.5 万港币，股东 12 人，职员 25 人，至 1925 年已发展到拥有资本 700 万港币，股东 3000 多人，职员 2000 多人，另有职工数千人。

商业天才无限风光，令人如此仰慕。很多人认为他们的成功是上苍和命运的眷顾。其实，每一个成功人士的背后都必然充满血泪交融的成长历程。

先施百货公司创始人马应彪的成长历程，一样饱含无限艰辛和奋斗的血泪。1864 年，马应彪出生于香山县沙涌乡一个贫困家庭，开始了拾粪养家的艰难生活。因家境贫寒，20 岁的马应彪辗转到澳大利亚谋生。他挖过金矿，当过菜贩。由于为人诚恳，很多朋友和同乡都把蔬菜、果品委托他出售。随着业务的拓展，马应彪先后开设了永生、永泰、生泰三间铺位。一天，父亲马在明在一处极为偏僻的矿区看到了一份华文报纸。那份报纸上写着"马应彪创办永生、永泰、生泰三联商号，统销各方土产，名震澳大利亚"。马应彪的妻子霍庆棠是当年香港另类的女性,她走出深闺,成为香港第一位女售货员。此外,马应彪花巨资装潢,设置橱窗,首创货不二价。

除了马应彪的先施百货公司,当时在上海开办的中国四大百货公司还有郭乐兄弟的永安公司,李敏周和李煜堂的新新公司,蔡昌、蔡兴的大新公司。

中山市是珠三角地区的著名侨乡。侨商在海外创业,回国回乡投资兴办实业、振兴商务者众。而四大百货公司的创办人都有共同的特点:都是香山人,都是早年到澳大利亚谋生,从洋人那里学到先进的商业理念和管理方法,才回国创业。他们相继创办先施、永安、新新、大新四大百货公司,率先引进国外百货业的经营模式和管理方法,开中国现代百货业之先河。

四大百货公司的创办和发展,既是近代上海乃至中国商业史上的重要篇章,也是上海作为中国最重要的工商业城市以及南京路作为中国第一商业街的典型例证。四大百货公司曾引领时代潮流,促进了中国商业的近代化,也更新了上海市民的消费观念和生活方式。①

香山商业文化博物馆的三楼系统介绍了中国现代百货业的先驱——四大百货公司(先施公司、永安公司、新新公司、大新公司)的创立、经营、发展过程等内容。还设有20世纪二三十年代上海四大百货公司的建筑模型,以及先施鞋部、永安果栏、新新屋顶花园和大新电梯四个场景。

据上海媒体描述,香山人蔡昌创办的大新百货公司大楼平面呈正方形,矗立在南京路西端,西藏路和劳合路(今六合路)之间,这是南京路四大百货公司中唯一由中国人设计的大楼。建设工程于1934年11月19日启动,1935年12月竣工。大楼一至三层安装了奥的斯轮带式自动扶梯,这在亚洲是首创的。踏上电梯,举目四眺,视野开阔,让人心旷神怡。上海市民纷纷前来试新,热闹不绝。

台湾当代作家白先勇回忆童年在上海生活的经历:"我踏着自动扶梯,冉冉往空中升去。那样的自动扶梯,那时全国只有大新公司那一架,那是一道天梯,载着我童年的梦幻,伸向大新游艺场的天台十六景。"

---

① 上海市档案馆等编:《近代中国百货业先驱——上海四大公司档案汇编》,上海书店出版社2010年版,第9页。

1900 年之后，香山县的工商业开始活跃。爱国华侨回乡投资的热情升温。1908 年，华侨蔡锦佳等人在石岐创办香山机器制砖有限公司工厂，设有 12 门轮窑一座、动力挤砖机一台，成为香山第一家近代工业，也是我国最早的轮窑砖厂。20 世纪二三十年代，神湾镇华侨李国汉从南美智利带回菠萝种苗引种于神湾镇，之后其出产的菠萝得以逐步推广，成为当地特产，被称"神湾菠萝"。据记载，1937—1939 年，神湾菠萝的种植最盛，当地几乎家家户户都栽种，少则 2000—3000 株，多则 8000—10000 株。1912年，华侨严迪光购进机器，在石岐县城开办迪光电力灯所。1916 年，刘荣阶等五人合资在小榄开办兴业电灯公司。

初创"咀香园"

在石岐县城曾流行过一段打油诗："劝君晨入市，买果又饼糕；与妻奉爹娘，亦可哄儿嘈。"这首通俗易懂的打油诗反映了当时人们对糖果饼的喜爱之情。100 多年前的石岐老街，犹如一幅恬静的水墨画卷，朗朗上口的童谣仿佛透纸而来，响彻街头巷尾。

中山石岐九曲河上，河畔的金柳像夕阳中的新娘，顾盼生姿；曲折迂回的石板路上，梳着油亮黑长辫子、穿着大对襟乌衫的中年妇女匆匆而过，徒留木屐声声，天籁一般"嗒、嗒、嗒"地敲打着小巷；调皮的孩童光着屁股你追我赶，"砰、砰、砰"几声后，像一条条鱼儿接连跳进河里，涤去盛夏的炎热。

彼时，香山县石岐西门牛角巷兴宁里 8 号（今孙文西文化旅游步行街新华书店侧），县城名门望族、书香门第之萧友柏家正值经济拮据，为招呼宾客而发愁。心灵手巧的湘姐[①]运用小时候跟随点心师傅帮厨习得的经验，以绿豆、猪肉、砂糖等材料，用石磨将去壳绿豆研磨成绿豆粉，夹以蜜饯、肥猪肉，混合砂糖浆，用模印饼，经过烘焙等多道工序做成杏仁

---

① 湘姐（1880—1954），女，又名"三家"，全名不详。原籍顺德县大良镇，幼年丧父，家贫，随母在地主家为婢，后来学得一手制饼的好手艺。20 世纪 20 年代初，到香山石岐萧友柏家为佣。

饼。由于饼食甘香浓郁，入口酥化，宾客品尝后，赞不绝口。

香山县萧家是官宦世家，而萧家主人是当时的社会活跃分子，也是香山商会创办人之一，与县令交往甚好。萧家主人的儿子萧咀（又名萧嘴）摆满月酒当天，萧友柏送上该饼给覃寿坤县令品尝。县令尝后大加赞赏，用宣纸即席挥毫，题写"齿颊留香"四个大字回赠萧友柏。

经县令题词，此后，萧家的杏仁饼更加出名。很多人都想品尝"齿颊留香"的绿豆夹肉饼，纷纷登门求饼。当时萧家家景不如往日，要负担一家几口的生计十分艰难，只好打发湘姐做些饼食应酬上门的购饼者，帮补生计。

为补家计，萧家主人命令全家上下烘制杏仁饼，并让婢女拿到戏院门前叫卖。因该饼风味独特，有顾客上前询问饼的来历，婢女不敢实情相告，只说是买回来卖的。此后寻访购买者日多，有些华侨还要求多买些带到外埠。还有一些顾客等婢女卖完饼，尾随其回家并推门而入要买饼。这时，萧家主人碍于面子，说萧家为世代书香，非商贾之人，拒不承认该饼由萧家制成出售。

一次，有人乘萧家不备冲入庭院，及至前厅，见后座有作坊，还传出敲饼的木击声，且烘饼之香弥漫前厅，于是萧家制饼的真相曝光。1911

◀清末民初的咀香园饼铺（后世模仿建造）

年，石岐大庙下泰东戏院开业，为帮补日益见拙的家计，萧老夫人带领萧家众人，在湘姐的指导下，在家大做绿豆饼。由于市场需求的增大，以及工商业发展环境趋好，萧家从书香世家支使婢女偷偷卖饼维持家计，逐渐发展为家庭作坊式生产。随后，萧家组成最早的"董事会"，湘姐任"技术总监"，产供销一条龙的家庭生产作坊——咀香园饼铺开门营业了。

湘姐成了咀香园杏仁饼传统工艺的始创者。当时深受父辈宠爱的萧家大少，名干伟，字嘴，加之绿豆饼咀嚼且有杏香，故萧家主人取其字，给饼铺起了一个气派的名号——嘴香杏仁饼。由于"嘴"字笔画太多，一个个小的木制饼模不好雕刻，在操作打饼的时候，制饼的原料又难以从饼模中剥离，严重影响打饼效率。萧家主人便把"嘴"字改为"咀"字，成为"咀香杏仁饼"，后又参考省城其他饼铺都有一个"园"字，就循例命名为"咀香园杏仁饼"。①

杏仁饼的主要原料是质量上乘的绿豆。晚清时期，县城中心石岐已出现采用绿豆炒后磨粉的制饼工艺，做出来的饼食香味独特，很受百姓欢迎。做绿豆饼的饼家也一时兴起。后来，石岐兴宁里集聚了好几家饼店，但能将绿豆饼做到极致的，非咀香园饼铺莫属。

◀木制饼模

---

① 吴竞龙：《咀香园传奇》，广东人民出版社 2009 年版，第 50 页。

不仅仅是乡愁

修缮后的孙文西路文化旅游步行街，再现了迷人的风韵，焕发着蓬勃生机。新旧文化在这里完美对接，传统和现代气息有机地融合为一体。这相容不悖的融汇，令这条百年老街洋溢着文化气息。

盛夏里，就着好天气，最值得去孙文西路文化旅游步行街走走。两旁的西洋骑楼尽管历尽沧桑，但从街头巷尾、残垣断片中，从绿藤爬满的深深庭院里，那超越时光的历史气息与凝重依然清晰可感。烟墩山下，这片保存完好的中西合璧建筑群掩藏于岁月深处，吸引无数游人纷至沓来。

当年，这片区域可是无比繁华的黄金地带啊！大庙下，饮食业尤其兴旺：卖艇仔粥的老板娘热情大方，扯开喉咙大声叫卖："新鲜热辣的艇仔粥，食过返寻味！"酒楼里的店小二肩上搭着毛巾，一身利落的打扮，看到熟悉的客人就鞠着躬上前小声嘱咐着："爷，您慢走！早已帮您老预订好位置了。"酒肆人来人往，热闹非凡，浓郁的酒香弥漫在空气里。

这条长度仅有 500 余米的步行街，留下了很多关于香山的商业故事。

始于清同治元年（1862 年）的福寿堂今天仍在经营。门楣上，"福寿堂"几个遒劲有力的大字，在阳光的照耀下格外显眼。其店面宽敞，店内商品摆放得井井有条，穿着雪白大褂的营业员、坐诊医生各司其职，淡淡的中药香扑鼻而来，让人心旷神怡。当年，福寿堂还只是一个古意盎然的小小医药铺，其创办者为石岐南下（三仙庙）李某。医者父母心，李某为人勤恳善良，利用自己掌握的医学知识，孜孜不倦地为乡亲们祛除病魔带来的痛苦，因此深受周边百姓爱戴。医药铺在良好的口碑中不断发展壮大。医药铺第三代负责人为李瑞文，1923 年任中山县商会"路工董事会"会长，领导修筑马路。第四代负责人李鸿标曾任县商会常委，有石岐"商界才子"美誉，20 世纪 30 年代兼任石岐商团大队长。1956 年参加全行业公私合营后，福寿堂仍沿用"福寿堂"老字号，知名度颇高。

始建于清末民初的汇丰公司，如今在步行街上仍可见其旧建筑，是一家规模较大，有四层楼四铺面的侨资公司。当时，四层楼上下都张灯结彩，挂满多彩的装饰。汇丰公司主营百货，分设服装、毡帽、钟表等专柜。因为品种齐全，周边百姓都喜欢光顾。每到节假日，很多人家有婚庆嫁娶，有人忙碌着挑选鲜艳的被褥，有人在钟表柜台前仔细询问价格，有人在售货员的帮忙下试穿喜爱的服装……人声鼎沸，一派喜庆忙碌的景象。

始于民国初年的永安侨批局也值得一书。永安侨批局始办于1918年，那时正值第一次世界大战结束不久，世界经济复苏，侨汇重又活跃。中山竹秀园村华侨郭泉、郭乐、郭顺，先在沪港开设永安公司。获悉家乡侨汇增多后，迅即分资入主石岐十八间的汇源银号，将其改组为中山永安侨批局（今中国银行孙文西分理处）。

思豪大酒店位于孙文西路150号（石岐总商会东侧），所在地原为"香山银行"旧址。1924年，澳大利亚归侨郭泗泉在此处开办私营香山银行。香山银行开办后如昙花一现，两三载就结束了业务，大楼后由其他商号租用。抗日战争期间，遭受日本侵略者轰炸而成颓墙瓦砾。20世纪40年代末，县商会会长李德联回邑复员，先购此地，即兴建五层楼酒店，取名为思豪大酒店。思豪大酒店为中西合璧风格，异国情调浓郁，别致的立体轮廓，小巧的阳台，色彩斑斓的玻璃，还有香山当时最好的房间装饰、住宿环境等，都让其成为众人交口称赞的香山最有名气的酒店。岁月更替，思豪大酒店慢慢老去，老得只剩下记忆了。

中山市是著名的侨乡，那些身居海外的游子挣到一些钱财，无不惦记着家乡父老乡亲，千方百计将积蓄邮汇到石岐。那时候最常见的情景，如柜台内的工作人员飞快地做着各项记录，柜台外穿着粗布衫、打赤脚的群众排着长龙一样的队伍心急如焚地等待着，老式的拉绳电灯散发出橘黄色的光……

如今，步行街上巍峨的棕榈树依然默然无语，似乎诉说着此地的光阴变幻。已经华丽转身的中国银行尽显今日商业的大气，全空调开放的柜台里，工作人员娴熟地在电脑前面十指翻飞，安静的大屏幕上滚动播报着各项业务的情况，客户安坐在舒适的椅子上等待叫号……一切，都变得更加便捷、更加高效。

在步行街还有一个模范戏院旧址，民国初期称为泰东戏院。《昭君出塞》《三娘教子》《六国封相》……在光和影的变幻中，百姓通过一片薄薄的银幕，在短短一两个小时中感受着纷纭复杂的大千世界。模范戏院如今在不远处的高大摩天轮、装修一新的天字码头、崭新宽敞的商业圈衬托下褪去了昔日亮丽的花环，成为无数老石岐人念念不忘的美好回忆。

自古传统商业旺地，往往是饮食文化荟萃之地。咀香园杏仁饼在此风起。人们无论是随手买几盒咀香园绿豆饼边走边吃，还是拿着包装古朴的杏仁饼走亲访友，都将咀香园的美名带出古朴的骑楼老街，带出涓涓流淌的岐江河，带出更远处的拱北口岸，不断传播，使之蜚声海外。

我想，湘姐一定没有想到，当年她随手揉搓出来的小小绿豆饼，在今天竟会成为人们的送礼佳品，深受欢迎，远销港澳地区，甚至出口到美国、加拿大等地。时隔百余年，中山咀香园杏仁饼仍是享负盛名的中山特产之一，成为无数人舌尖上的美味，成为无数游子心底深处的乡愁。

| 第二章 |

民国时期，饼香传海外

艺精心更苦，何患不成功。

——〔唐〕章孝标《山中送进士刘蟾赴举》

穿越时光的隧道，回到 100 多年前。那时，中国社会风雨飘摇，商业发展非常落后，大多数传统民族商业在西方列强的挤压下黯然失色。清宣统三年（1911 年），旨在推翻清朝专制帝制、建立共和政体的辛亥革命爆发。辛亥革命爆发后，革命党在南京建立临时政府，各省代表推举孙中山为临时大总统。1912 年 1 月 1 日，孙中山宣誓就职，中华民国南京临时政府正式成立。民国期间，萧家齐心经营着咀香园铺饼，既迎来发展史上的第一个鼎盛期，也历尽战争磨难。咀香园饼铺就像充满希望的春芽一样萌动，在举步维艰中成功突围，最后绽放出属于自己的光华。

赶上一波商业浪潮

中国社会科学院经济研究所研究员肜新春博士在其编著的《民国经济》一书中写道："1912年中华民国成立，虽然在政治上并没有建成一个真正的资产阶级民主共和国，但却为资本主义的发展提供了一些有利条件，中国的现代化建设步入了启动阶段。"1912年4月18日的《民立报》上记载，民国之初，孙中山就曾疾呼："今日共和初成，兴实业实为救贫之药剂，为当今最重要之政策。"

这一时期，经济发展虽然缓慢，但发展状况较好。1914—1936年间，全国资本总额（含外国在华资本）的增长状况：1914—1920年年均增长5.59%，1920—1936年年均增长8.31%，资本主义工矿业的总产值年均增长7.7%，国民收入总额年均增长1.45%，人均收入年均增长率0.92%。[1]此时出现了所谓的资产阶级的"黄金时代"。

民国初期，中国兴起了一轮新的实业投资热，这被史学家称为继洋务运动后的第二次工业化浪潮。辛亥革命推翻了清王朝的统治，宣布建立民主共和制。新建的共和政府主张工商业自由，颁布了一系列鼓励工商业发展的法令，进行了经济法规的初步建设。这也使得中国工商界为之振奋，投资热情一度高涨。加上1914—1918年第一次世界大战期间，列强无暇顾及东方，商品输出锐减，同时还增加了对各种战略物资的需求。中国工商业随之兴旺。

刚刚组建成立的家庭作坊式的咀香园杏仁饼铺，正好赶上了这一波浪潮。咀香园杏仁饼铺开张后，生意果然很好，到了民国时期更加兴旺。潘雁湘是一个家庭妇女，更是一个有所作为的人，她在天天制作、出售、品尝杏仁饼的过程中，苦心钻研，不断创新，从原料配方和制作工艺各方面进行反复调试。当年，虽然生产工具落后，但由于潘雁湘技术熟练，经

---

[1]　虞和平主编：《中国现代化历程》，江苏人民出版社2001年版，第369—370页。

她示范指点，生产效率颇高，每天可制作原料 50 千克，日产杏仁饼 3600 个。[1] 她还创造了一套经营管理方法，既提升了生产效率，又保证了产品质量。

民国初期，咀香园杏仁铺饼创新性地推出奖销措施：购买咀香园杏仁饼达到一定数量者便可享受相应的奖励。除此之外，每逢节假日还进行打折促销，使得杏仁饼市场热销。在萧友柏及其妻子林大姑、婢女潘雁湘等组成的"一代创业者"的努力下，咀香园的生意红红火火，成为当时石岐城区最大的饼铺。

"玫鹤" 商标诞生记

1904 年 1 月 21 日，清朝政府颁布了《钦定大清商律·公司律》。这是中国的第一部公司法。《公司律》规定："凡设立公司，赴商部注册者，即为合法。"

《公司律》基本照搬了西方近代企业的组织架构，在立法原理上排除了政府对公司内部事务的干预。政府只负责公司的登记注册，以及公司及其主管人员违反法律时予以适当处罚。股东的权利被置于该律中的显要位置，小股东的利益得到了特别的保护。

美国西方学院教授陈锦江在《帝制晚期以来的中国企业家精神》[2]一文中对这一现象有这样的表述：1903—1907 年间，清政府以不同级别的官阶（包括贵族身份）作为奖赏，授予把资金大规模投资于现代企业的实业家。为保护他们的投资安全，清政府甚至在 1904 年颁布了第一部公司法，对私人创办股份公司和各种承担有限（或无限）责任的合伙经营企业进行规范和引导。至此，现代企业家事实上已开始逐渐取代传统商人。

1914 年 1 月 13 日，北洋政府农商部颁布近代中国第二部公司法——《公司条例》。同年，颁布了《公司注册规则》。1918 年，第一次世界大战

---

[1] 吴竞龙：《咀香园传奇》，广东人民出版社 2009 年版，第 56 页。

[2] 收录进［美］戴维·兰德斯、乔尔·莫克、威廉·鲍莫尔著，姜井勇译：《历史上的企业家精神：从古代美索不达米亚到现代》，中信出版社 2016 年版。

结束，北洋政府规范工商税收。萧家也正式进行工商登记，挂牌经营，店号为"咀香园杏仁饼家"，并注册了商标，以梅花仙鹤图案注册"梅鹤"商标，寓意"梅妻鹤子"，把大户人家的清高寄于这个不平凡的杏仁饼里头。

商标的起源可追溯至古代，当时工匠将其签字或"标记"印制在艺术品或实用产品上。时至今日，这些"标记"演变成为今天世界通行的商标注册和保护制度。经工商登记、挂牌经营后，咀香园杏仁饼的知名度越来越大。由于举家专心制作，饼味甘香，松化适宜，件件保质，一下子食客大增，供不应求。彼时，咀香园制饼首选上乘绿豆做原料，冲洗，烘干，慢火炒熟，去皮，磨成细粉，配以糖腌肥猪肉片。据称，一头猪只能用背部肥肉 10 斤左右，其余不要，再用砂糖浆等捞成湿粉；其后，用两个木桶顶承，内放炭炉烘熟。为保证品质，咀香园杏仁饼烘焙时工艺精细，一丝不苟，稍有瑕疵便坚决剔除。这些有瑕疵的杏仁饼，被分为指甲大小的小块免费派发给附近的孩童。

1918 年第一次世界大战结束，经济开始复苏，很多海外华人回乡，也慕名前来咀香园杏仁饼铺购买杏仁饼带出国。港澳乡亲回中山也前来购买杏仁饼作为家乡特产带回港澳。久而久之，咀香园杏仁饼自然成为当地最受欢迎的家乡特产。当时，民国政府鼓励地方工业产品出口，出口的办法是通过恒生银行（当年叫作"金山庄"）先把货寄到香港金山庄，再按地址发往南洋、北美等地，恒生银行再把货款送还出口单位。那时，萧友柏委托金山庄代理杏仁饼进行出口。咀香园出产的杏仁饼靠好的质量和信誉，在众多杏仁饼中脱颖而出，并通过出口走向了世界。

1923 年，广东省举办农产品展览会评比，在香山县送展的饼食中，咀香园杏仁饼荣获广东省一等奖奖状一张、金质奖牌一个。金质奖牌上雕刻有"中华民国"国徽和"广东省农产品展览会"。奖状中有时任广东省省长陈炯明的亲笔签名和印鉴，还盖有广东省人民政府的公章。

1930 年，南京国民政府修正《商会法》公布，明令民营企业必须加入同业公会。中山县开始组织中山商会。后因"梅花"是国花，不能作商标使用，续转"玫鹤"，并由广东省建设厅批准，建字第（29479）号，准许中山咀香园"玫鹤"续转使用。中山咀香园的商号商标成了广东省最早注册使用的商号和商标之一，如今成为广东的珍品，收藏于广东省档案馆。

▲当年注册的"玫鹤"商标　　▲注册商标批复文件　　▲留存下来的杏仁饼宣传单张

在如今保留下来的珍贵历史资料中，还能看见当时萧家咀香园杏仁饼铺开张之时印制的销售传单："中山咀香园，家制妙品。迩来美食，多醉心西品，每忘国货。本园主人近独出心裁，自制杏仁饼、绿豆饼两种，比之西品，其芳香甘美殆有过之。不敢自秘，因公同好，现在中山西门外兴宁里门牌第四号（现改编第八号）萧宅发售，诸君如欲购者，请径到萧宅可也。"

读罢，犹如时光倒流百年，咀香园的一幅生意图景跃然纸上：清晨，太阳才刚刚跃出地面，石岐兴宁里八号这家小店还在甜蜜的酣睡中，潘雁湘就嘱咐家人起来准备开铺事宜了。于是，擦桌子的一丝不苟，清扫门庭的尽心尽力，掌柜正踱着细步从容地立在货架上盘点着……终于，一切准备就绪，"吱呀——"店铺的大门徐徐打开，咀香园开启了新一天的忙碌。果然，街坊邻居已经提着篮子，挽着袋子，甚至挑着箩筐，三三两两地等候在外了。伙计们赶紧上前伺候，"您要多少杏仁饼呢？""好，早帮您准备好了！""这边请……"醉人的饼香，大家的欢笑声，伙计的吆喝声，声声入耳。周边的饼铺也次第开门，易味庐、惠兴饼家、牛角巷饼屋……石岐兴宁里，混合着绿豆的清香，终于彻底苏醒过来，开始迎接销售高峰了。

借力"模范县"

"开门任便来宾客，看竹何须问主人。"这是珠海唐家湾镇共乐园里的一副对联。共乐园位于珠海市唐家镇西郊鹅峰山麓，始建于清宣统二年（1910 年），原名小玲珑山馆。1932 年，唐绍仪将该园无偿捐献给唐家乡民委员会，并更名为"共乐园"，寓意"与众共乐"。

唐绍仪，1862 年出生于香山县唐家湾（今珠海唐家湾镇），12 岁被容闳选中赴美留学，接受了美国的现代教育，耶鲁大学文科毕业，1881 年被清政府召回。他在清政府内部担任高级职位，后来也是孙中山重要的顾问之一。1912 年 1 月 1 日，孙中山就任中华民国临时大总统。当酝酿新政府总理人选时，唐绍仪得到革命人和袁世凯的推选及任命，成为中华民国第一任内阁总理。

早在 1921 年，唐绍仪与孙中山便有将香山建成县自治的想法。民国时期的中山县对于当时广东省其他各县而言相对富裕，人口繁盛，经济发达，"几无一不冠于全省，一切产业交通运输之发展，均居本省首位"。1919 年，全县财政收入达到 130 万两，不仅居全省第一，而且超过贵州省的财政总收入。岁入最高的年份曾经达到 260 余万元，占广东省财政收入的 25%。[①]

南京国民政府成立后，遵照孙中山的革命程序论开始实施训政，并在胡汉民、戴季陶、吴铁城等国民党中央委员的提议下将中山县树立为全国模范县。1928 年 2 月，国民政府第十九次国务会议确定中山县为全国模范县，实行模范县制（特别县）。1929 年，唐绍仪就任中山县训政实施委员会主席，在就职词中表示要用 25 年的时间，"将中山县建设成为全国各县的模范"。1931 年 3 月 16 日，唐绍仪兼任中山县县长，集中精力实施建设

---

① 林家有、萧润君主编：《孙中山与中国社会博士论坛论文选集》，中山大学出版社 2009 年版，第 154 页。

模范县的计划。该计划包括基本建设、发展实业、加强农渔业和乡村建设、引进外资和发展教育诸方面，而以开辟唐家无税商港为重点。他还多次邀请广东省专家前往唐家湾考察，还编印《中山县发展大纲》，散发到港澳地区及海外，想方设法从各方面筹集奖金。

唐绍仪主政期间，中山县直属中央管辖。回望这一时期，当时的中山县在经济、科技等方面均处于全国领先水平。建设"模范县"期间，咀香园步入了发展史上的又一次"黄金期"。史料记载，1933年及1935年，咀香园杏仁饼参加全国性和全球性食展览评比均获得各项大奖，中山杏仁饼声名大振。1934年，咀香园杏仁饼参加全国饼食展览评比也赢得荣誉，政府向其颁发写有"饼质优良"的奖状。

最早的"马路经济"

从经济发展区域的形态来看，一座城市经济的发展大多经历"马路经济—沿江经济—沿海经济"不断外拓的过程。中山亦如此。

1924年，孙文西路建成，其意义就在于开启了中山的商业格局和商业文化。路通财通，那时沿街两旁商贾云集，市道畅旺。孙文西路的开通让附近一带成为新的商业中心，牛角巷也随之兴旺。

当时，县城石岐开始拆掉城墙，商会出资筑马路，私人税投建码头，近代以来中山最大的"造城运动"悄然上演。此时，城西大兴土木，原本脏乱的小路褪去原有的面貌，成为一条崭新的马路。同时，一批批归侨纷纷出资援建家乡中山基建，改善交通，使得省港澳商人来往日渐频繁。不仅如此，当年分散于港澳地区，甚至世界各地的乡亲纷纷回来投资开铺，落脚点则多选在交通便利的孙文西路。一条马路承载着经济和商业崛起的脉搏，开始了它的躁动与喧嚣。

资料显示，当时中山90%的银行、邮电局、货物流转业等均集中在这一区域。20世纪30年代，短短500多米的路上"挤"满上百家店铺，几乎每家的招牌都是响当当的，许多老字号至今还被怀旧的老中山人津津乐道。

▲当年繁华的石岐老街（框内为咀香园饼铺）

　　"落雨大，水浸街。阿哥担柴上街卖，阿嫂出街穿花鞋。花鞋花袜花腰带，珍珠蝴蝶两边排……"一首家喻户晓的岭南童谣，道出了孙文西路西岭南风浓郁的骑楼商业文化。爱逛街的阿嫂，即使是在倾盆大雨的日子，依旧可以穿着绣着美丽图案的花鞋子出来，皆因当时步行街上的骑楼有着较大的实用价值：它们相互联系，衔接紧密，一店过一店，无论刮风、下雨、日晒，行人都丝毫不受影响。

　　那时候的石岐老街，真是人声鼎沸、热闹非凡。泰东模范戏院轮番上演各种好戏，那些边看戏边享受美食的人可以从戏院的楼上吊一个装着钱的篮子徐徐下来，那些卖杏仁饼、龙眼胶、水煮花生等各类小吃的小贩就会收下钱，把美味的小吃放进篮子里。大庙下人山人海，每天早早出来喝早茶的有钱人家拖儿带女，扶老携幼，去古香古色的茶楼品尝一盅两件；食肆里，摆放在门口的新鲜鱼、虾、蟹就是最好的广告牌；不知谁家的留声机正播放"金嗓子"周璇的名曲——《四季歌》，像香醇的老酒一样飘散在空气里。

　　如今，石岐老街不远处的天字码头已修葺一新。孙中山先生也曾从这个码头出发，奔往远方去学习西方的先进思想，走向更加广阔的世界。矗立在岐江河上的幻彩摩天轮，就像巨人一般俯瞰着整座中山。鳞次栉比的高楼大厦，四通八达的交通网络，整个石岐今非昔比。

　　现在，石岐老街已经在这里延伸扩大成为一个功能更齐全、档次更高级、体验更舒适的商业圈。

曲折中前行

萧咀出生于 1906 年，为萧家主人之长子。年轻的萧咀视野更为开阔。萧家是书香之家，萧家主人在经营咀香园饼铺时也不忘做好子女的教育。萧咀五六岁开始在私塾学习，后来被送去澳门洋学堂读书，每个星期回城一次。澳门的读书经历，为萧干伟日后带领咀香园开拓海外市场打下扎实的基础。

1930 年，24 岁的"少壮派"萧咀担任咀香园经理，担起咀香园发展的重任，并主持咀香园直至新中国成立后的公私合营。其间，虽然历经抗日战争、解放战争，经营环境恶化，但他及时调整策略，使得咀香园在两个最艰难的时期曲折中前进。

20 世纪 20 年代中期，由国内香山人及海外香山人集资，公路沿线各处乡村的人民出力，用原始的工具建设了岐关东路（东线）。这条由石岐华佗庙开始，沿着五桂山东麓直达澳门火船头（沙梨头），全长约 70 千米的砂土公路，大约在 1930 年秋建成通车；并以其路面平坦、排水性好等优点，当年被誉为"继南满公路（沈阳至大连）之后，中国大陆第二条符合标准的砂土公路"。[①]

萧咀接手咀香园后，投入资本金 600 万（旧币）重新注册咀香园，放开手脚，发挥在澳门学来的外语优势，把生意做到了美国、加拿大等国家，并通过华侨开展海外贸易，打开世界市场。萧干伟利用杏仁饼供不应求的有利时机，增加员工，把杏仁饼形状从杏仁状改为圆形，以减少破碎的情况，包装从散装筒装转向档次较高的盒装、方铁罐装、圆罐装。杏仁饼的产量和档次都提高了，深受广大客户的喜爱，成为当时最受欢迎的地方特产和送礼首选佳品。

---

① 唐有淦：《岐关车路史话》，《东镇侨刊》1983 年元旦刊，第 29 页。

◀民国初期
的杏仁饼外
包装

随后，中山咀香园杏仁饼的知名品牌在华南地区、港澳地区以及海外的影响力不断扩大，号称"名冠中南，驰名海外"的中山特产。1935年，咀香园杏仁饼作为正宗的中山特产，参加在美国檀香山举行的国际食品博览会，一举拿下"金鸡奖"，此后声名大噪，更留下"花来岭南无月令，豆到中山有杏香"的佳话。

在咀香园杏仁饼的带动下，中山杏仁饼行业发展很快，大大小小的杏仁饼铺不断涌现。截至1939年，中山大小杏仁饼铺合计有28间，集聚了"华侨""利强""真香""中山"等杏仁饼商家。

1937年抗日战争全面打响，不久，中山也沦陷了，经济几乎停滞，人们的购买力一落千丈，杏仁饼滞销，许多杏仁饼商铺被迫关门停业。萧干伟一边艰难地维持石岐咀香园，一边与梁庆森到澳门合伙开创萧家咀香园杏仁饼铺。[①]

直到1945年8月抗日战争结束，中山市场才重新复苏。迁往澳门的咀香园杏仁饼铺又回到中山原址复办。制饼的专业人才请了回来，咀香园再次兴旺。

20世纪40年代后期，石岐已有饼业商铺70余家，竞争非常激烈，但咀香园杏仁饼凭借其选料精良、工艺精细，在饼业商铺中独领风骚。新中

---

① 吴竞龙：《咀香园传奇》，广东人民出版社2009年版，第66页。

国成立前，很多石岐居民都称杏仁饼为咀香饼，足见咀香园杏仁饼当时的地位和名声。

由于产品长期畅销，不少同行开始模仿假冒咀香园杏仁饼，中山先后冒出数十家规模不一的咀香园杏仁饼铺。同时，广东广州、广西梧州，甚至香港、澳门也出现了咀香园杏仁饼铺。为了维护自身权益，萧家开始在报纸上连续刊登打假广告。1948年的中山《建中日报》上就有这样一段话："本园在中山石岐创制杏仁饼垂三十年余，素以出品精良深得中外人士赞许，畅销各埠有口皆碑。近查有无耻之徒竟冒用本园名义，在省港澳各地设店仿制图利，殊属刁狡违法。本园用玫鹤商标先后在经济部商标局注册，国内外各地并无设支店及代理惠点，诸君幸留意焉。"这则打假广告一连刊登了25期，打得省港澳"李鬼"逐渐销声匿迹。

1945年8月至1949年9月解放战争期间，经济形势严峻，咀香园又一次面临危机与挑战。尤其是受1949年通货膨胀影响，包括咀香园在内的中山杏仁饼行业受到严重打击。直到新中国成立，中山杏仁饼业才迎来新机，开始迅速恢复和发展。

家族企业的精神传承

历史尽管淹没在滚滚尘埃里，但金子始终能够不被种种迷雾遮掩，重新熠熠发光。从一堆陈旧发黄的资料中，可以梳理出民国时期咀香园的种种变迁，以及其作为家族式企业（作坊）的成功奥秘。

家族企业是指资本或股份主要控制在一个家族手中，家族成员出任企业的主要领导职务的企业。作为世界上最具普遍意义的企业组织形态，家族企业在世界经济中有着举足轻重的地位。美国学者克林·盖尔西克认为："即使最保守的估计也认为家庭所有或经营的企业在全世界企业中占65%—80%。全世界500强企业中有40%由家庭所有或经营。"在世界各国，无论是发达国家还是发展中国家，家族企业都在顽强地生存和发展着。

民国时期萧家杏仁饼业的繁荣，可谓天时、地利、人和。从外部环境看，萧家创业初期正值晚清政府对工商业尝试进行扶持，后来遇上民国初年的工业化浪潮、1914—1918 年第一次世界上大战以及中山"模范县"建设等契机，市场需求不断增大。而中山又是著名的侨乡，这一时期往返的华侨增多，为咀香园"走出去"创造了条件。

高德步、王珏编写的《世界经济史（第三版）》中，对民国初年的工业发展有如下描述："第一次世界大战期间，工业投资大大增加，1913—1921 年，全国设立了 123 家面粉厂，面粉外销数量激增。1927—1937 年，国民政府开始着手经济建设，在这 10 年里，中国工业虽然经历过一轮经济周期，却获得了巨大发展。1936 年，中国工业总产值比 1926 年增加86.1%，国民经济增长率平均每年增幅为 8.3%，这 10 年是旧中国经济发展的最高峰。"

著名财经作家吴晓波在《跌荡一百年：中国企业 1870—1977（上）》一书中写道："事实上，自 1911 年之后的 16 年间，中国民营经济迎来了一个'黄金年代'。在这期间，国营企业体系基本瓦解，民营公司蓬勃发展，民族主义情绪空前高涨，明星企业家层出不穷，企业家阶层在公共事务上的话语权十分强大。"

美国经济史学者托马斯·罗斯基经统计发现，1912—1927 年中国的工业平均增长率高达 15%，在世界各国中处于领先地位。1928—1937 年这 10年，在经济史上也曾被称为"黄金十年"。在这 10 年里，工业经济增长率平均达到 8.7%（也有学者计算为 9.3%），为现代中国史上增长较快的时期之一。

哲学理论中认为，内因即事物的内部矛盾，外因即事物之间的矛盾，它们在事物发展过程中缺一不可。很显然，咀香园这一时期的经济增长与上述外部环境的变化息息相关。从内部看，萧家是书香之家，在产品质量的把控、诚信经营、市场策略等方面确实比同一时期的石岐商户要"略高一筹"。还有一点值得关注的是，萧家善于培养"接班人"，当萧友柏把接力棒传给萧干伟时，萧干伟能接住，而且越干越带劲。

民国时期，纵使内忧外患，磨难不断，萧家人依然坚守一个质朴的信念——要把饼屋守护好，无论如何都要把饼做好。就是这样，萧家上上下下几十口人，既分工明确又团结合作，无论遭遇什么艰难险阻，都不屈不挠地围绕"用心做好每个杏仁饼"的中心，继续一步一个脚印地走好咀香园杏仁饼发展的漫漫长路。

如今，中山咀香园公司里仍保存着一本蓝色封面的册子——《驰名商标认定申请材料（之一）》。这是多年来中山咀香园公司派人到中山市档案馆、广东省档案馆等权威部门复印历史资料，然后装订成册的。

2003年1月复印的资料中有五份来自中山市档案馆，都是咀香园历史的重要见证。其中一份复印件有如下内容：咀香园创始人萧友柏逝世后，由其儿子萧干伟接管咀香园生意，并于1930年1月重新更名，换新的开业执照，继续经营咀香园生意至1956年公私合营。从这份资料中还可以清晰地看到"石岐市人民政府商业营业执照存根052963号"字样。执照包括商号名称：咀香园。经理姓名：萧干伟。主营种类：杏仁饼。资本金额：陆佰万元。组织方式：独资。营业范围：批发零售兼加工。营业地址：石岐牛角巷八号。开设年月日：一九三〇年一月。

这份资料为何出自石岐市人民政府？在石岐区历史沿革中有这样的表述。民国元年（1912年），广东省撤销广州府，香山县直属广东省长公署管辖，石岐仍为香山县县城。其间经过几次改名。新中国成立后，1952年11月17日，中共粤中区委、粤中行署决定改石岐镇为石岐市，经广东省人民政府同意，1953年3月12日，中央人民政府内务部批准设立石岐市（省辖市），以中山县石岐镇的行政区域为其行政区域，由粤中行署领导。

在一份广东省政府建设厅的收据复件上还盖有"广东省档案馆档案材料专用章"，缴款人：咀香园。事由：注册费公费印花税印版费。金额：国币伍万贰仟贰佰元整。时间显示是中华民国三十七年（1948年）二月二十七日。

翻开这些旧资料，穿透历史时光，可以清晰地了解一个小小的咀香园杏仁饼如何在众人的小心呵护中绽放出稚嫩的小芽，历经几代人的传承发扬光大，最终成为让人赞叹的民族品牌企业。

| 第三章 |

从小作坊到地方国营企业

想法改变历史。

——约翰·梅纳德·凯恩斯

　　1949 年 10 月 30 日,中山解放。为迎接解放军入城,咀香园对解放军购买杏仁饼打八折优惠。据老石岐人回忆,中山县城解放那天,正逢中国传统重阳佳节,秋高气爽,景色宜人,预示着中山在那天重见光明,也意味着中山开始登高望远。新中国成立,对咀香园来说,此后也步入了一个重要的转型期,在时代洪流中顺势而为。

公私合营

在咀香园收藏的复印件中，有两份材料分别记录了 1950 年、1951 年中山饼业开始"抱团"发展的情况。第一份是《中山县石岐镇糖果饼商业同业公会第一届二周年改选半数理监事会员名册》。填报时间为 1950 年。会员包括南昌、海记、源生、康乐、顺益、咀香园。第二份是《石岐糖果饼行，咀香园商店职员名册表》。因资料日期被装订中缝压住，没有显示出来。但从该份材料上可以清晰地看到"萧咀 45 岁，籍贯中山，工龄 20，文化程度中学，每日工作时间"等字眼。待遇一栏内分工资、伙食、津贴三部分。这份表里记录了七个员工的详细内容，其中年龄最小的林松合 31 岁，年龄最大的陈三家 60 岁。从萧咀登记的年龄推算，当年应是 1951 年。

1952 年 12 月，中共中央发出《关于编制 1953 年计划及长期计划纲要若干问题的指示》。1953 年下半年，中山县开始编制国民经济"一五"计划，年底完成《中山县 1953—1957 年农业生产计划》的编制工作。1955 年 7 月，第一届全国人民代表大会正式通过 1953—1957 年的第一个国民经济发展计划。"一五"计划的基本任务中有一条，即发展集体所有制的农业生产合作社，以建立对农业和手工业社会主义改造的初步基础。在实施第一个五年计划和社会改造的同时，中国逐步建立了社会主义计划经济体制。

1955 年 12 月，毛泽东主持选编的《中国农村的社会主义高潮》一书出版，他为该书写了序言和按语，其中在《中山县新平乡第九农业生产合作社的青年突击队》一文按语中指出："青年是整个社会力量中的一部分最积极最有生气的力量。他们最肯学习，最少保守思想，在社会主义时代尤其是这样。"对中山县新平乡第九农业生产合作社青年突击队做了充分的肯定，精辟地概括了社会主义青年的特点。

新中国成立后的中山县，就像毛泽东提到的"四最"精神，中山县人民把无限的热情投入到社会主义建设中。"一五"计划实施前，咀香园已经是中山饼食业的翘楚。据统计，1953 年，中山县石岐市饼食业共 63 户商家，全年总营业额为 105.6 亿元（旧币），平均每户为 1.68 亿元（旧币）。其中咀香园为 3.35 亿元（旧币），易味庐为 2.53 亿元（旧币），颐味庐为 0.24 亿元（旧币）。[①] 咀香园遥遥领先的营业额，有力地说明了其产品的受欢迎程度，毫无悬念地成为竞争中的赢家。

1953—1956 年，新中国仅仅用了四年时间就完成对农业、手工业和资本主义工商业的社会主义改造，实现了生产资料私有制向公有制的转变，初步建立起社会主义基本制度。根据中央确定的工业建设方针和任务，1956 年起，中山编制工业计划、商业商品流转计划和文化、教育、卫生、基本建设等方面的计划。结合中山工业基础薄弱、小型厂企分散的状况，中共中山县委和县人民政府确定通过公私合营的形式，把有发展前途和一定经济实力的小型私营企业集中起来联营，优化资源配置，将其改造为公私合营企业，把企业做大做强，增强地方工业经济基础。

1956 年全行业实行公私合营，咀香园所有货物资金，包括店面房产悉数通过国家出资赎买归公，算是合营入股。咀香园原班人马一起与中山 30 多家私营饼家合并，成立咀香园糖果饼店加工场，后改名为地方国营中山县咀香园食品厂，成为中山首批地方国营企业，也是中山唯一一家生产饼食的食品工厂。当时的生产以手工操作为主，产品有杏仁饼、炒米饼、蛋糕、月饼、中式饼、糖果、凉果、西饼等。

实行公私合营后，咀香园成为加工厂，咀香园原来的老板成为整合后的股东，并担任生产车间主任。改为国营食品厂后，咀香园严格执行社会主义计划经济，不论是出口还是内销，在物料、人工成本的基础上加上 8.9% 的利润，

▲计划经济时代的"计划"

[①] 参考石岐市糖果同业公会统计的《石岐市饼食业一九五三年全年营业额明细表》，1953 年。

即为出厂价。公私合营期间，组建起来的主要骨干企业有海洲等六家糖厂，以及咀香园食品厂等十余家工厂。通过整合改造，这些企业实现了机械化生产，生产效率和产品质量得到明显提高。至 1957 年，六家糖厂生产总量达到 21451 吨，比 1949 年增长 6 倍多，比 1953 年合营前增长近 3.5 倍。①石岐糖果饼干厂逐步以配套机械设备取代手工生产，饼干、糕点、糖果的品种不断增多。

从牛角巷到长堤路

新中国成立后，随着石岐城区的逐步扩大，经济重心开始由小街小巷向沿岐江河两岸发展，开启了一个全新的"沿江经济"发展阶段。早在新中国成立前，石岐共有各类饮食店 90 家，其中不少具有传统风味和自己独特的风格，甚至驰名省港澳，如位于大庙下楼高四层的高升楼、位于孙文西路的四强酒家（取名寓意中、英、美、苏四强），各色特色小店更是不计其数。

新中国成立初期，石岐饮食业保持原状，1956 年公私合营前减少到只有 47 家，同年对饮食业做了调整，将七家酒楼茶室分别改为食堂，其余剩下饭店五家、粉面店七家、甜品店三家，一共 22 家餐饮店，并成立了石岐市饮食公司负责行业管理。1956 年，由石岐市饮食公司牵头，在岐江桥西岸原是西郊二渡头附近的一家船厂旧址，开始兴建公有性质的岐江酒家，楼高三层。这是岐江两岸最高的建筑，于 1957 年春节开业。

20 世纪 50 年代末，全国发起"大跃进"运动，中山县也掀起大办工业的热潮，老百姓家的窗条、洗脸盆都拿去炼钢、炼油了。在这样一个短暂的发展时期，采矿、人造石油、炼钢、机械制造以及化工原料、化肥农药纷纷土法上马。也有一些影响力相对较大的工业企业在当时先后成立，比如广东省地方国营中山糖厂在黄圃建成，是全国当时大型糖厂之一；还有石岐自行车零件厂、水泥厂、粤中船厂等企业也在那个时期相继投产。

---

① 中山市地方志编纂委员会编：《中山市志》，广东人民出版社 1997 年版，第 586 页。

公私合营，加上粤中船厂、中山农业机械拖拉机站等国企的建设，使得中山的工业经济基础逐步夯实。"一五"计划完成时，中山初步形成以食品、丝织、机械等为支柱行业的地方工业。1957年，全县工业企业总数达250多家，产值达8246万元，比1952年增长195.76%，工业在工农业总产值中所占比重由1952年的18.08%提高到33.38%，为后来工业发展奠定了坚实的基础。①

1958年，咀香园与集体企业石岐糖果厂合并。此时的萧咀也由过去的"大掌柜"变成新中国石岐糖果厂的一名管理人员。在一份由中山市档案馆提供的《职工年终鉴定表》上，清晰写着"部别：合营糖果商店咀香园加工场 / 职别：副主任 / 姓名：萧咀 / 填于 1958年1月31日"。此表由"中共石岐市委员会财政贸易工作部印"。这份表里还贴有萧咀的照片，他作为萧家"二代掌门人"，一向在咀香园打理业务，1933年结婚，生有四个孩子，其中两个在澳门、两个在中山石岐。经济情况：新中国成立前靠咀香园业务；新中国成立后依靠咀香园业务。家庭成分确定，土地改革前、土地改革后均为工商等内容。

1958年，中共中山县委计划启动一项庆祝新中国成立10周年的献礼工程。经过决议，建设一座工农业展览馆的构想得到广泛认同。1959年国庆节，中山第一座展览馆——中山县工农业展览馆正式对外开放。同年，咀香园从牛角巷迁往位于岐江河边长堤路74号，那时已有工人约200名，是当时中山最大的糖果饼干加工厂。

月工资 31 元的职工成"高薪阶层"

1964年，年仅14岁的郑师傅以石岐工业技术学校学生的身份进入咀香园，在杂饼车间担任案板帮工，并开始了三年的半工半读生活。石岐工业技术学校是中山县工业局主办的，不归教育局管理，主要培养技术工人。当时，县工业局下面有玻璃厂、自行车厂、咀香园厂等多家工厂，每

---

① 中山市地方志编纂委员会编：《中山市志》，广东人民出版社1997年版，第573、511页。

个工厂都有学生。这些单位的员工进入学校进行"委托培养",到学校上课一个星期,再各自回自己的厂里上班一个星期。但这种半工半读的状态持续到"文化大革命"就停止了。

1962年,咀香园与地方国营石岐饮料厂合并,1966年改名为地方国营石岐食品厂(县国营企业)。当时自有流动资金只有16万元,年产值500万元,设备是半自动糖果啤机和上海产560饼干机配套一台风车炉,生产的杏仁饼、月饼、中式饼全部由手工操作。

郑师傅回忆说:"'文革'开始,工厂改为地方国营石岐食品厂,全部是国营的。'咀香园'三个字去掉了,改为地方国营石岐食品厂。在当时看来,有'咀香园'这三个字是搞资本主义,走资本主义道路。"郑师傅的话在一份1966年石岐食品厂手写的文件中得到了印证。这份《更改厂名及使用新印模的报告》是这样写的:原"咀香园食品厂"命名带有浓厚的资产阶级情调,在这次……中,改旧厂名,为厂名重新命名为"公私合营石岐食品厂"……函达各兄弟单位。

1967年,郑师傅转正,成为咀香园一名正式职工。那时能够进入地方国营企业工作是一件无比光荣的事。郑师傅还清晰地记得,那时石岐食品厂的男临时工工资是25元每月,女临时工工资是23元每月,正式职工是31元每月。作为正式职工的郑师傅,那时已是"高薪阶层"了。由于身材矮小且没有经验,郑师傅只能在师父身边做案板帮工。在传统的工艺传承中,从称料、挑料、递料到调粉、搓揉,整个过程的诀窍师父都不会直接教给徒弟,而是需要徒弟在日复一日的操作和观察中自己总结。所以,郑师傅白天在厂里上班,晚上一回到家便赶紧把情况记录下来,如配料比例、制作工序、时间把控等。很快,郑师傅便记了密密麻麻几大本。

牢记配方是做好杏仁饼的基础,烘焙才是考验师傅功力的关键工序。当时有句行话叫"生烧炉,死案板",说的是做案板工要死记各种配方比例,而烧炉则要讲究灵活的技巧。在郑师傅的学徒生涯中,尽管有十余年都在学案板工作,但最艰辛的还是做"生烧炉"的四年。不同于现在的恒温箱,当时的传统砖炉需要人手烧柴、添煤,并靠熄火后的炉膛温度控制火候。炉温关系到整天的生产,还是学徒的郑师傅每天早上要提前两个多小时上班，早上五点多开始烧火，用木柴、煤将炉砖烧得通红；然后灭掉火，用炉砖温度烤面包、老婆饼、蛋糕等；炉温不够时，重新用木柴、煤烧，然后熄掉火后再烤。如此反复，一天得烧数十次，十分麻烦，还限制了产量，靠近炉壁的杂饼很容易烤焦烤煳，只能当"次饼"在内部处理掉。

其间，郑师傅还要不断把煤渣从炉中清出。一到夏天，对着20平方米左右的大炉，郑师傅还没开始烤饼，往往已经汗流浃背。"炉火的温度控制对饼的烘烤非常重要，也很复杂。"郑师傅介绍说，炉上有很多小"机关"，一个好的烘烤师傅可以通过这些"机关"灵活地调整温度，改变出品效果。郑师傅每天站在炉火前，不断观察师傅对这些"机关"的控制。就这样，四年眨眼过去了，郑师傅的"烧炉"功夫也就学全了。

郑师傅回忆，当时生产销售的"杂饼"有两种，一种是用粗面做的，颜色较深，口感粗糙，供应普通市场；另一种用精面做成，颜色洁白，烤出来的面包松软可口，口感较粗面面包好多了，但这些精面杂饼只供应给华侨特种商品供应公司。倘若家里有亲戚在香港、澳门工作或生活，就有机会买到这种精面杂饼，如汇回港币，在指定地方兑换成人民币；同时还有与人民币同等额度的特种商品供应券，可用这些券购买精面杂饼。那时一块蛋糕一毛五，一个奶油面包一毛钱，一个菠萝包才五六分钱，光酥饼也只要五分钱。

在那个物资匮乏的年代，糖果无疑是最受孩子喜爱的零食。当时生产的糖果有光糖（没有包装，多为水果味）、酥糖、奶油糖，品种并不是很丰富。尽管如此，市场上还是供不应求。郑师傅说，20世纪五六十年代，糖果车间几乎为全手工生产，要人工煮糖，放在水冷池中隔水冷却，然后用机器切成小块，最后包上糖纸就可以出厂了。

随后，郑师傅跟随中式饼大师苏超师傅学习，做起了光酥饼、月饼、金钱酥、油角、笑口枣、鸡蛋散等。由于名声在外，不少老板亲自登门，出高薪想挖走郑师傅。"我母亲虽然文化程度不高，却是明理人。每逢有人上门挖我，母亲就会摆脸色给对方看。我和我的家人也达成共识，谁挖都不走。我有今天，离不开公司，不能因为利益而背弃道义。"郑师傅说。

正是秉持这种最朴素的价值理念，郑师傅在咀香园从基层一点一点做起，从学徒做到了"教练级"的制饼师傅，在咀香园的工龄长达50余年。"那时，在国企上班，有正式的编制，每个月能拿到十多元至几十元工资。男的不愁娶、女的不愁嫁，不仅工资高，当时还有各种粮票和补贴，就连看病也是全额报销。"郑师傅边说边从胶袋里拿出当年的各种医疗凭证。这种幸福感成为郑师傅那一代人的集体记忆。

与郑师傅同龄的玲姨，也于1964年以石岐工业技术学校学生的身份进入石岐食品厂上班。"1964年入厂时月工资8元，1967年转为正式工，月工资31元。"玲姨回忆说，那时她被分在杏仁饼厂，并从14岁开始一直做到2000年退休。30多年来的制饼生涯，使玲姨练就了一手制饼的好手艺。1967年，家住石岐孙文东路的李师傅也入职石岐食品厂，时年28岁，担任一名制饼工人。1988年，李师傅担任咀香园食品总厂咀香园饼干厂副厂长。

随着企业的发展，这些20世纪60年代参加工作的年轻人，由于勤劳肯干、能吃苦、爱钻研，都有了不错的职业成长。就像玲姨回忆时所描述的一样：那是一段激情燃烧的岁月，那是一段难忘的青春岁月，那是一个热血澎湃的年代，大家都像铆足干劲向上生长的青青翠竹，沐浴着"我为人人，人人为我"的阳光雨露般的号召，跟朝夕相伴的兄弟姐妹们奋斗在生产第一线，不断学习、钻研，不知道疲累，不会抱怨辛苦，脏活累活抢着干，浑身上下都是力量。

旧资料里的"经济密码"

"文革"期间，郑师傅被调派参加政治活动。作为活动会议的后勤人员，他趁此机会接触到了当时餐厅点心大师傅，带着学习手艺的渴望学习并掌握了多种点心的制作工艺。

现在兴中广场幻彩摩天轮所在的位置就是当年咀香园工厂所在地。停电是那个时候常有的事，生产时遇到停电，就点着蜡烛赶生产。有时在门口租一台拖拉机发电了。烤月饼的炉子如果没电，只能用手拉，那种苦说不出来。

那时的工作证，郑师傅至今还保留完好。工作证上写着工作单位为"中山县地方国营石岐食品厂"，公章还印有"革命委员会"字样。"文革"期间，他大部分时间还是待在厂里钻研技术，偶尔也被派去参加各种会议。

在郑师傅提供的一些旧照片中，上面还留有"在革命道路上奋勇前进，咀香园团支部。1966.6.11""出席石岐镇首届工人阶级代表大会食品厂全体代表留影。1968.2.23"等字样。旧照片记录着一个时代。虽然经常要去开会，但企业的生产计划基本还是如期进行。当时是计划经济，所有的生产计划都是总公司下达的，产能比较低，生产多少卖多少。那时产品品种还算丰富，有糖果、饼干、年果、杂饼等。月饼也是正常生产，不仅满足中山人的需求，还承担大量出口任务，莲蓉蛋黄月饼是当时咀香园出口量最大的一个品种。

20 世纪 70 年代，郑师傅学全了当时中式饼的配方和技术，成为车间核心骨干，管理月饼出口的一个操作台。20 世纪 70 年代末，经历过无数次整合以及工序、机械化的多次改革，咀香园逐步进入半机械化大生产时代。郑师傅作为班长、月饼生产总负责人带队生产。

◀ 1969 年的食品厂团支部合影

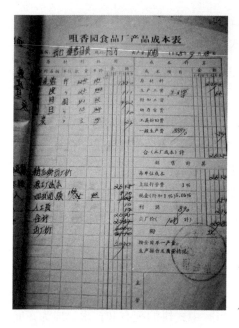

◀ 1968 年的
《咀香园食品
厂产品成本表》

　　幸运的是，石岐食品厂这段时间的很多珍贵资料仍保存得很好。一沓厚厚的、泛黄的财务报表以及各类指令计划，藏着那个时期的"经济密码"。其中，一份《咀香园食品厂产品成本表》上还详细记录了 1968 年 9 月 18 日出口莲蓉蛋黄的明细表，分为原材料耗用、成本计算两大部分。其中，原材料耗用栏分为原材料名称、单位、数量、单价、金额等信息。当时，湘莲蓉的出口单价是 1.51 元每斤，出口量 12.25 斤，总价格为 18.5 元。另一份是 1971 年 9 月 24 日由中山县对外贸易分公司革命委员会生产组撰写的材料，这份"中国土产进出口公司广东分公司石岐支公司"的红头信纸上面写着："七一年中秋月饼出厂价全部比去年价格略有高升，升高幅度为 7.36%。由于今年部分原材料断货，价格提高了，和月饼包装改革增加了红味，鉴于上述实际情况，经研究暂基本同意，按今年新价格执行。"

　　那时石岐城区的面积并不大，西至国际酒店、西郊公园，东至人民医院，岐江边是长堤路、凤鸣路，北至现在的幻彩摩天轮一带，南边是悦来路。郑师傅回忆，那时老城区还有一些老城墙。他们还时常在岐江河里游泳，从现在的岐江桥头附近一直游到现在光明桥旁。岐江河水伴随阵阵清凉的江风微微荡漾着，长堤路两旁的绿化树木春来开新枝，秋来飘落叶，年复一年，来来往往的工人穿着统一的制服匆匆进出工厂。

布局工业经济

选一个阳光明媚的上午漫步岐江公园，这里有昔日锈迹斑驳的旧船、栩栩如生的工人雕塑等，可以感受当年中山城市工业发展的场景。岐江公园是在广东中山市粤中造船厂旧址上改建而成的主题公园，引入了一些西方环境主义、生态恢复及城市更新的设计理念，是工业旧址保护和再利用的一个成功典范。粤中造船厂是新中国成立初期，中山书写国企新篇章的标志之一，也是中山工业经济起飞的一个标志。

眼界决定思路，思路决定出路。中山县原本是一个农业大县。新中国成立后，特别从"一五"计划开始，中山县渐渐夯实工业基础。1952 年 11 月，石岐撤镇改市，并报请广东省人民政府同意。1953 年 3 月 12 日，中央人民政府批准设立石岐市。石岐市委分设工业部，政府分设工业科，先后分别成立筹建粤中造船厂、中山华侨造纸厂、中山糖厂等领导组，以工业建设为中心，相应集中资金、人力加快工业基础建设，带动各城镇的发展。

新中国成立前，中山的工业除了一个发电厂和一个砖厂外几乎是一片空白。粤中船厂是中山在新中国成立后第一家新建设的工厂，也是第一家省属国营厂。新中国成立后，因广东省有丰富的海洋资源，于是政府决定建设五大船厂，分别是粤东的汕头、粤西的阳江、海南的文昌、广西的北海（当时两地属于广东管辖），而粤中则选在中山。当时中山造船业有着良好基础，岐江上游分布多间船厂，主要以修理为主，对港澳地区有良好的辐射作用。在中山县政府的大力支持下，1954 年 7 月 1 日粤中船厂建成并投产。[①]

粤中造船厂作为当时中山最大的国营工厂，曾有员工 2000 多人。那时候，工厂实行三班倒，工作量非常大，但工人们的工作、创造、学习的热

---

① 参考搜狐号"中山档案方志"《粤中船厂——从工业时代的缩影到城市记忆的发展》，https://www.sohu.com/a/127385564_507391。

情却如火如荼。炎炎酷暑，大家顶着火辣辣的太阳，继续加班加点。晚上工厂也灯火通明，有工人依然守候在轰隆隆的机器旁，不时拿起工具仔细检查。第二天东方刚刚显出鱼肚白，已经有一大批潮水般的工人穿着统一的制服，骑着自行车疾驰而过。

20世纪六七十年代，岐江河边一带集聚了石岐酱料厂、石岐玻璃厂、石岐砖厂、石岐酒厂、咀香园、石岐糖厂、石岐氮肥厂、粤中船厂、凯达精细化工厂、千叶风扇厂、农机二厂（吉之岛）、中山水泥厂、中山纸厂等数十家地方国营企业。这些厂最大的特点是多冠以"石岐"的名头，这是因为当时新中国成立后的五六十年代，出于集体经济发展需要，中山政府逐渐拨款进行厂房建设以促进生产。上述这些厂房应运而生。除了这些冠以"石岐"名头的企业外，岐江河边还集聚了粮食仓库、客运码头、外贸码头、食品公司等物流、商品流通性企业。

岐江河边的石岐酱料厂就是现在"厨邦酱油"的原出产地，也就是美味鲜调味食品有限公司的前身。1925年以前，香山县境内由于没有酱料生产行业，人们需要从外县进货购买。后来，泰茂酱园、调昌酱园、调珍酱园等酱园的兴起结束了香山县没有酱料生产行业的历史。直到新中国成立后，国家对私营工商业实行社会主义改造，企业经营国有化下，石岐大大小小的十来家酱园在1958年组建成为地方国营石岐酱料厂。

石岐玻璃厂一度是中山知名度很高的国有大企业之一。早在20世纪50年代就已经拥有上百名工人，生产的产品质量颇高。如1959年生产的汽灯玻璃罩，洁白、无纹、无砂，厚薄均匀，耐热耐用，达到了国际水平；1960年投产的压花平板玻璃生产线，是国内最早的玻璃建材生产厂家；1967年生产出全国第一块平拉玻璃。

威力洗衣机厂前身是中山石岐农械厂，20世纪六七十年代一直以生产农用机械为主，直到20世纪80年代初推出了自己的第一台"洁白牌"单缸洗衣机。石岐粮食加工厂，随着国家对私营企业实行"利用、限制、改造"政策，1956年全部实现公私合营，纳入国家轨道。石岐糖厂，从民国时期的日榨170吨糖，成为新中国成立后实现日榨2000吨以上的糖厂，还有自己专属的运输甘蔗的码头。石岐砖厂，当时是中山工业中历史悠久，在 20 世纪 60 年代仍颇具规模的工厂之一。

新中国成立后，回乡投资的华侨增多，中山酒店旅游业率先兴起。如 1956 年，四层楼高的岐江酒家在岐江西岸桥头建成；如 1962 年，原工农业展览馆更名为华侨大厦，由何香凝题字。

2015 年 3 月刊的《中山党史》刊登了《1970 年代：中山建设"小而全"工业体系》一文。文中写道："1968 年 3 月县革委会成立后，着手恢复各主要工业部门和其他综合经济部门的工作，加强了从宏观上对工业生产和运输的调控。1971 年 1 月召开的中共中山县第三次代表大会，进一步强调'小而全'地方工业体系建设，要求坚决把基础工业搞上去。"

"小而全"的地方工业体系建设方针，对中山县工业发展起了很大作用，使工业结构发生了一些变化，各工业部门相互促进、相互支持，逐渐形成以农业机械、金属冶炼、化肥、水泥、农药、电子、人造纤维骨干，包括多个行业在内的地方工业体系。这不仅推动了农业的发展，还为中山以后工业的崛起打下了一定基础。1971 年，中山全县工业产值达 2.15 亿元，比 1969 年增长 17.45%。工业连续增长，对地方经济发展和稳定社会发挥了重要作用。[①]

中山农机厂、中山农药厂、中山轴承厂、中山仪表厂、中山电机厂等日后都成为中山乃至全省、全国具有影响力的企业，它们无不是在岐江河两岸周围萌芽、成长、壮大，开枝散叶。

◀ 微信扫码，加入【本书话题交流群】
与同读本书的读者，讨论本书相关话题，交流阅读心得

---

① 参考《中山党史》，2015 年 3 月刊，第 52 页。

| 第四章 |

市场弄潮儿

年轻的朋友们，今天来相会。荡起小船儿，暖风轻轻吹。花儿香，鸟儿鸣，春光惹人醉。欢歌笑语绕着彩云飞。

——歌曲《年轻的朋友来相会》

"那时岐江河很宽，水又深又清。（20世纪）六七十年代时我们还在河里游泳、捉鱼。那时好多鱼，撒一个小小的网下去，就有鲫鱼、鲤鱼……"老知青梁少玲回忆说。至今，中山还流传着一个关于岐江的有趣传说。相传20世纪60年代，居住在西郊的几位乡亲为过上好日子，打算偷渡去澳门。一个夜晚，他们来到岐江边。此时木桥未通航，他们在岐江河西岸看到河对岸灯红酒绿，以为那就是澳门，立马跳入江中游到对岸，上岸后才发现只是到了石岐城区。这样的画面有点像作家陈秉安笔下《大逃港》描述的场景。虽为传说，但颇能反映当时的情况。

岐江水暖

中山人的母亲河——岐江河属西江水系，呈南北走向，全长 39 千米，因河道穿过石岐而得名。河床地势平缓，河面宽 80—200 米，是石岐通往市内各镇区，以及港澳地区的主要航道。以前，岐江西岸以西的地区多以农田、鱼塘为主，而东岸自铁城（石岐旧称铁城）开始一直是繁华之地。岐江在中山各城乡之间扮演交会点的角色，农村人进城，城市人下乡，岐江都是他们的必经之地。

中山岐江桥建于 20 世纪 70 年代末，并于 80 年代进行了扩建。据老知青梁少玲回忆，她在岐江河边上班时，岐江桥还是西郊通往石岐城区的唯一一座桥。1974 年，梁少玲通过招工进入中山县石油公司，那时进入石油公司工作是需要政审的。

1976 年 10 月，中央粉碎"四人帮"，结束了延续 10 年之久的"文化大革命"。1978 年 4 月 5 日，习仲勋受命南下，主政广东。1978 年 5 月 11 日，《光明日报》刊登题为《实践是检验真理的唯一标准》的特约评论员文章。1978 年 12 月，中共中央在北京召开十一届三中全会，会议做出把党和国家的工作重心转移到社会主义建设上来，实行改革开放的伟大决策。

1979 年春天，岐江河的水暖得比以前任何时候都要早，岸边的绿叶也比过去任何时候要绿、要嫩。骑着自行车上下班的青年们也终于可以吹吹口哨，和过去的苦日子说再见了。

1979 年 7 月，中央决定在深圳、珠海、汕头以及福建的厦门试办出口特区。1980 年 8 月 26 日，全国人大常委会批准在深圳设立经济特区。此时，与深圳、珠海相邻的中山县石岐城区也在悄然发生变化。

1978 年，梁少玲转入中山县水产公司从事财务工作。"水产公司就在岐江桥头，就是现在兴中广场对面，是一幢四层楼高的建筑。"梁少玲回忆，从岐江桥过来，左边是凤鸣路，右边是安南路，十字路口处有中山县水产公司、石油公司、华侨公司、饮服公司四大"巨头"。

梁少玲刚上班时的月工资是 29 元多。当时水产公司有几百人，下辖西区、太平路、东区、南区四个市场，还有很多商铺。"那时物资需要凭证购买，凭粮票供应，尤其是肉、鱼比较紧张。"梁少玲至今还清楚地记得当时的情形。

"每个人每个月只有 4 张肉票、5 张鱼票，每张肉票供应只有 0.25 元，当时肉价大约是 0.8 元每斤，每个人每个月只有一斤多一点的肉。食油是 4 两，成年人每个月的粮食是 38—42 斤，基本上是够吃的。每张鱼票供应 0.2 元，共 5 张鱼票，每个月只有 1 元钱的鱼，就这么简单。"梁少玲说，要用好这两元钱的票来安排好 30 天的生活。

日子机械般运转着。1979 年后，咀香园公司附近的长堤路、凤鸣路一带路边突然"冒"出了一些摆摊的人。1981 年，石岐民族路已被划分为个体户摊档的集中路段。这就是后来赫赫有名的"民族路小商品市场"。

"毛主席时代是不允许的，这是走资本主义道路，要割资本主义尾巴的。养只鸡都不允许的，怎么还可以沿街摆摊叫卖，做生意赚钱？"这一现象，梁少玲当时只觉得奇怪，却没有看出其中的"道道"。

从全国来看，1981 年，全国少数地区零星出现一些雇工经营的私营企业，私营经济处于萌芽状态。1983 年以后，私营经济成批出现。直到 1988 年，国家用法律形式确认了私营经济的合法地位，从此，私营经济才进入较快发展的时期。[1]

处于改革开放前沿阵地的珠三角地区，人们观念普遍超前，加上临近港澳地区，开始"先行一步"。20 世纪 80 年代初，商品经济意识已在中山人心中悄悄萌芽。1978 年 12 月，十一届三中全会后，沐浴着改革开放的春风，咀香园（时名为石岐食品厂）的领导也达成了一致认识，认为中山特产——咀香园杏仁饼历时七十载，中外顾客口碑俱佳，如能放开手脚大规模生产，定能创造可观利润。接下来，新机器陆续上马，半机械化生产开始，人员不断增加，产值不断攀升，省级、国家级、世界级等各种食品相关奖项接踵而至。

---

[1]　高德步、王珏：《世界经济史（第三版）》，中国人民大学出版社 2011 年版，第 387 页。

春光惹人醉

年轻的朋友们，今天来相会。

荡起小船儿，暖风轻轻吹。

花儿香，鸟儿鸣，春光惹人醉。

欢歌笑语绕着彩云飞。

啊，亲爱的朋友们，

美妙的春光属于谁？

属于我，属于你，

属于我们八十年代的新一辈。

……

1980 年，张枚同在《词刊》第 3 期发表了他的新作《八十年代新一辈》。这首词主题新颖、形象鲜明、语言优美、结构严谨、音乐性强，一下子吸引了作曲家谷建芬的注意，很快为歌词谱了曲，创作成《年轻的朋友来相会》一曲。该曲以优美动人的曲调、欢快流畅的旋律，迅速在广大群众中流传开来，传遍全国大江南北。

得知要实行改革开放政策，郑师傅和厂里的其他同龄人一样心情愉悦。"不要天天去搞运动，可以静下心来搞生产。"

1979 年以前，中山两家食品骨干企业——咀香园食品厂和中山饼干厂的年总产值只有 100 万元左右。1979 年，卢炜森进入咀香园食品厂车间工作，从学徒做起，向前辈学习杏仁饼传统制作工艺，一直成长为高级技师。入职至今 30 余年，他兢兢业业从普工一直做到担任生产部经理。除了学习杏仁饼制作工艺，他还参与杏仁饼生产制作工艺的改革创新，对杏仁饼传统制作工艺的传承起到重要作用。

沐浴着改革开放的春风，咀香园又焕发生机。之前的杏仁饼都在瓦缸中用炭火烤制，卢炜森入厂时，杏仁饼都是用砖炉烤的，加热源为电热丝，可以调控温度，在当时算是较先进的烘烤设备了。1981 年，咀香园自主设计，发外加工配件，自行安装了一条饼干生产线，可生产质量档次较高的香柠夹心饼、蜜奶饼、蛋蔬饼等出口饼干，成为当时中山食品行业的主要出口生产基地，包括出口的杏仁饼、炒米饼、饼干、水泡饼、糖果等系列产品。

中山旅游经济慢慢发展起来，不少海外华侨和港澳乡亲回到中山一睹改革新气象，通过中山的发展态势，窥到中国内地改革开放后的变化。随着回乡华侨和旅游客的增多，作为中山手信的咀香园食品，也被装进华侨和游客的旅行箱里，"漂洋过海"。

中山县食品工业借着已有的基础，在改革开放的春风下迅速发展。依靠毗邻港澳的优势，以咀香园食品厂为龙头的厂企不断吸收外来经验，推出备受消费者欢迎的适销品种，出口量激增至年 521 吨，而且远销东南亚、中东一带。1980 年，出口饼干再增至 587 吨，创汇 47 万美元。1980 年，食品类出口产品再创佳绩，"珠江桥牌"酱油以稳定的品质、适中的价格风行港澳，远销国外，成为中山县重点出口商品，全年出口 4059 吨，创汇 167 万美元。[①]

1981 年 11 月，咀香园恢复厂名为"中山咀香园食品厂"，成为一家专门从事饼食生产的专业厂。其间，咀香园生产虽然得到一定的发展，但经济效益较低。不过，此时已是咀香园再次"发力"的前奏了。磅礴的号子即将吹响，嘹亮的歌声就要徐徐响起，只等待一个适合的契机。万事俱备，只待东风。

撤县设市

在摄影师路华拍摄的《1983 年的中山县民族路小商品市场》照片中，只见不少市民戴着草帽，推着自行车，在道路边的"地摊"前寻找自己"心水"（粤语，大概是喜欢、合心意的意思）的小商品。人来人往，好不

---

① 黄春华、谢长贵主编：《春风杨柳万千条——中山市改革开放实录（1978—1984）》，广东人民出版社 2015 年版，第 53 页。

热闹。

"受港澳地区的影响很大，很多人开始穿喇叭裤，花色多了，不是过去统一的那种青色，还有一种天蓝色的服装是从香港、澳门那边进货过来的。"梁少玲说，这种服装颜色好漂亮，穿上后走在街上，一眼就能看出来。

此时，中山人的商品经济意识已从萌芽进入跃动期。最明显的是，旅游业发生了几件轰动的大事。1983 年 7 月 15 日，中山市长江乐园建成开业，是当时国内最早建成的、具有现代化游乐设施的大型娱乐场所。后来媒体报道，由香港商人、日本三菱汽车公司老板和当时的长江旅游发展总公司一起合作开发中山市长江乐园的这一合作模式，是当时史无前例的一个新举措，更为 1988 年 4 月 13 日第七届全国人民代表大会第一次会议通过的《中华人民共和国中外合作经营企业法》提供了一个范本。

1983 年 9 月，石岐宾馆开业。同年，中山国际酒店动工兴建，共 22 层，这是中山第一幢 20 层以上的高层建筑，也是石岐城区内最早兴建的现代化高级酒店。这一年，中山旅游业业绩全面飘红：1983 年，中山接待国内外游客 182 万人次，比 1980 年增长 8 倍，促进了 2800 多人就业；旅游总营业额人民币 1.07 亿元，创汇 1000 万美元，纯利人民币 834 万元，比 1980 年增长 10 倍。[①]

工业经济在这一年更是实现了大跨步。1983 年的中山市政府工作报告明确指出：要大胆引进国外先进设备和技术，通过企业挖潜、革新、改造和引进先进设备、技术，扩大生产能力，大力发展市场需要的工业产品，改进产品包装，提高竞争能力。

1983 年年初，由于承担了中山市长江乐园过山车的组装任务，中山县机床厂得以接触从日本进口的新玩意——碰碰车。1983 年，石岐砖厂改用国产设备，通过技术改造，开发出一条半自动生产线。威力洗衣机厂更是把目光瞄向具有洗涤与脱水衣功能的双缸洗衣机，并决心以先进的生产设备和管理方法建成现代化一流企业。中山石油化工机械厂从香港客商中获

---

① 参考中山市 1984 年的政府工作报告。

悉镀锌钢管和电线导管市场空间很大，于是通过贷款，引进意大利先进的生产设备。1983 年，小榄镇集体企业中的一些技术业务管理人员离开集体企业，"下海"自办企业或合股开办工厂。

全国推行厂长民主选举制，始于 1980 年。1980 年 1 月 9 日，合肥无线电一厂正式进行企业体制改革，民主选举厂长。周先彬成为安徽省，也是全国第一个由职工直接选举产生的厂长。1983 年，中山推行的厂长民主选举制，被视为中山工业起步的一个里程碑。它发出一个信号——市场经济兴起。关于当时推行厂长民主选举制的情景，现已退休的葛志斌仍记忆犹新。1983 年，中山县农机二厂开始研制中山—4 型手扶拖拉机，以适应单家独户经营土地的需要，成为广东省农机市场适销对路的农机新产品。1983 年，第一次民主选举厂长，黄阿辂当选为中山县农机二厂厂长。1984 年，中山县农机二厂改名为中山市农机二厂。1987 年，中山市农机二厂进行第二次民主选举厂长，葛志斌当选为厂长。

推行厂长民主选举制后，一大批年富力强的青年技术干部、管理干部走上了领导岗位。葛志斌回忆，他任厂长期间，还曾从上海等地引进了一些技术人才，提高了产品中的齿轮等技术性能。

1984 年的中山市政府工作报告对 1983 年的工业发展有如下数据统计：1983 年，中山县全年工业生产总值 8.84 亿元，较 1982 年增加 1.34 亿元，其中经委所辖的县属工业实现利润和上缴工商税 5137 万元。1983 年 12 月 22 日，经国务院批准，中山县撤县改市（县级市），由佛山市代管。由县到市，中山经济掀开全新的一页，从过去的农业大县向工业大市进发。

不走回头路

改革开放的春雷乍响，中山已成为港资率先试水的"风水宝地"。1978 年 12 月 19 日，十一届三中全会开幕后的一天，《澳门日报》发表了中山县翠亨村开辟旅游区的报道。香港著名企业家霍英东从这篇报道里嗅到了新气息。1979 年春节过后，霍英东等率考察团一行来到中山进行考察。

　　1978 年后，位于珠三角地区的中山吸引了大大小小的港商、澳商前来投资。这些投资商成为中山经济发展中最为活跃的一支队伍，霍英东就是其中代表之一。霍英东在中山考察期间，时任中山县委统战部副部长，（后来成为中山温泉第一任总经理的）李晃叠全程陪同接待，留下了很多趣事，至今还被传为佳话。

　　李晃叠接受媒体采访时回忆，考察团当年从广州到中山，汽车要经过五个渡口，100 多千米的路程足足用了五个多小时，到埠后安排入住条件较好的县委一三九招待所。当时，县委招待所没有自来水，服务员一手提一桶冷水，一手提一桶热水到房间，让客人自己兑着用。看到这样的交通状况和接待条件，霍英东感慨道："中国要改革开放，吸引人家来投资，要有好的交通、适宜的食宿地点，人家才会进来。"

　　经过前后三次考察，霍英东最后决定在中山市三乡镇罗山妹山脚下建一座温泉宾馆。罗三妹山位于三乡镇，海拔不到 100 米，原名锣鼓山，又名罗仙姑山，因孝女罗三妹的传说而得名。这里上有罗三妹山，下有温泉，风景优美，空气清新，是度假的好地方。附近的雍陌村就是郑观应的故乡。这里距离澳门仅 20 多千米，地理位置、交通条件和人文历史都不错。

　　中山温泉宾馆由霍英东、何鸿燊等人投资兴建，岭南派建筑大师莫伯治先生设计，邓小平同志亲笔题名，于 1980 年 12 月 28 日正式开业。其兴建意义并不仅限于中山，对投资方代表霍英东而言，这是他投资中国内地的第一个项目。对中国而言，中山温泉宾馆作为改革开放后第一个由内地与港澳资本合作建成的宾馆，也是国内第一家具有现代意义的旅游宾馆。

　　1984 年 1 月，邓小平到广东视察。27 日下榻中山温泉宾馆，28 日早上登上了中山温泉宾馆北面的罗三妹山，至罗仙姑庙。陪同人员以下山路径崎岖为由，劝邓小平原路返回。邓小平坚定地说："我们不走回头路。"游毕全程。

　　如今的罗三妹山已建成以纪念邓小平同志为主题的公园，让人们在游览的过程中自然而然地接受改革创新精神的熏陶和理想信念的教育。

　　《中国工商》1995 年第 2 期发表的《霍英东的中国心》一文中记载：1984 年 9 月，慷慨捐赠 2000 万港元，资助扩建广珠公路石岐至古鹤路段。

工程于1985年4月动工，1987年6月竣工。自此通途坦荡，车流畅顺，大大促进中山、澳门及邻近市县之经济及各项事业发展。后来，三乡成为外商投资的乐土，与此也有着密切的关系。

20世纪五六十年代，公私合营和国营企业促使了中山工业兴起，第一次大规模加速了家庭作坊的转型升级，为后来中山工业的发展培育了大量技术、管理、市场型人才。20世纪80年代初建成开放的中山温泉宾馆，如早期培养中山企业家的"黄埔军校"。通过中山温泉宾馆这扇窗，中山人开始学习先进的酒店管理、园林绿化等理念，为中山后来发展现代服务业培养了不少精英，带动了后来的大批创业者，有些企业家现已成为中山经济发展的骨干。

迎来"下海"潮

从百年历史来看，中山的民间创业潮在民国初期出现第一波，第二波兴起于1978年改革开放之后。中国改革开放之火，在邓小平第一次南巡后开始形成燎原之势。毗邻港澳的广东珠三角地区，人们的创业热情被"点燃"了。

从广东来看，改革开放时期是广东非公有制经济飞速发展的时期。其中，1979—1982年为复苏期，十一届三中全会的召开标志着我国进入改革开放的新时期，非公有制经济的主要表现形式为个体经济。1983—1991年为快速发展期。随着政策的进一步放宽，广东个体经济发展继续加速，1991年个体户达98.81万人，为1983年的4.26倍。[①]

彼时，作为中山城区的石岐，个体经济进入了有史以来的最繁荣期。1981年夏天，"石岐仔"冯柏星的"星记配匙行"在石岐民族路附近的太平路一带正式开张营业，成为改革开放初期中山为数不多的个体经营户。

冯柏星清楚地记得，当时铺租面积约五平方米，月租五元，主要销售各种锁类，上门开锁、装锁、配匙，订制太阳篷，修理拉杆箱等。"开张第

---

① 李蓝田、宋子和主编：《广东个体私营经济发展研究》，华南理工大学出版社2000年版，第62页。

一天的总营业收入是 7 元钱。那时，上班一个月的工资才 20 多元。一天 7
元钱的收入简直是天文数字。"忆起当年，冯柏星心情颇为激动。

"1985—1998 年，店里生意很好，业务忙不过来。"冯柏星说，特别
在春节、清明节期间，很多回乡的华侨把一些有小破洞的皮鞋、坏了滑轮
的拉杆箱带回来，让他修补。

冯柏星的妻子陆曼彤，那时还在石岐一家饼干厂上班，月工资 26 元。
1985 年，中山的小商品经济开始兴旺。石岐民族路是小商品集中地，太平
路的榕树头一带还是当年的"沙岗墟"。星记配匙行的生意也是红红火火。

1987 年 8 月，陆曼彤从饼干厂辞工，加入星记配匙行创业队伍。冯星
柏至今还记得那时热闹的场景：昔日的民族路女人街，每天从早到晚人流
如织。那时，街道两旁的店铺都经营清一色的女性用品，有各式各样的新
潮时装、皮鞋箱包、个性饰品和化妆品等。店面风格花里胡哨且经常变换，
而服装、鞋帽却永远时尚、前卫甚至另类。那时，个体户激情饱满，还经
常跑到广州"十三行"一带或者澳门地区进一些新潮的商品。

据冯星柏回忆，中山的个体户从珠海拱北大量批发进港澳地区时兴的
货品，牛仔裤、毛巾衫、尼龙布等在当时最好卖。后来，港澳商人回内地
投资生产，广州也成为批发服装是新集散地。伴随民族路客流量的不断增
大，政府对民族路铁皮棚进行分流整治，才形成了金都城、西郊等新的个
体小商品市场。这番盛况，一直持续到 20 世纪 80 年代末。

可以说，石岐老城区的每一条街道甚至每一条小巷子，背后都隐藏着
一段个体创业者的故事。在改革开放春风的吹拂下，石岐太平路、民族东
路就像当年的牛角巷一样，一批批"潘雁湘"凭着一门好手艺和大胆的闯
劲，无意中开启了一个个新品牌。

"松绑"的感觉真好

恩叔出生于 1941 年 1 月。2018 年 5 月，咀香园"百岁生日"的前一
个月，已是 77 岁高龄的恩叔讲述了 20 世纪 80 年代初他与咀香园的那段
往事。

1958 年，恩叔在石岐饮料厂任工会干事。当时石岐饮料厂主要生产汽水、罐头、冰棍、果汁等产品。1962 年，石岐饮料厂归并咀香园，整合成地方国营石岐食品厂。恩叔 1979 年 9 月 12 日的工作证上还印有"全世界无产者联合起来"的字样。

"1965 年，我已是石岐食品厂工会主席；1984 年兼副厂长，分管政工人事；直到 1997 年退休，那时咀香园还没有改制，我是以国家干部身份退休的。"恩叔说，对他个人来讲，进入咀香园上班最大的感慨有两点：一是咀香园把他从一个普通工人培养成企业管理干部；二是他作为一名普通群众加入了中国共产党。

恩叔说，新中国成立至 1984 年前，国营企业以计划为主，管得很"死"，进原材料没有自主权，销售也没有自主权。长期以来，原材料由石岐糖烟草公司提供，做多少批多少，不是企业自己说了算，销售也是做好后再卖给进出口公司。由他们去卖，定价多少也没有自主权。当时，内销的利润 3—5 个点，出口的产品利润是 7 个点左右，都规定得很"死"。

企业的经营也不是由工厂做主，而是由市财政局做主。厂里要发展某个产品，须经过市财政局同意才行。每个月下达的利润都要规定好。食品行业都是微利，企业靠人工赚点加工费，纯粹是"汗水钱"。没有自主权，企业发展自然很慢，也很困难。福利搞不了，工人工资由市劳动局给一个工资总额，比如，整个工厂一个月的工资总额是 3 万元，就按 3 万元来，不能多给，银行也不让贷款。

恩叔回忆，那时招工人不是随随便便就可以招的，要有上面的指标才可以。招工是市劳动局给一个总额，多请一个工人都不行。每一项都规定得很"死"。"计划经济的一些弊端是，有才能的人都没有办法发挥出来。"恩叔感慨。

1978 年 12 月举行的中共中央十一届三中全会到 1984 年 10 月举行的中共中央十二届三中全会，是我国以企业改革为核心的城市经济体制改革的酝酿和探索阶段。1982 年 9 月，党的十二大明确提出了有系统地进行经济体制改革的任务。十二大报告提出，允许对部分产品的生产和流通不做计划，由市场来调节，是从属的、次要的，但又是必需的、有益的。在计划管理上也根据需要采取指令性计划和指导性计划两种不同的形式。虽然十二大的提法仍然是以计划经济为主，市场只是作为补充，但这是第一次在党的文件中提到"市场"，第一次提出了指令性计划和指导性计划的划分，撕开了传统计划体制的口子，为下一步突破奠定了基础。

1984 年，党的十二届三中全会通过了《中共中央关于经济体制改革的决定》，城市经济体制改革围绕搞活国有大中型企业全面展开。这是指导我国经济体制全面改革的纲领性文件，指出了改革的基本任务是从根本上改变束缚生产力发展的经济体制，建立起具有中国特色的充满生机和活力的社会主义经济体制。

这些新举措，让恩叔感到咀香园发展的新机遇要来了。1984 年，咀香园食品厂已经有了长足发展。当时厂区位于长堤路 74 号，是国营企业，年产值 447.5 万元，拥有固定资产 116.4 万元，年上缴利税 11.6 万元，职工 469 人。1984 年 9 月，《羊城晚报》刊出一篇题为《"中山货"名声大振》的文章，文中还讲道："咀香园杏仁饼、中山濑粉等产品也不断有所发展，是广东省五大名牌出口食品中的两个。"

与恩叔一样，那一时期的年轻人干事劲头很足。中山各大国营企业也都在尝试展开双臂，满怀激情地拥抱市场。

首次跨入"百万富翁"行列

1985 年，中山市经济委员会领导班子为加强对咀香园这个老厂的领导，促进老厂发展，调整了厂领导班子。当教师的陈芝葵被调任到厂里当厂长兼党总支书记。知识分子陈芝葵入厂后，开展调查研究，分析问题症结，引导班子成员打破食品行业"产品难开发、设备难改进、产值难增长、效益难提高"的"四难"思想，振奋精神，开出了"大生产、大销售、高质量、高效益"的"药方子"。

当时，以陈芝葵为班长的公司新领导班子，紧跟形势，实施改革，以投入促产出，以销售促生产，以管理促效益，这"三促"使得企业焕发出勃勃生机，面貌一新。

1985 年，郭伟文进入咀香园工作，从最基层干起。他头脑灵活，在销售岗位上"如鱼得水"。到了 1985 年下半年，咀香园开始尝试自己销售，组建了一支产品宣传和销售队伍，开始走出中山，走出广东，走南闯北跑市场。同年，咀香园的食品渐渐在全国有了知名度，销售量开始急增，饼干生产线由 1 条扩充到 10 条。

1986 年，为了解决计划加工任务不足的问题，厂集资 10 万元在咀香园工厂大楼一楼临街铺开办"粤华商行"，开始走生产经营的路子。两年时间内，厂区集中人力、物力投入 10 条饼干生产线，主要增加了薄饼生产，年产量达 1.7 万吨，还增加了进口饮料生产设备，年销售额超亿元。当时，咀香园在中国食品 500 强排行第 404 位，生产的产品占领外省大部分市场，产品的质量深受客户欢迎，得到国家有关部门的嘉奖。

彼时，一边是原材料供应放开，另一边是销售自主，可以主动去找市场。这两个"放开"，与过去的两个"收紧"是完全两个境界。长期"捆住的手"得到释放，终于有了用武之地。

新的领导班子一连推出"五招"：一是撤销原来厂开设的"闲"岗位，把全部人员充实到生产、销售部门；二是大搞饼干开发、生产，并列入拳头产品重点开发；三是开拓饼干的北方市场，做到销售网点建设与市场信息收集"两手抓"；四是起用人才，把年富力强的骨干派到各部门领导岗位；五是去除"淡季思维"，实现"季季是旺季"。这"五招"下去，效果十分明显。如饼干生产从原来一条生产线只开一班，发展到多条生产线，全部满三班生产，品种达 40—50 种。

派往全国各地搞销售的人员更是捷报频传。1986 年年初和 10 月两次召开的全国糖烟酒订货会上，咀香园饼干的总订货量高达 5 万多箱，居全省糖、烟、酒订货之冠，饼干销售横跨中南多省，并打入西北省份，经济效益成倍增长。在重用人才方面，先后提拔了 25 位年富力强的骨干走马上任，其中一个担任总厂副厂长兼销售股长，一个任供应股长，两个任销售股长。并先后建立起生产计划、产品销售、财务成本、劳动工资、安全保卫、行政卫生等六个职能工作责任制。人才配齐了，开拓创新的力度加大，企业发展加速。

"旺季思维"强化后，车间计划及时调配，实现了春季有饼干、夏季有饮料、秋季有月饼、冬季有食品，咀香园逐渐成为一家综合性生产的大型食品企业。1986年，在全国月饼质量评比中，咀香园的白莲蓉月饼获得第一名，五仁咸月饼获得第三名，双双荣获国家轻工部颁发的"优质产品"称号，并在同年参加加拿大温哥华世界博览会，饮誉国际市场。1986年，咀香园出口月饼订货量高达5000多箱，比1985年增长4倍。果汁系列的苏打夹心饼干获得1986年广东省第一轻工业厅颁发的"四新产品"优秀奖，畅销国内外。

1986年，咀香园在绿豆、大米、电费等提价的基础上，加大开源节流的力度，降低成本，不仅抵消了因提价带来的增支，还节约了8万多元，实现"向管理要效益"。当时有媒体报道，1986年，咀香园产值达916万元，利润112万元，首次跨入"百万富翁"行列。"百万富翁"，这是令整个工厂为之沸腾的特大消息，就像长了翅膀一样，上上下下的咀香园人奔走相告，每个人都充满一股干劲。

咀香园薄饼销量全国第一

年近七旬的宇叔拿出自己珍藏多年的"宝贝"——两个小小的薄饼塑料包装袋。陈旧的胶袋上面依稀可见"咀香园薄饼""全国销量第一"等字样，设计上采用中英文对照。咀香园薄饼属于咀香园培育出来的第二代代表性产品。

今天看来，这个设计简单且俗气，但当时对包装设计的小小改变，意味着在改革开放浪潮中宇叔和其他咀香园人观念的改变、创新发展意识的提高。这个小小的包装设计突破，为咀香园薄饼产业的发展立下了"汗马功劳"。

讲述起北方货车在岐江河边排队等待拉薄饼的场景，宇叔眉飞色舞，仿佛又回到了他那个风华正茂的年代，在岐江河边尽情挥洒着青春汗水。1964年，宇叔到咀香园工作。他从工人做起，在月饼、杏仁饼、糖果等车间都干过。1987年，中山市经济委员会对下属企业进行改革，要成立集团公司，咀香园食品总厂下设四家分厂。1986 年，宇叔任咀香园食品总厂副厂长，1987 年为总厂副总经理，分管产销工作。那时正是咀香园脱开计划的"缰绳"，驰骋市场的时候。

宇叔说，1986 年，咀香园开始探索自己搞销售，销售人员主动跑到广州和外省参加各类全国性或区域性的订货会议。"有一次在广州参加一个订货会，我们住在广州南天大厦，下楼时还能听到楼下有一些熟人的声音。后来一打听，原来是石岐酒厂的人也来参加订货会。"

参加各类订货会，给咀香园带来了不错的销售业绩。1986—1987 年，国内市场呈现两大特点：一方面是市场需求大，另一方面却是供应不足。只要能生产产品出来，就不怕没有市场。那时，广东以外的省份很少有企业专门生产饼干、饮料等产品，市场需求量很大，而且内地省份的人很喜欢广东的食品，当时已经很流行"珠江水、广东粮"之说。

此时拥有采购原材料和销售自主权的咀香园如虎添翼，开始在商海中搏击。宇叔想了想，接着说："当时觉得外省销售市场打开了，但是咀香园没有更多的品种，于是根据外省的口味开始开发生产葱油饼（薄饼）。"

为了迎合内地湖南、湖北、江西等省份人们"重口味"的习惯，咀香园薄饼一改广东"轻淡味"的风格，加上葱花，再油炸，还有在面粉配料里面放些芝麻、调料、香葱油，在订货会上拿给客户品尝，没想到效果出奇的好。

◀胶袋上面依稀可见"咀香园薄饼""全国销量第一"等字样

　　"每次参加订货会都没有空手回来过。后来，订货的人排着队找到厂里来了。"宇叔忆起那个年代，有些陶醉。好的产品，再加上好的销售，市场是不用愁的。咀香园的销售人员主动走出去，除了开拓市场，还收集市场信息，为企业生产计划、技术研发提供方向。销售的兴旺激发了技术创新的积极性；同时，新产品的推出又带旺了销售。技术与市场的关系，在这一时期处理得相当完美。

　　在陈芝葵的推动下，技术人员大搞饼干开发性生产，除了改进拳头产品的饼色、产品结构、包装外，还大力研试新产品，生产线的效率也不断提高。受"港澳风"的影响，广东在产品开发方面大胆借鉴港澳地区在包装设计等方面的风格。比如，咀香园薄饼包装设计的灵感就加入了香港风格的设计元素。

　　咀香园薄饼于 1986 年左右开始进行新包装设计。由宇叔参加设计的苏打果味系列包装产品，在 1986 年广东省第一轻工业厅"四新"产品评比中荣获优秀奖。1986 年 12 月，广东省第一轻工业厅还给他颁发了获奖证书。

　　宇叔说，最开始，咀香园的包装设计很简单，色彩单一，胶袋上只能印单色，印出来是黑黑的、灰灰的，毫无美感可言。1987 年，开始有了复合包装，当时中山只有一家印刷厂拥有该项技术。这家印刷厂老板从香港引进新设备，实现了在颜色上除了印黑白，还可以印蓝色、红色等其他色。咀香园与这家印刷厂合作，印出来的包装外观让人眼前一亮，产品档次提升了不少。

　　1987 年，咀香园薄饼销售量居全国第一。"日生产量达 1.7 万吨，机器每天轰隆隆地响得停不下来。人家开玩笑说，咀香园好像每天在印钞票一样。""那时长堤路边的岐江河畔弥漫咀香园葱油薄饼的香味。"宇叔边说边用手势比画着。

　　那时，一天的出货量达上万箱。咀香园自己有 25 台货车，专门用来送货去广州，从广州火车站再转火车发往广东之外的省份。

▲宇叔保留的获奖证书

每天两车皮送外省，一车皮载 3000 箱。除了火车运输外，每天还有从全国各地开来的货车，在岐江河边排长龙等待装货。

1987 年 9 月 7 日，咀香园食品厂再次扩容。经中山市有关部门批准，成立了中山市咀香园食品总厂，下属有咀香园饼干厂、咀香园杏仁饼厂、咀香园食品厂、咀香园饮料厂四个分厂，为全民所有制企业。到 1987 年年底统计，咀香园食品总厂产品年产量近两万吨，产值比 1980 年增加 10.1 倍，利润增加 39.37 倍，上交国家利税增加 8.66 倍。[1]1987 年，咀香园食品总厂实现产值 2833 万元，比 1986 年增长 2.09 倍，在全省十大饼干生产厂中的产值排名也从第八上升到第三。

1987 年，咀香园食品总厂被评为广东省先进企业。职工人数增加到近 2000 人。在陈芝葵的带领下，全体干部职工热情高涨，只花了短短两年多时间，咀香园便发生了可喜的变化：先后增加厂房 8758 平方米，新增饼干生产线 5 条，饼干月产量比原来增加了 15 倍，杏仁饼也从原来月产 160 万件提高到 300 万件。[2] 厂区的面积也扩大到了 1.2 万平方米，成为具有现代化生产水平、多种经营的大型食品企业。

至 1987 年年底，咀香园已开辟国内销售新点 310 多个，其中外省占 60% 以上，产品已扩展到黑龙江、新疆维吾尔自治区、河北、北京等十多个省、市、区。全厂全年产的 8000 多吨饼干全部销出，供不应求。在新产品开发方面，做到了研制一代、生产一代、储藏一代，大大增强了企业活力和后劲。杏仁饼、月饼、饼干不仅在国内销售红火，还出口到美国、加拿大等国际市场，为国家创造了大量外汇。

印发"红头文件"给予表扬

1987—1988 年，中国改革开放的第一个十年，也是咀香园人真正可以

---

[1] 谢才俊、黄韶平编：《广东企业改革风云录》，华南理工大学出版社 1989 年版，第 112 页。

[2] 黄浩主编：《金色的珠江三角洲（续集）》，广东人民出版社 1987 年版，第 345—346 页。

放开手脚闯市场的开始，咀香园自此进入了发展高峰。

咀香园食品厂的快速发展，得到了中山市政府的肯定。1987年上半年，咀香园半年生产即超过过去全年水平。1987年6月25日，中山市政府专门下发中政府〔87〕109号文件，对咀香园通报表扬，内容如下：

中山市咀香园食品厂去年生产各项指标均破历史，曾多次受到上级的表扬。今年以来，该厂不骄不躁，乘胜前进。在上级主管部门的帮助和支持下，坚持四项基本原则，深化企业各项改革，广泛开展"双增双节"运动，切实加强企业管理，大搞挖潜改造，狠抓新产品的开发，千方百计扩大产品批量，取得了生产的显著成绩。上半年产值预计959万元，利润预计113万元，分别比去年同期增长2.2倍和4.2倍，实现半年生产超过全年的水平，创出了我市食品企业生产的高速度、经济上的高效益。

中山市咀香园食品厂是一间厂房差、设备老、工艺落后，年产值和年利润长期徘徊在几十万元和几百万元的普通食品企业。在改革开放形势的推动下，这个厂的领导班子承认落后，不甘落后，解放思想，奋力拼搏，克服食品行业产品难开发、设备难改造、产值难增长、效益难提高的"四难"思想，破除"一节淡三墟"的封建陋习，坚定不移地走自我改造、自我消化、自我发展、自我提高的路子，只用了短短两年时间，就跃升进大户的行列，为我市工业发展提供好的经验，并作出了积极的贡献。

中山市政府号召全市广大职工向咀香园食品厂学习，学习他们不骄傲、志更坚、勇于进取、敢于开拓、不断创新的革命精神；学习他们顺应形势、以变应变、内外结合、灵活销售、拓展市场的营销策略；学习他们对目前各种减利因素敢于消化、善于消化、自觉消化、就地消化，以新产品、新市场、新价格、新成本去取得新效益的积极态度；学习他们坚持有计划、有步骤地大搞技术改造，大力开发新产品，加大力度抓产品质量，不断提高企业素质，增强竞争能力的成功做法。通过学习咀香园食品厂，进一步推动我市工业生产向前发展，基本完成甚至超额完成今年各项生产任务，为"四化"建设作出应有的贡献。

这封公开表扬信，既肯定了咀香园的成绩，也对咀香园取得的成绩进行了分析。

1988年3月4日、6月9日的《工交简报》分别以《抓住有利时机，扩大经营效果——咀香园食品总厂决心今年更上一层楼》《咀香园食品总厂沿着总厂之路，迈向亿元企业》为题对咀香园进行了报道。1988年9月5日，中山市经济委员会文件中有一份《关于咀香园食品总厂增加两条饼干生产线可行性报告》的批复：咀香园食品工业公司报来的中山市咀香园食品总厂《增加两条饼干生产线可行性报告》，该厂生产的饼干均是名优产品，适销对路，深受国内外消费者的欢迎，因产品供不应求，为了满足国内外市场的需求，为了扩大出口创汇的需要，经研究，同意该厂"扩大两条饼干生产线"的技术改造。

1988年，中山经济可圈可点的地方很多。中山市经济委员会文件〔中经〔88〕136号〕对全市14个1988年荣获"广东省先进企业"称号的企业进行表扬通报，内容如下：

经委各公司、各厂企：
　　最近，经广东省加强企业管理领导小组的审定，我市的石岐玻璃总厂、中山市咀香园食品总厂、中山市陶瓷总厂、中山市新型建筑材料总厂，中山造纸厂、中山市水泥厂、中山市无线电二厂、中山市酒厂、中山市铝箔复合印刷厂、中山市自行车零件厂、中山市机械总厂、中山市家用电器四厂、中山市小榄制锁二厂共14个单位被授予"广东省先进企业"的光荣称号。这是继1987年中山洗衣机、中山糖厂被授予"国家二级企业"称号，石岐农药厂、石岐糖厂被授予"省级先进企业"称号之后，我市又一批企业跃上了管理的新台阶。它标志着我市工业的企业管理已提高到一个新的水平，并对今后开展抓管理、上等级，全面提高企业素质和经济效益的活动起到积极的推动作用。市经委对上面这些单位在管理上所取得的新成绩表示热烈祝贺，并特此通报全战线，予以表彰，以资鼓励。

财经媒体整版报道

咀香园取得了辉煌业绩，自然成为当时各大财经媒体争相报道的对象。当时颇具影响力的《粤港信息日报》也不吝笔墨。《粤港信息日报》创刊于1985年1月1日，办报宗旨为"为经济建设服务，为企业服务"，立足粤港澳，面向海内外，着重反映粤港经贸活动。其读者多为有思想、有财富、有影响力的企业管理者、经营者、经济管理部门官员和跨国公司职员等。

1987年9月23日，《粤港信息日报》用了一个整版，集中三篇文章，对咀香园进行重点报道。第一篇报道是《咀香园在改革中发展壮大》，报道如下：

改革开放给广东中山市咀香园食品厂带来勃勃生机。最近，该厂已扩大为食品总厂。中山市咀香园食品厂去年各项经济指标均破历史纪录，多次受到上级的表扬。他们不骄不躁，乘胜前进。今年以来，在上级主管部门的帮助和支持下，该厂深化企业改革，又取得显著成绩，今年上半年产值和利润分别比去年同期增长2.2倍和4.2倍，半年的生产就超过了去年全年，开创了中山市食品行业生产上的高速度、经济上的高效益，受到全市通报表扬。中山市政府号召市干部职工向咀香园学习。

咀香园食品厂去年紧跟形势，实施改革，狠抓管理，强化销售，获得好的效益，被评为中山市先进企业。今年，该厂又不断开拓，利用邻近工厂迁走后的原有厂房，扩大生产场地4000多平方米。自动化饼干生产线由两条增加到四条，并装修一个面积为1000多平方米、内有空调设备的现代化包装车间和增加一条长炉烘烤月饼生产线。单是饼干，该厂就先后有十多个品种及新包装面世，推向市场，在石家庄、郑州及成都先后召开的糖酒烟产品交流会上大受欢迎，产品行销全国各地。今年三月在成都召开的全国食品订货会上，该厂售出各种饼干达4万多箱，成为会上饼干订货数量最高的两个厂家之一。

有关部门研究已批准咀香园食品厂扩大为中山市咀香园食品总厂。总厂下设中山市咀香园杏仁饼厂、中山市咀香园饼干厂、中山市咀香园食品厂、中山市咀香园饮料厂，共四个分厂，以进一步发展各种深受欢迎的有特色的食品生产，为"四化"作出贡献。

第二篇报道是《去年荣获全国月饼冠军——咀香园"白莲蓉月"伴君欢度佳节》，报道如下：

今天是农历八月初一，一年一度的中秋佳节美食——月饼开始大量上市。

在市场上，各类月饼琳琅满目，摆满食品柜台。其中，中山咀香园的名牌月饼——白莲蓉月饼深受顾客青睐。该厂今年月饼的供货数量比去年增加了百分之八十，仍难以满足市场需求。

去年，咀香园的白莲蓉月饼和五仁咸肉月饼被选送参加国家轻工业部举办的全国二十二省市中秋月饼质量评比会。会上，白莲蓉月饼以95.42的高分登上全国月饼冠军宝座，五仁咸肉月饼荣获第三名。

咀香园的白莲蓉月饼去年参加温哥华国际博览会展销，受到热烈欢迎。今年，咀香园食品厂的月饼采用新的长炉烘烤生产线焙制，质量更讲究，包装盒也比过去更新颖，盒上印有中文及英文的介绍文字。该厂今年出口月饼达54700千克。第一批月饼已经运往美国、加拿大等地。

咀香园的白莲蓉月饼外形金黄，花纹凹凸、整齐鲜明，馅料晶莹细滑，保持了莲子的清香，是广式月饼中的佼佼者。

第三篇报道是《咀香园薄饼香飘神州大地》，报道如下：

迎着扑鼻的香味，我们来到咀香园食品厂的饼干生产车间。在墙
砌白瓷片、地铺花阶砖的洁净车间里，身穿洁白工作服的工人正在机
器旁有条不紊地操作。制饼机将经过发酵的精制白面，压成一个个圆
圆的、薄薄的葱油饼，源源不断地由自动传送带送进烤炉，紧接着，
带着诱人香味的薄饼就从烤炉那头源源而出，沿着输送带送进饼箱，
送进包装车间……

工厂门口，灯光映照着两台来自福建厦门的5吨大卡车，工人们
正在忙碌地连夜装货。可与嘉顿薄饼媲美的咀香园薄饼是咀香园食品
厂的畅销品种之一，上市以来深受人们欢迎，一直供不应求。

时下，人们逐渐讲究营养保健，咸味及低糖饼食备受青睐。咀香
园薄饼适应了这种市场需求，应运而生。色泽金黄的咀香园薄饼在市
面同类薄饼中饼身最薄。每市斤售价1元5角，约有200块饼，件数最多。
这种油润的薄饼甘甜酥脆，入口带有浓郁的葱油香味。咀香园薄饼，
月产量已由初期的6吨增加到目前的900吨，仅香葱一项每月都要用
去2000千克。

咀香园只是当时中山风云企业中的一个缩影。珠三角很多企业在
1984—1988年期间加足马力，创下了辉煌成绩。1984年10月，中共
十二届三中全会召开以后，以城市为重点的经济体制改革全面展开。企
业自主权、市场流通体制等多方面的激活，使得经济出现了前所未有的
积极态势。

《石岐糖果饼业史话》一文中写道："中山的糖果饼业大致可分为麦芽
糖、中式糖果、西式糖果、凉果、饼食、经营粉果、糖包、饼干面包等。
早在1956年前的几十年，中山人精制西式饼食的技术，已凌驾于兄弟县市
之上，顺德、新会等县均前来中山批购饼干回去批发或零售。"

1987年，中山食品饮料行业共有59家企业，年平均职工人数1.13万，
固定资产原值达1.59亿元，年工业总产值3.63亿元，占全市工业总产值的

14.23%，盈利总额 2218 万元，占全市工业盈利总额的 15.77%。①

技术革新成果显著

哈佛大学费正清东亚中心前主任、社会学家傅高义认为，可能是消费市场的发展支持了现代机器的引进。正是从手工业到工业的突破，使珠江三角洲人们的生活水平跨上新的台阶，把一个肥沃的农业区带进现代工业社会。

曾作为农业大县的中山就是一个明显的例子。1979 年前，中山县的工业产品结构主要以支农型为主，产品结构单一。市场大门初开，睿智的中山人抢抓先机，将发展重心放在轻工业，以公有企业为依托，以引进国外先进技术促进技改为突破，推动市属工业向规模经济发展。那些在 20 世纪五六十年代兴起的地方国营企业正加足马力，以技术创新为动力，在国内同行业内遥遥领先，并创下不少"第一"。

20 世纪 80 年代初，特别是撤县设市（县级市）以来，中山市经济委员会根据市政府的决定，对市属工业组织结构进行调整，先后成立了 17 个行业性的工业公司，并且培育拳头产品，在国内外市场的表现尤为抢眼。

1984 年 3 月 1 日，中共中央下达文件，把原来的公社改为"镇"，生产大队改为"乡"。乡镇企业把过去支农的方向转到适应市场的需求上来。至 1985 年，中山市各镇区共办起私营工业 4203 家，从业人员 34010 人，工业产值达 2.002 亿元，占全市各镇区工业产值 9.4 亿元的 22.34%，成为农村经济的重要组成部分。②

1978 年 3 月，全国科学大会召开。同年 10 月 24 日，中山县革委会发布《中山县科学技术普及工作规划（1978—1985 年）》。1985 年，中山获省级奖励的科技成果 16 项、地区奖励的科技成果 10 项和科技进步奖 13 个，被评为中山县科技成果奖的有 369 项。③1988 年 10 月，中山市科学技术委

---

① 中山市志编纂委员会编：《中山市志 1979—2005》，广东人民出版社 2012 年版，第 622 页。

② 中共中山市委党史研究室：《中山党史》，2015 年 3 月，第 31 页。

③ 中共中山市委党史研究室：《中山党史》，2015 年 3 月，第 59 页。

员会发布了《中山市科学技术发展战略设想（1988—2000 年）》。

纵观整个 20 世纪 80 年代，技术革新的重视和成果显著是中山企业时代标签。1984—1988 年这五年间出现了一个引进技术设备助推新产品抢占市场的高潮，这些市属老企业经过技术改造、设备更新，潜力被充分唤醒，发生了脱胎换骨的大转变。

翻开《中山市科学技术志》[①]，其中记载 1980 年，中山糖厂在轻工部甘蔗制糖研究所的协助下，研制成功省内第一台上浮澄清浊白水回收机；1981 年，中山县石岐镇饮食服务机械厂研究成功软雪糕机；1982 年，中山市农机所研制出"工农—12 K 手扶拖拉机的驱动耙"，并在广东全省推广使用；1983 年，中山电机电器总厂（原中山电机厂）制成的洗衣机脱水电机，供双缸洗衣机及脱水机配套用，达到国内先进水平；1984 年，中山市游乐机械设备总厂建成，成为国内第一家游艺机专业生产厂家；中山市石岐玻璃厂、中山糖厂、中山石岐农药厂获得科技成果奖项；1985 年，中山威力洗衣机厂研制成功的国内第一代 XPB20—S 双桶洗衣机。1986 年，中山洗衣机厂研制成功 XQB35—1 型微电脑全自动洗衣机；1987 年，中山市农机二厂研制的中山—4型手扶拖拉机通过省级鉴定，中山洗衣机厂的洗衣机铝外壳不穿孔自铆连接工艺和波轮轴与轴档挤压连接工艺，属全国首创；1988 年 4 月，中山精细化实业有限公司率先在国内实现气雾罐国产化生产，该成果一投产就被列为国家重大新产品，填补了国内空白。

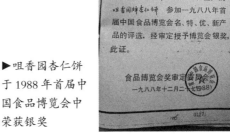

▶咀香园杏仁饼于 1988 年首届中国食品博览会中荣获银奖

———————————

① 中山市科学技术志编纂委员会编：《中山市科学技术志》，岭南美术出版社 2008 年版。

1989 年，中山市属工业开发的新产品已增至 650 个，其中 40 个填补国内空白和省内空白，有 106 个新产品获得国优、部优、省优称号，形成洗衣机、电风扇、精细化工气雾剂、镀锌钢管、玻璃马赛克、涤纶丝、铝箔复合包装材料、组合音响、微型电机、饼干等 10 个拳头产品。[1] 咀香园便是这 10 个拳头中的一个。

20 世纪 80 年代末到 90 年代初，咀香园的主要产品有两大种：一种是饼食，另一种是饮料。咀香园杏仁饼是饮誉海内外的中山传统名优特产，分别在 1982 年、1986 年两度获评为广东省优质产品；于 1988 年首届中国食品博览会中荣获银奖；于 1989 年香港第二届糖饼国际博览会中荣获中式饼特优奖。咀香园白莲蓉月饼、五仁咸肉月饼是广式月饼的佼佼者，1985 年被评为广东省优质产品；1986 年又双双评为国家轻工部优质产品；1986 年的全国月饼评比中，白莲蓉月饼夺得全国第一名，于 1988 年首届中国食品博览会中荣获金奖。高级薄香饼是咀香园的拳头产品，1988 年被评为广东省优质产品。

1988 年，咀香园已被评为省级先进企业，有生产设备能力的饼干生产线两条，各式饼干年生产量 4000 吨，杏仁饼年生产量 1500 吨，月饼年生产量 500 吨，白莲蓉月饼年生产量 600 吨，各种中西饼食及速食羹年生产 100 吨。这的确是咀香园一个值得大书特书的时代。

"舰队" 风采

中共中山市委党史研究室主任黄春华在《中山市属工业企业舰队的黄金时代》一文中描述："从 1988 年下半年开始，经历了十年改革开放的洗礼，一批骨干企业在政府的扶持与引导下相继组建企业集团，'中山舰队'也由百舸争流的态势进入了集团公司引领的'核心作战群'时代。"

从 1984 年起，中山市属工业企业进入上项目、扩规模的技改扩产密集期，以国有、集体龙头企业牵头组建的"十大舰队"，在激烈的市场竞争

---

[1] 中山市科学技术志编纂委员会编：《中山市科学技术志》，岭南美术出版社 2008 年版，第 19 页。

中渐渐成为全国知名品牌，包括威力洗衣机、玻璃工业、包装印刷、精细化工、千叶家电、咀香园食品、粤中船舶、钢管工业、电子集团、新型建材总厂等10家工业集团公司（总厂）。这"十大舰队"创造了中山工业发展史上的传奇，后来一直被人们津津乐道。

1988年，中山市工业总产值已接近27亿元，是1983年的30.4倍，四年间以平均32.08%的增速高速前行。其中，市属工业企业的产值一直占据着全市工业产值的"半壁河山"。[①]

在"十大舰队"中，咀香园有两个最明显的特征：一是"年龄"最大；二是唯一一家食品类轻工企业。

中山洗衣机厂原是一个集体所有制的小农械厂。自1980年转产洗衣机后，仅几年时间，便一跃成为我国洗衣机行业中产量最大、经济效益最好的企业。1984年12月，洗衣机厂的双缸洗衣机投产，1985年的实际产量已达到19万台，大大突破了原来年产10万台的生产能力。

谢才俊、黄韶平编的《广东企业改革风云录》一书收录了一篇《中山洗衣机生产发展情况调查》的文章。文中描述如下："在1985—1986年，市场对威力双缸洗衣机的需求量大增。为此，全厂开展一个技术革新活动，对引进的设备再进行吸收、消化和创新，使其达到'为我所用，适我所需'。如对总装流水线进行了51项技术改造，使生产节拍加快。1986年生产的一台洗衣机由一分钟缩短到20秒，年产量达40万台；1987年又再缩短为17秒，实际年产量达到66万台。自1985年12月第一期技改项目投产后，就对投产项目连续进行了167项技改。与此同时，又开展第二期技改工程，整个技改项目于1987年年底如期完成，形成年产100万台洗衣机的能力。品种新增有电脑式全自动和机械式全自动、双桶新流水和双桶半自动等新型洗衣机，开始形成了'威力'系列产品。"

石岐玻璃总厂的前身是1954年由石岐生猪出口社、信丰隆进口商、大生牛栏等八家私营商店转业合办的私营大新玻璃厂。1956年转为公私合营，1958年转为地方国营企业，改名为石岐玻璃厂。1957年，这家工厂的

---

① 中共中山市委党史研究室：《中山党史》，2015年12月，第9页。

工业总产值为 45 万多元，利润只有 1 万多元。1978 年改革开放后，石岐玻璃厂加快技术改造力度。1979 年，根据国内外建材市场趋势，工厂开发研制出全国最早的玻璃马赛克生产工艺及生产线。1987 年，新建一条玻璃马赛克生产线，从建厂房、安装设备、调试直到投产仅用了 70 天时间。1988 年，石岐玻璃总厂在一年内还研发出 12 项技术改造项目，其中消化、吸引、引进的玻璃马赛克生产线、玻璃锦砖和玻璃深加工生产线，均被国家列为重点技术改造项目。在技术改造的引领下，石岐玻璃总厂在 1984—1988 年间进入发展最快的阶段。

1987 年年底，中山精细化学工业集团（以下简称"精细化工公司"）成立，其前身为石岐农药厂。在技术实力方面，国家化工部委托精细化工公司组建了"国家化工部气雾剂技术开发中心"。在科研技术上，这家公司及时引进和消化新产品、新技术，使集团内部形成了以气雾技术为龙头，融科研、生产、贸易和资金为一体的生产体系，短短两年时间便开发出精细化工产品 40 多种。1988 年总产量达 1500 万罐，在产量和销量上居全国同行业之首。

20 世纪 90 年代中期，大学生章耀平毕业后被分配到岐江河边的中山市凯达精细化工股份有限公司（以下简称"凯达公司"）公司担任技术员，从一名车间普通的技术人员做起，现已成长为金属包装标准化技术学科带头人、气雾剂安全生产技术资深专家。

现为全国包装标准化技术委员会委员、广东欧亚包装有限公司副总经理的章耀平回忆那段历史时说，早在 20 世纪 80 年代，凯达公司就成为全国首个进行工业化生产气雾剂产品的企业，研发生产出中国第一瓶气雾剂，用于家用灭虫和空气清新领域，后来成为全国气雾剂产业的"黄埔军校"，集聚和培养了大量技术人才。

气雾剂广泛应用于化妆品、家居清洁、日用化工、工业应用等领域。章耀平说，中山的气雾剂产业大体分为三类：以凯中、榄菊、天图等为代表的气雾剂；以欧亚包装为代表的铝质气雾罐；以美捷时、英博、联昌等为代表的气雾阀。中山市美捷时喷雾阀有限公司是目前国内拥有气雾剂阀门生产线最多、品种最齐全和产量最大的生产企业，欧亚包装（中山）有限公司是国内最大的铝质气雾罐生产商。

"气雾剂产业在中山可以找到充分的配套，既可提供 OEM（代工），又有 ODM（设计制造）服务。现在有些品牌企业正朝着个人护理、汽车护理的方向发展。"章耀平说。

下面有一组数据足以说明当年"十大舰队"的"威水史"（威风历史）。"威力牌"洗衣机，1988年年产量67万台，出口创汇600多万美元；产品在1986年荣获轻工部颁发的优质产品称号；1988年荣获国家银质奖。石岐玻璃总厂的"菊花牌"彩色玻璃马赛克，1988年年产量703.5万平方米，销量6051万元，出口创汇209万美元；产品在1985年荣获轻工部颁发的优质产品称号；1988年获出口产品银杯奖和国家银质奖。精细化工公司的"强力牌"和"宝石花牌"气雾剂系列，1988年总产量为1538万支（6678.5吨）；主要产品"灭害灵"荣获国家经济委员会颁发的优秀新产品称号和轻工部颁发的优质产品称号。

在"十大舰队"中，除咀香园外，其他品牌在20世纪90年代末、21世纪初均日渐式微，慢慢消失或以另一种方式重生。一个企业带来一个产业，培育一帮人才，孵出一个产业集群。这种产业裂变、企业家聚变的路径，是中山"十大舰队"重生的模式之一，也是最重要且最值得研究的模式。

升格地级市

1978—1988年，中山经济可分为上下两部分，而1978—1984年的前五年为中山工业发展的起步、改造阶段。这一时期，中山通过引进"三来一补"（来料加工、来料装配、来样加工和补偿贸易的简称）了解国际市场行情，工业由单一的计划经济支农型结构，转向发展商品生产，适应市场经济的多元化工业结构。一些老企业开始引进国外先进设备，提高生产力，为经济由计划向市场过渡做好了充分的前期准备。

1984—1988年的中国经济可以用一个"热"字来形容。陈雷主编的

《邓小平南方谈话前后》^①一书讲道："其实，邓小平本人在南方谈话中也意识到，1984—1988 年经济有点'过热'，确实也带来一些问题。比如，票子发得多了一点，物价波动大了一点，重复建设比较严重，造成了一些浪费。但是，怎样全面地来看 1984—1988 年的加速发展？邓小平认为那五年的加速发展是一种飞跃，但与'大跃进'不同，没有伤害整个发展的机体、机制。"

1984 年 10 月 20 日，中共十二届三中全会在北京举行。全会一致通过了《中共中央关于经济体制改革的决定》，进一步贯彻执行对内搞活经济、对外实行开放的方针，加快以城市为重点的整个经济体制改革的步伐，以利于更好地开创社会主义现代化建设的新局面，这为后来的经济发展指明了方向、提供了动力。

从 1983 年 12 月 22 日中山撤县改市（县级市）到 1988 年 1 月成功升格地级市，中山和全国其他城市一样，在 1984—1988 年的经济高速发展时期中创下了很多奇迹。1984—1988 年五年间，中山进行工业的全面建设，技术提升，市场灵活，发展效益明显，形成了以国有企业为龙头，带动全市经济、城市建设等飞速发展的新局面。这一时期的中山经济，无论是从珠三角还是全国来讲，都算得上"先行一步"。中山人在改革开放方针的指引下，发挥着毗邻港澳的地缘优势，以及孙中山名人文化资源、华侨资源等优势，开拓前进，大力改革创新，努力发展地方国有经济和外向型经济，形成了一个有地方特色和市场竞争力较强的优势产品群体。

1988 年 1 月，经国务院批准，中山由县级市升格为"只辖镇的地级市"。这种扁平化的管理架构为中山后来的经济发展创造了高效率。谢才俊、黄韶平在《广东企业改革风云录》中描述："1988 年，中山全市工业总产值达到 38.78 亿元，与改革开放前的 1978 年相比，增长 7 倍多。全市有 140 个工业产品先后获得国家、部级和省级的优质产品称号，这些优质产品的产值占全市工业总产值的比例，从 1985 年的 9.8% 上升到 1988 年的21%，其中市属工业系统达到 36%。"

---

① 《邓小平南方谈话前后》为《读党史》第 20 辑，主要是通过邓小平发表南方谈话的时代背景、行程和主要内容，反映邓小平南方谈话的重大意义和深远影响。2014 年 5 月由中共党史出版社出版。

傅高义在总结 1978—1988 年广东十年改革时，曾把小珠江三角洲的 12 个县、4 个市分出三个层次，第一层次是紧靠香港、澳门的县市，包括宝安、东莞、斗门、番禺；第二层次包括佛山、南海、顺德、新会、中山等县市。第二层次的这些县市虽然离香港不远，但比不上第一层次那么近。由于距离香港稍远，这些县市起初不易吸引到简单的加工业，但这一层次的县市有较大的城镇、更多的轻工业、更多的能工巧匠、更靠近可利用其专业人员的广州，以及与内地市场的联系网络。

南海起步较早，创办了大量乡镇小企业。顺德主要依靠大镇，在香港资金的帮助下兴办了几个规模较大于南海企业的工厂。人口更集中于县城的中山县，更多地依靠县办大型国营工厂。20 世纪 80 年代末，中山和顺德开始互相学习。中山县政府很欣赏邻县顺德的镇办工业的活力和精神，决定兴办更多镇办工业，而顺德看到了中山市政府从国营工厂得到较多的收入，因此能够对修路等全县性的项目投入更多，也决定发展更多国营企业。①

从整个广东来看，这 10 年间，经济有了前所未有的高速发展。正如傅高义在《先行一步：改革中的广东》中所说："从 1965—1978 年的 13 年中，广东的经济发展从整体来看比全国缓慢。然而，1978—1988 年期间，广东的工农业总产值从全国第六位上升到第五位，基建工程从第六位上升到第二位，商业总营业额从第二位升到第一位。到 1986 年，广东在橡胶、食糖、水果和海味，还有诸如家用电冰箱等一系列消费品的产值上均位居全国之冠。到 1987 年，由于改革的步伐加快，以及与香港经济的进一步交织，广东经济继续迅猛发展。广东 1987 年的工业增长率达 33%，远远超过任何省份，1988 年仍保持这个增长水平。"

1991 年，时为新华社记者的田炳信、王志纲共同撰写了《珠江三角洲启示录》，归纳珠三角经济发展的重要经验——"商品经济"。其中写道："透过珠三角的成功，我们可以看到，正是成百上千、成千上万的各级生产、技术、管理人员的劳动积极性得到发挥、调动，才最终形成了一个气势磅礴的大合唱、交响曲，产生了巨大的冲击波，震撼着整个中国。"

---

① 傅高义：《先行一步：改革中的广东》，广东人民出版社 1989 年版，第 161 页。

| 第五章 |

改制的魄力

伟大源于细节的积累。

——汪中求《细节决定成败》

陈雷在主编的《邓小平南方谈话前后》一书中写道："1992 年 1 月 18 日至 2 月 21 日，邓小平先后视察了武昌、深圳、珠海、上海等地，发表了著名的南方谈话。这为改革开放和现代化建设，带来了又一次思想大解放。由此，中华民族方向明朗、人心振奋，从而加快发展，再创辉煌。"

原新华社记者王志纲在《1992：中国走势再访录》[①]中写道："记者在沿海、沿边和沿边的一些省市采访时，强烈地感受到，通过学习、贯彻小平南方讲话精神，'换脑子，找位置，探路子'成了各地解放思想的着眼点。以开放促改革，以放开促发展，抓住机遇，发展自己，成为人们的共识。"

处于珠三角的中山市，依靠 20 世纪 80 年代发展的积累，在 90 年代再次铆足干劲，快马加鞭，奋勇向前。

---

① 　文章收录于《行成于思——王志纲中国走势思考录》，广东经济出版社 1998 年版。

"技术控"住进杂物间

1989 年年初，咀香园杏仁饼从香港国际食品博览会上摘得金奖桂冠。1989 年 2 月，中山市咀香园食品总厂增挂"中山市咀香园食品工业集团公司"牌子，增设中山市咀香园糖果厂。总厂增挂牌子后，直属市经济委员会领导，在管理体制上实行了一系列改革。咀香园薄饼的研发成功，成为咀香园新的利润增长点，香葱薄饼名噪大江南北。

1989 年 4 月，年轻的大学生张延杰背着一箱书走出武汉工学院[①]校门，只身南下。"记得是 4 月底 5 月初过来中山的，6 月 30 日正式上班。开始准备去珠海的，当时经过中山，却被中山美丽的环境吸引了。"张延杰回忆道，当时从广州去珠海，必经中山。坐车经过中山西郊时，一眼望去，国际酒店、富华酒店、西郊人行天桥、人民桥等让人眼花缭乱。

本打算去珠海上班的张延杰，被中山这"花花世界"吸引住了，后来阴差阳错地留在了中山发展。"觉得中山不错，当时中山升格地级市不久，正进入发展高峰，咀香园、玻璃厂等大型企业非常需要大学生。"张延杰感叹，那时的中山和国内其他城市完全不一样，发展速度至少要比更内陆的城市快三四倍。

的确，张延杰初来中山时，中山经济和城市建设已十分火热。威力、咀香园等"十大舰队"品牌响彻全国，很多人是因为认识或使用过这些品牌的产品才对中山心生向往。中山当时还是"广东四小虎"[②]之一。

张延杰来到中山时，中山市区已从过去的岐江河一小块区域开始向东扩了。"东区起湾道刚刚开建，那时从咀香园沿着河走到头，就是石岐青溪

---

① 1995 年，武汉工学院更名为武汉汽车工业大学；1997 年，武汉汽车工业大学通过了国家"211"工程重点学科部门预审；2000 年 5 月 27 日，武汉工业大学、武汉交通科技大学、武汉汽车工业大学合并组建武汉理工大学。

② 指 20 世纪八九十年代广东珠三角崛起的四座经济发展迅猛的中小城市——南海市、东莞市、中山市和顺德市。所谓"小虎"，是指跟深圳这样的大经济特区相比，它们的城市基础设施规模、人口规模等较小，而实际的民营、外向型产业规模并不小。

路尾的中山轴承总厂，再往前走就没有路了。"张延杰回忆。

中山轴承总厂始建于 1968 年，是中山当时的知名国企之一，现转制为中山市盈科轴承制造有限公司。张延杰与中山轴承总厂还有一段故事。还在学校时，中山轴承总厂就准备要聘用他。张延杰是通过中山轴承总厂才知道中山这座城市的。那一年，大学生可以双向选择，只要找到单位，学校盖章后就可以分配过去。

到中山后，张延杰没有直接去找中山轴承总厂，而是去了中山当时出名的威力洗衣厂、玻璃厂、咀香园食品厂知名度最高的这三家企业。因为咀香园离他租住的地方最近，而且当时抱有"做食品会有很多好东西吃"的心理，张延杰干脆选择到咀香园试一试。

当时，咀香园正处于发展高峰，急需人才。张延杰应聘成功，1989 年办完报到手续就开始上班了，担任车间技术员。由于咀香园是国企，报到时要去中山市人事局办理手续，粮食、户口、党员关系都是先转到市人事局。"在咀香园没干多久，就被评为优秀党员。有一次在会议上，我们碰在一起，中山轴承总厂的厂长还开玩笑说，没把张延杰要到轴承总厂来，真是亏大了。"想起这些纯真的往事，张延杰发出爽朗的笑声。

1989 年，咀香园生意红火，有 10 条饼干生产机，每天的产量非常大，排队拉货的车很多，但当时的管理还属于粗放式的，机器一坏就要停半天。比如，皮带坏了，要撤下来再去买，然后再换上去。由于没有存货，换个新皮带至少要花两三个小时才能重新开工。万一遇上中山的店里没有皮带的情况，还要跑到广州买。

张延杰进入咀香园后，用了三个月时间就从机头到机尾，按饼干生产机的所有易损件整理出一份清单，包括型号、直径、轴承、链条等，做了一本实操手册，然后告诉维修师傅先把这些易损件买回来放好。

就这么一个小小的动作，为生产线平均每天节省了两三个小时。那时饼干生产机质量一般，很容易坏。维修时要像修汽车一样，师傅钻到机器下面，趴在地上维修，可不像修汽车那样可以升降。饼干生产机不能升降，维修时常常弄得人一身油，面料贴到脸上，脏兮兮的。

"大家当时还说，这个大学生可以的，不怕吃苦，又有功劳。那时厂里还有广播的，中午还在广播里表扬我。"张延杰满脸幸福。张延杰回忆说，发奋努力是他们那一代人最宝贵的精神，《毛主席语录》里有一句话一直影响着他，那就是"下定决心，排除万难，争取胜利"。他们那一代人经历过改革。两种思想结合在他们身上产生了巨大的能量。

其实，自 1985 年，教师出身的陈芝葵当上咀香园厂长后，厂里重视人才培养的氛围才慢慢好起来。正好 20 世纪 80 年代企业发展需要人才，1986 年左右，咀香园就开始接收中山大学、暨南大学等高校分配来的大学生。那一段时期，国家相继分配了 30 多个大学毕业生到咀香园，不过他们后来又陆续离开咀香园，只有张延杰坚持了下来。

张延杰到咀香园上班，最开始被分配到杏仁饼厂。当时，玲姨是杏仁饼厂的车间主任，算是张延杰的"顶头上司"。玲姨发现在车间干了三天活后，大学生张延杰还没来上班，觉得奇怪，便到工厂宿舍去找。

"我问他为什么不去上班。他说他想回家。为什么想回家，原因是这里没有机器修。"玲姨回忆道，"我劝他不要回去，回去河南的路途遥远，再说读完大学已经花了家里不少钱，回去一趟又要浪费车费。我说待在咀香园还是有前途的。"

玲姨像长辈一样细心地开导张延杰："不怕，杏仁饼厂有十多条饼干生

▲当时的杏仁饼厂生产车间

产机，而且是'三班倒'，要 24 小时开机运作，这些机器又容易坏，一天给你修一台都不得了。"玲姨以自己的成长为例，说起自己 1967 年进入咀香园时月工资只有 8 元钱，到 1989 年当上车间主任，月工资涨到了 300 元左右。在玲姨的劝说之下，张延杰留下来了。

为了给这位年轻的大学生更多发挥才能的机会，玲姨还把杏仁饼厂车间旁的一个杂物房清理出来，把卫生搞好，准备腾给张延杰一个人住。她知道这位年轻的大学生很喜欢看书、善于独立思考，太吵的宿舍环境会影响他。当时厂里一个宿舍住好几个人，年轻人喜欢热闹，这对喜欢看书的张延杰来说很不适应。收拾好的"杂物间"给了张延杰一个独立的空间，一个人住在里面，空间是小了点，倒也清静。这下，他晚上可以静心看书了。这一次，张延杰决定留在咀香园好好干下去。

玲姨回忆说："那一次后，小张还打电话到他老家，征求他父母亲的意见，说他要在厂里认个干妈。他父母亲得知情况后，一口答应了。"

张延杰回忆说："我老家是河南的，初到中山的时候，听不懂粤语，更不会讲。况且那时讲普通话的人少之又少，与人交流起来有些困难，但我想，在这里工作就一定要融入这里，于是我决定去学粤语。"每当下班的时候，张延杰便会拿着收音机，跟着广播员学粤语。仅用了两个月时间，他便能用粤语与同事进行日常的沟通交流。"年轻人如果用心做一件事，一定能做好"，这是张延杰一直坚信的理念。如今在咀香园培训新入职的技术员时，他也会潜移默化地把这种理念传递给新员工，给新入职的技术人员"打气"，鼓励他们沉下心来钻研，并想方设法为这些年轻的技术人员创造成长的空间。

1989—2018 年，一晃三十年，当初的毛头小伙张延杰如今已是咀香园董事、首席技术官，行业少有的教授级高级工程师、全国技术能手，获得了全国科技标兵，市优秀专家、拔尖人才，市优秀青年企业家等多项荣誉，也是全国食品行业的资深专家了。

"水故事"精彩但短缺

珠江三角洲位于中国广东省中南部，珠江入海口处。这里地势平坦，良田成片，物产丰饶，早在南宋时期就是水稻的主要产区。《南宋科技史》中有如下描述：广东由于有更好的水利和更长的日照，水稻可以达到两熟或三熟。农民利用早、中、晚的水稻品种，互相搭配，力争多种多收。宋嘉泰元年（1201 年）《会稽志》中就记述了 56 个水稻品种，"占城稻"已经引入，并发挥了耐旱、适应性强的优点，为提高单位面积产量做出贡献。

20 世纪 80 年代，"珠江水，广东粮，岭南药"颇有名气。这里曾经有显赫一时的健力宝、乐百氏、珠江饮料等知名品牌。进入 20 世纪 90 年代，"珠江水"名噪一时。

丰富的农副产品资源为中山食品制造业的生产和发展提供了重要的条件。中山的饮料产业，在新中国成立之初便开始了。早在 20 世纪 50 年代，当时新办的县属企业石岐饮料厂生产菠萝原汁、鲜橙汁、青梅汁，石岐药厂生产牛肉汁等。

进入 20 世纪 90 年代，中山经济如同一匹黑马，快速奔跑。1990—1999 年，中山食品饮料行业可谓叱咤风云。那时，咀香园饮料厂颇有名气。咀香园食品集团公司下属杏仁饼厂、食品厂（专做月饼）、饼干厂、饮料厂共四个分厂。这四大"巨子"中，咀香园饮料厂起步最晚，但后劲很足。

那时的咀香园饮料厂位于西郊，即现在富华汽车总站对面的水牛城处，面积约 100 亩。咀香园饮料厂于 1987 年年底投资超千万元，从意大利引进电脑控制自动化生产。当时的设备是全国最先进的，价格不菲，生产一系列易拉罐、1.25 升 PET 瓶碳酸饮料等。

咀香园饮料系列，如咀香园牌橙汁、咀香园牌可乐、咀香园牌雪碧等，引进国际流行口味的配方、材料和工艺，配以优质的中山长江山泉水，具有口感好、无杂味、甜度适中、够味够气的特点，保存期可达一年之久。

咀香园饮料厂还使用国内首次面世的塑料杯易拉罐，年产量达 3000 万罐，于 1988 年年初夏上市后，很受用户欢迎。

先进的设备加上研发的新配方，使得咀香园在饮料业界备受关注。1988 年，咀香园饮料被北京男子篮球邀请赛指定为专用饮料。1989 年广东省饮料行业评比中，咀香园可乐、咀香园橙汁被评为优秀产品。

在张延杰保存的一叠厚厚的"老资料"中，有关咀香园饮料方面的有《果汁饮料生产配方工艺》《十九种果汁饮料配方技术资料》等。还有一张纸颇为特别，上面写着"美国可乐饮料、葛瓦斯等新饮料制备方法。根据科技信息公司讲义复印"。这是当年咀香园为了开发好饮料产品，先找来行业内的一些标杆企业做对标研究。

知己知彼，方能百战百胜。张延杰特别翻到《十九种果汁饮料配方技术资料》中关于质量要求的内容。"原果汁含量不低于 45%，这个含量很高了。""当时跨国饮料巨头都过来找我们谈合作，但是咀香园说不行，我们要生产自己的可乐，做咀香园的可乐出来。""通过这些历史资料，足以看出当年咀香园进军饮料界的雄心。

从全国来看，经历了 1988 年的通货膨胀后，紧接着进行了为期三年的"治理整顿"，1990 年、1991 年的年国内生产总值（GDP）增长率都下降了。

1992 年，邓小平发表南方谈话后，中山创业的激情再次被激发。中共中共中山市委党史研究室主任黄春华在《中山助力广东追赶亚洲"四小龙"探析》①一文中所述："1992 年，中国改革开放总设计师邓小平视察南方，提出广东要加快经济发展步伐，力争 20 年赶上亚洲'四小龙'；同年，中共十四大要求广东用 20 年时间基本实现现代化。为此，中共广东省委、省政府制订了追赶亚洲'四小龙'的一系列目标计划。根据省委、省政府对中山等珠江三角洲城市先行一步的要求，中山制订《中山市力争 15 年赶上亚洲'四小龙'的计划设想》。"值得注意的是，中山把追赶亚洲"四小龙"的起始时间点设在 1991 年 1 月 1 日，而非 1992 年，也就是把加速追

① 该文发表于《广东党史与文献研究》2017 年第 7—8 期。

赶的时间维度缩短为 14 年，的确有一种"不待扬鞭自奋蹄"的气概。

1992 年，咀香园在产品和市场营销方面加大创新力度，在咀香园饮料上再下工夫。这一年，咀香园推出了天然果汁饮料。咀香园饮料厂拥有从意大利引进的先进易拉罐饮料生产线，原来只能生产碳酸饮料，但根据饮料市场的变化，咀香园饮料厂决定开辟一条新路。于是，1992 年年初，咀香园通过广泛的市场调查，果断决策，全力发展市场上需求不断增加的天然果料，充分发挥技术人员和先进技术设备的作用，用了很短的时间，就开发出芒果汁、水蜜桃汁等四个品种。新品种出来后，又立即在哈尔滨、沈阳、广州等地举行新闻发布会、洽谈会等。5 月试产，6 月成批量生产，7 月上规模，8 月又翻一番，四个月累计产销量 3500 吨，其中 8 月产量产销量高达 1500 吨。

由于把好了风味、口感、质量、包装四个关，咀香园生产的饮料产品口感清爽、原汁原味。正是这种与众不同的风味，吸引了东北、华东、华南等十多个省区的客商纷纷追加订货，产品供不应求。此外，咀香园的朱古力奶和椰汁古力奶两个产品也出现畅销。这两款饮料无论是冷饮还是热饮，都独具风味，客户早早就订好货。

1993 年下半年起，国家采取了一系列调控措施，经过为期三年的调整，成功制止了经济的恶性膨胀，实现宏观经济的"软着陆"。

咀香园的部分老职工回忆说，这次调整使易拉罐所用的原材料等受到限制，加上其他多方面的原因，咀香园饮料日渐式微，直至完全停产。算起来，咀香园饮料的生命周期不足 10 年，在咀香园百年发展史上属于昙花一现、辉煌一刻，却留下了一段佳话。其实，这一时期，全国还有一个

▲20世纪80年代末的咀香园饮料代言人

有趣的经济现象：三株口服液、太阳神、沈阳飞龙等一大批"热闹喧嚣"的品牌组成的中国保健品市场渐渐步入退潮期。

在《驰名商标认定申请材料（之一）》中有一张那个时代鲜见的黑白"艳照"：一位身材曼妙的美女身穿尽显玲珑身材的内衣，右手握着一罐曲线优美的咀香园可乐，雪亮的大眼睛里藏着动人的光芒。她用左手轻轻托着下巴，温柔的笑容就像清水一样让人心旷神怡。这个"形象代言人"，可能只有老一辈的咀香园人还记得。

战略调整重回"主业"

1990 年，中山市经委派梁炳根到咀香园集团负责全面工作。上任后，作为经济管理行家的梁炳根保持着"定力"，并观察思考着。

梁炳根通过对当时外部经济环境和咀香园自身发展现状的综合分析、研判后，果断实施产品调整。1992 年，在梁炳根的主持下，咀香园实施重大战略转移，从热闹的"水故事"中走出来，调整公司航线，将"拳头"产品转回杏仁饼、月饼的生产上来。同时，大胆起用年轻人才，加大技改力度，提高生产力，发展方式由粗放式转向集约化、精细化。

这一年，咀香园已走过了 74 个春秋，靠杏仁饼起家、月饼发家的咀香园再次找回这两把"利剑"，并实施做大做强的新战略。后来的发展证明，这次战略调整在咀香园百年来的发展史上具有重要的战略意义，使咀香园从饮料、食品等"多头"并进，回到了"专一"路线，集中精力发挥企业所长，在市场的大潮中，不但稳住了脚，而且得以快速、健康、持续发展，抒写着"老字号"的新传奇。

张延杰到咀香园最开始是负责饼干机维修，后来又分到饮料厂负责技术，不过在饮料厂只干了两三个月时间。

"小张，你过来吧，把杏仁饼做起来。"

梁炳根很赏识这位年轻的小伙子，于是把张延杰调到了咀香园食品工业（集团）公司。

据张延杰回忆，那时咀香园饮料厂有一点点走下坡路，咀香园"起家"

的杏仁饼产量也不多。曾经，咀香园是多元化的食品企业集团，有饼干、月饼、饮料、杏仁饼等各款产品。随着食品行业竞争的加剧，以及整个经营大环境的变化，企业转向主攻杏仁饼与月饼，重点经营"咀香园"这个品牌，实为"上策"。

张延杰认真钻研杏仁饼制作工艺，发现任何一个环节的变化都会对工艺产生一定影响。如何保留传统工艺的优点，改良其质量不稳定的状态，既可以有好的口味，又可以保证产量规模？张延杰开始思考这个问题。于是，一个项目组成立了，专门记录和研究传统杏仁饼的生产流程。项目组找到杏仁饼生产中最关键的环节——温控，并解决了这一关键技术。传统的制作工艺终于变成现代化的流水作业。

每个产品都有一个生命周期，如果没有创新元素融入，产品最终会被市场淘汰。在张延杰看来，焙烤行业是一个名副其实的传统行业。面对日新月异的环境和不断更新的科技，传统行业能不能再继续走下去，这似乎是每一个传统行业领导者应该思考的问题。

张延杰一门心思地思考：如何才能实现传统产业与时俱进，通过科技手段解密传统工艺，找到一条丰富老字号文化内涵，使老字号更好地传承发展的路了。彼时，张延杰担任生产设备科副科长，作为技术骨干参与杏仁饼、月饼的多项生产技术改造。

对于当时把月饼生产设备由五米多高的风车炉改为安全高效的电炉，张延杰仍记忆犹新。早期焙烤设备的热能供应靠烧煤，当时叫"风车炉"，一个炉占地40—50平方米。炉膛很高，下面烧煤，里面就是"摩天轮"那样的东西，齿轮直径有五米高，不停地转。"那个大风车炉的齿轮很有纪念意义，但没有留下来，太可惜了。"

"好大的，一个马力带一个大齿轮，速度慢。月饼在烤炉转一圈需要20分钟。想想这么大的空间，烧热要用多少煤，而且烧煤很脏，到了一定时间还要把煤灰清理出来。那时的大风车炉一天大约可以烤5万个月饼。"

用上电炉后，不仅减轻了工人的劳动强度，而且安全性高。技术改造后，生产效率和产品质量大幅上升，杏仁饼产量很快在行业内独占鳌头，占全国份额的95%，并逐步淘汰了部分其他杏仁饼品牌，坐稳头把交椅。

▲ 20世纪90年代的杏仁饼生产车间

之后，张延杰又参与月饼的技术改造，重振了咀香园月饼的声威。

电炉这项技术还在1994年获得中山市科技进步奖。张延杰获得"中山市技术能手"称号，成为咀香园技术设备科负责人，月工资涨到了300多元。这对一个毕业才三四年的大学生来说已经很多了，那时北方大学生月工资才几十元。

除了技术改造之外，咀香园还大力进行产品结构调整，开发出螺旋藻饼、紫菜饼干、脆香饼、蛋卷、水果月饼系列、迷你月饼系列和新口味杏仁饼系列等近30个品种推向市场。传统土特产——杏仁饼产销规模迅速扩大，成为主导产品，逐渐形成"中秋月饼、杏仁饼、饼干"三足鼎立的咀香园特色。

在梁炳根的重视下，咀香园不间断开展技术改造。这不仅使杏仁饼有了新风味、新内涵，而且工业化生产成为现实，满足了日益增长的市场需求。

由于在公司技术改造得力，成绩突出，张延杰于1996年晋升为公司副总经理。这一晋升，距离他迈出大学校门，正式到咀香园上班，仅仅用了七年时间。张延杰后来打趣说，在咀香园，除了没在食堂干过，其他部门基本都待过或长或短的时间，进过车间，做过技术员，从普通员工一步步做起。

20世纪八九十年代，中山经济发展耐人寻味。究竟是一股什么样的力量使得一帮年轻人在经济大潮中尽情挥洒聪明才智？著名财经作家吴晓波曾写道："在一张稍小的一点的中国地图上，要找到广东省中山市不是一件很容易的事。这里地处珠江西岸，自古地少人稀，流民不绝，只因百年之前诞生了中国民主革命的先行者孙中山先生才有了点名气。可是，在过去的 20 年里，这里却成为中国新兴企业的摇篮之一，威力、乐百氏、小霸王、金正、帝禾这些显赫的品牌与一大群年龄不过 30 岁上下的少年英雄先后从这里呼啸而起。"[①]

在咀香园，像张延杰一样，郭伟文、孙志均、杨培明等一大批年轻人的才华都得到了淋漓尽致的发挥。"少年英雄"，成为那个时代中山经济发展中的鲜明标签。

风风火火闯九州

说走咱就走哇！

你有我有全都有哇！

路见不平一声吼哇！

该出手时就出手哇！

风风火火闯九州哇！

……

用刘欢这首气势磅礴的《好汉歌》来形容 20 世纪 90 年代中山企业的发展，似乎最恰当不过了。如果说，20 世纪 80 年代中山工业经济主要还是集中在市属大中型企业的话，那么进入 90 年代后，中山工业经济呈现了国营（包括集体企业、乡镇企业）、民营、外资"三朵金花"齐开的局面。

1991 年，小霸王电子工业公司（以下简称"小霸王公司"）成立。乐百氏集团前身为广东今日集团，始创于 1989 年，今日集团正式成立于 1992 年 10 月。中山华帝燃具股份有限公司成立于 1992 年 4 月。广东铁将军防盗设备有限公司于 1993 年成立于小榄镇。澳雪国际始创于 1994 年。1995 年 8 月，中山市爱多电器公司（以下简称"爱多公司"）正式成立。

---

① 吴晓波：《大败局 I》，浙江人民出版社 2011 年版。

欧普照明1996年成立于古镇。中山市樱雪燃气具有限公司创立于1998年。中山市读书郎电子有限公司创立于1999年。

在这些品牌中，爱多公司因"大动作"频频，备受关注。1996年，其邀请著名影星成龙为代言人；1997年11月，以2.1亿元标价击败所有竞争对手，勇夺CCTV1988年广告标王，一举成名天下知。20世纪90年代后期，"爱多VCD"红遍大江南北，一度是中国家电行业最成功的品牌之一。爱多公司也成为当时民营企业的光辉典范。但爱多公司从无到有，从小到大，从辉煌走向破灭，也仅用了四年左右的时间。

1991年6月，小霸王公司在CCTV播出第一则广告，即"拥有一台小霸王，打出一个万元户"的有奖销售活动"小霸王大赛"，小霸王游戏机雄踞游戏机市场第一位。此后的整个20世纪90年代，小霸王公司的营销策略均有"大气磅礴之势"。

1994年2月的《半月谈（内部版）》杂志封底刊登了小霸王公司整版的彩色广告，只见上面印有"小霸王中英文电脑学习机，'包你三天会打字'，电视机、游戏机、学习机三位一体连接，方便家庭使用，每台不足300元"等字样。

在梳理这一时期创业者的特点时，小霸王公司段永平、爱多公司胡志标、乐百氏集团何伯权、榄菊集团（以下简称"榄菊"）骆建华等都是30岁上下便开启创业之旅，并将各自品牌经营得响当当。关于那一时期的企业家精神，笔者曾与现为榄菊集团公司董事长、总裁骆建华进行过一番交流。

2017年7月13日下午，阳光从玻璃屋顶透进骆建华的办公室，室内书香氤氲。这间挂满书法作品的办公室，"商"味淡了，文化味浓了。一向以低调著称的骆建华分享了榄菊的成长、发展之道。

榄菊，诞生于有着数百年菊花文化，且素有"菊城"之称的小榄镇，其历史可以追溯到1982年，原是当地政府一家集体企业。30多年来，榄菊不断开拓创新，将小小的蚊香等家用卫生杀虫产品做到占据中国市场近20%的份额，拥有世界最大的家用卫生杀虫产品生产基地，成为中国日化行业的一张闪亮名片。

骆建华回忆，早在1982年，榄菊就开发过国内第一张电热蚊香片，但由于长期靠单一产品竞争，后来也不景气。1997 年，政府希望年轻人给企业带来更多生机，于是骆建华被调到这家公司。1999 年企业转制后，30 岁出头的骆建华成为新企业"掌门人"。

"这次体制的改革唤起了企业新的生命。我们一直围绕产品技术和渠道创新这两条线进行。"骆建华说，产品渠道拓展方面，从原来只在广东卖一些小量的小品牌，向全国延伸；产品创新方面，更多的是满足现代人以及未来消费者对产品提出的更高要求。

骆建华接管企业后，第一件事就是建立了中国国家卫生杀虫行业第一个技术研发中心。"当时咬咬牙投了 50 万元，其实这笔钱对企业来说很重要。企业不景气时再投入，大家认为风险很大。"骆建华说，不过现在看来，当时的这一部署还是非常精准的。为什么要去做这个事件？单一做蚊片是没有未来的，要进行产品的全方位拓展，就需要技术支撑。

榄菊开创性地提出了"以科技护卫家居健康"的全新理念。2006 年，榄菊力促的家庭卫生杀虫产品首度跻身中国名牌评选名录。有了技术做支撑，榄菊在市场营销方面的底气更足，科技创新和深度分销成为其快速发展的两把"利剑"。

骆建华分析，传统的企业营销模式一般为"生产企业—省级代理商—县市级分销商—批发商—零售商"，这种模式销售链条过长，导致利润分散，极易引起销售商内讧、拆台等致命问题。深知传统销售模式的弊病，榄菊最终创立了"深度分销"的全新营销模式，构建起一个庞大、扁平的销售网络。同时，为了减少物流成本，提高竞争力，在遵循"先有市场再有工厂"的原则下，2002 年以来，榄菊开始在重庆、江西、安徽等地设立生产基地，拓宽辐射面。迄今为止，该公司已经在全球近 70 个国家和地区注册了榄菊中英文和图案商标。

当在家用卫生杀虫产品行业占有率达到 20% 之后，榄菊开始"一专多能"的转型，向大日化事业迈进。早在 2006 年，榄菊洗洁精、洗衣粉等产品开始陆续上市，洗涤产品很快在市场上崭露头角，形成了以洗洁精、洗衣粉、洗衣皂为主打产品的榄菊洗涤品类。2011 年，榄菊又开始向竞争激烈的洗衣液领域进军。2017 年 6 月 30 日，榄菊集团技术研发中心被认定为广东省省级企业技术中心。

在骆建华看来，现代企业家要有危机意识、品质意识、创新精神，要把产品当作艺术品一样认真去做。谈到传统产业转型升级时，骆建华坦言："产品没有传统、现代之分，只有拥有创新思维和创新手段，才会历久常新。"

食品工业加速前进

1990 年 5 月，首届招商洽谈会在香港举行，由中山市乡镇企业局和中山市外经委负责，取得初步成功。自此，中山经贸招商开启了主动"走出去"的步伐，这就是一直延续至今的一年一度的中山市"3·28"经贸招商洽谈会。1990—1997 年，经贸招商洽谈会于每年 3 月 18 日在香港举办。1998 年，为了让更多企业参与，扩大集中展示规模，中山市政府将洽谈会由香港转移至中山市内举办，并从 1999 年起正式改成每年 3 月 28 日举办（因此简称"3·28"），前期的举办地址分别设在孙中山纪念堂公园、中山市体育馆、中山市文化艺术中心，2008 年后，每年举办地固定设在中山市博览中心。

1990 年，中山市有食品企业 77 家，年工业总产值 5.58 亿元，食品出品总值 270 万元。另外，镇村办粮油加工厂 175 家，从业人员 1313 人，年加工大米 6.27 万吨，加工食油 451 吨，总产值 4592 万元。[1]

在中山食品行业，咀香园无疑是一颗耀眼的明星：1990 年，中山市咀香园食品有限公司挂牌成立，咀香园从业人员 1300 多人，完成工业总产值 5900 多万元。这一年，咀香园还拿到了两项"金奖"获奖证书。

其一，"咀香园牌杏仁饼、JX 牌高级咀香薄饼"，经国家技术监督局和各部质量司组成的评奖委员会认真评审，1990 年 6 月，在由全国妇联、机电部、轻工部、纺织部、农业部、商业部、国家医药管理局和北京市人民政府联合举办的中国妇女儿童用品四十年博览会上荣获金奖。

---

[1] 中山市志编纂委员会编：《中山市志 1979—2005》，广东人民出版社 2012 年版，第 622 页。

其二，"咀香园牌杏仁饼、JX 牌高级咀香薄饼"在首届全国轻工业博览会上荣获金奖。该奖项由中华人民共和国轻工业部颁发。

咀香园杏仁饼是中山传统名特产，在华侨华人心中颇有分量。1992年，咀香园通过调整配方、改进工艺、更新包装、增添设备等举措对杏仁饼做了一番改造。1992年，咀香园杏仁饼生产已形成先进的流水线作业，风味更加甘香酥化，保质期从原来的三个月延长到四个月，从香港用船运送到美国、加拿大等地后仍然风味不减。这个传统出口产品的出口形势大好，与1991年相比，出口增幅达到51%。

咀香园生产白莲蓉月饼，被誉为"广东省内第一家"。1992年，面对不断增长的订单，咀香园丝毫不敢怠慢，集中全厂经验丰富的制饼师傅，用最上乘的材料，做最周密的安排，使咀香园月饼年产量达到200万个，创历史最高产量，再一次展示了实力。

咀香园饼干紧紧围绕大众口味的变化，不断推出新品。1992年，咀香园根据市场调研，推出了咀香园甜饼干系列，有椰汁饼、苏打饼等近10种，不仅内销市场兴旺，在国际市场上也很受欢迎。咀香园水泡饼和字母饼等新品首次出口港澳市场，提高了市场份额。

20世纪90年代后，中山食品行业整体处于上升期。中山市属食品工业进入技术改造力度最大及发展最快的阶段。"美怡乐"冰淇淋、"美味鲜"调味品、"咀香园"杏仁饼等产品成为全国知名产品。

1984年，国内食用油行业的第一个品牌——"鹰唛"在中山诞生。

▲ 1990年，咀香园拿到了两项"金奖"获奖证书

1996 年，中山市鹰唛食品有限公司在中山南区成立。

广东美怡乐食品有限公司于 1956 年始建于南区渡头工业区，前身是具有 50 年发展历史的国营大型企业——中山粉厂。1984 年开展技术改造，开发主导产品冰淇淋系列，引进意大利、德国、日本、奥地利等国家先进生产线和专用设备，壮大企业规模，开发生产六大类 50 个畅销品种，冰淇淋年生产量达 5 万吨。在国内设数百个批发站及 1 万个专营网点，产品销往全国十多个省、市、区。1995 年，该公司入选由国务院发展研究中心市场研究所评定的"中华之最——全国产销量最大的冰淇淋厂家"。

1989 年，何伯权等人与小榄轻工业公司、广州乐百氏食品有限公司组成股份企业——中山市乐百氏保健制品有限公司。1992 年，广东今日集团有限公司（以下简称"今日集团"）成立于小榄镇。1994 年 1 月，今日集团以 1000 万元购买马俊仁"生命核能"技术转让。1997 年 3 月，今日集团收购广州乐百氏食品有限公司股权，5 月 30 日出资 2000 万元成立"中国少先队事业乐百氏发展基金"。1999 年 10 月，今日集团更名乐百氏集团。2000 年 3 月，转让 92% 股权给法国达能集团公司。乐百氏集团在上海、成都、武汉、西安等地开设分厂，被评为"中国饮料工业十强"企业。1999 年，乐百氏饮料被评为中国驰名商标。2005 年，有员工 2688 人，销售收入 21.71 亿元。[1]

中山市强人集团有限公司于 1997 年 5 月成立，是生产乳及乳饮料、果汁及果汁饮料、八宝粥和椰子汁饮料的私营企业。2000 年，"强人"乳饮料系列被广东省食品行业协会评为广东省食品行业名牌产品。2004 年，"强人"含乳饮料被评为广东省名牌产品。

咀香园食品总厂对杏仁饼车间、饼干生产机、月饼生产设备进行技术改造或扩建。杏仁饼产量由年产 300 吨增加到 1000 吨。月饼生产设备改造，采用隧道式远红外线烘炉替代沿用 20 多年的风车炉。

1996 年，"岐江桥牌"美味鲜系列调味品在中国城市市场品牌竞争力抽样调查中荣获"竞争力第一名"的殊荣。石岐酒厂在原有的米酒、双蒸

---

[1] 中山市志编纂委员会编：《中山市志 1979—2005》，广东人民出版社 2012 年版，第 624 页。

▲ 20 世纪 90 年代的半自动生产车间场景

▲ 1990 年的包装车间

酒和三蒸酒的基础上，推出孙府家酒等系列和石岐米酒系列。

1997 年，中山市食品行业实现工业总产值 6.68 亿元，比 1990 年提高 1.99 倍。[①] 彼时，与食品工业相关的消费市场也发生可喜的变化，和岐江河长堤路边的咀香园近在咫尺的孙文西路步行街迎来新生。

1995 年年初，中山市政府重新规划，决定将孙文西路改造为孙文西路历史文化步行街，改造工程于同年启动，并于 1998 年 9 月 19 日全面完工，成为"中山第一条商业步行街"。

修缮后的孙文西路历史文化步行街很快引起国际商业巨头的注意。1996 年后，国际连锁餐饮巨头麦当劳、肯德基、必胜客先后进驻。其中，1996 年 10 月 25 日，麦当劳中山孙文西分店开张的盛况至今让中山人记忆犹新，这是中山引进的第一家麦当劳店。

随后，中山百货、中恳百货两家当时最大的商业中心分别于 1997 年、1998 年开张。两家百货公司都采用了当时国际上最流行的五层式商场设计，一楼售卖百货，二、三层售卖时装，四、五层则是娱乐餐饮区。20 世纪 90 年代，中恳百货、中山百货与益华百货并称中山三大传统商业翘楚。凭借两大百货与三大国际连锁餐饮的优势，一时间，孙文西路延续了中山商业繁华。

---

① 中山市志编纂委员会编：《中山市志 1979—2005》，广东人民出版社 2012 年版，第 623 页。

新的考验来了

《中山市志》记载，1992 年 5 月 15 日，国家经济体制改革委员会出台《股份有限公司规范意见》后，中山市开始国有企业股份制改革工作。1992年 5 月到 1994 年 6 月，中山市经济体制改革委员会依照《股份有限公司规范意见》的要求，对一批有条件的国有、集体企业进行股份有限公司改制的试点工作。其间，设立中炬高新技术企业实业（集团）股份有限公司、中山凯达精细化工股份有限公司、中山晨星玻璃股份有限公司、中山市金沙实业股份有限公司和中山市华都实业股份有限公司等五家股份有限公司。

1992 年 10 月 12 日—18 日，党的十四大召开，会上提出了建立现代企业制度，通过公司制、股份制来实行对国有企业的改革，使国有企业改革进入一个全新的阶段。如果说 1984 年是中国企业的元年，那么 1994 年就好比建立中国现代企业制度的元年。从全国来看，1994 年 7 月 1 日，《公司法》正式颁布，中国企业步入与国际惯例接轨的规范化管理时期，现代企业制度的改革新模式在国有企业中开始推行。1995 年，国有企业首钢集团成为改革开放以来第一个"国企改革典型"。

在 2012 年出版的《朱镕基讲话实录（第二卷）》中有如下描述："搞好国有企业的根本出路还是实现经济体制从传统的计划经济体制向社会主义市场经济体制转变，经济增长方式从粗放型向集约型转变的'两个根本性转变'，提高经济效益。"

从整体来看，20 世纪 90 年代，中山市国企基本面是好的，但是也潜藏一些危机。经历了 20 世纪 80 年代和 90 年代初的激情式发展，作为经济"火车头"的国企，在 20 世纪 90 年代中后期有点减速的迹象。

20 世纪 90 年代中期以来，国内外经济环境已发生很大变化。从大环境来看，1997 年爆发的亚洲金融危机和 1998 年爆发的特大洪水等因素叠加，国内需求下降。另一方面，经过十多年的粗放式高速发展，国有企业市场化程度提高，但非国有经济也在迅猛增长，成为市场中的一支重要力量。

张延杰回忆说，国企在20世纪80年代末发展很旺盛，90年代中后期开始下滑，步入"低谷"。经过20世纪80年代的培育，到90年代，北方很多企业慢慢赶上来了。一方面，北方企业开始模仿珠三角企业，在市场进行低价竞争。另一方面，虽然广东企业在20世纪80年代超常规发展，但后续人才、发展观念、管理等方面没有及时跟上来。在珠三角早期的企业中，第一代创业者大多数"洗脚上田"，靠汗水"拼杀"，被称为"草莽英雄"。随着市场和技术的发展变化，"草莽英雄"在企业变大和市场的不断变幻中感到"吃力"。

在一片繁荣背后，作为老国企的咀香园，当时在管理、市场、技术、资金等方面存在一定隐忧。比如，国企的平均分配制使员工的积极性发挥不出来，导致企业发展动力不足；看似市场销售量大，但是赊销产品严重，大量货款拖欠，资金周转慢；早期薄饼销售居全国第一，但利润薄，技术含量不高，容易被新产品取代。

1995年的工业普查显示：咀香园食品工业集团公司为国有企业，人员308人，离退休人员171人。固定资产1014万元，企业规模中等。从业人员年报酬2886万元，退休金796万元。全年完成工业总产值4113.9万元，全年销售值4437.6万元，出口交货值173.8万元。

上述数据表明，20世纪90年代中，咀香园已经成为一个具有一定规模和效益的食品品牌。但在经济减速的大背景下，咀香园开始压缩规模，首先将四个分厂合并为两个厂，尝试探索新路子。企业领导班子广泛征求各方意见后，认为咀香园要从根本上渡过这次难关，还得从体制上着手，要建立起"产权明晰、权责明确、政企分开、管理科学"的现代企业制度。

关于中山市早期的国企改制，《中山市志》中有一段描述："《公司法》颁布实施后，中山市国有企业股份制改造进入规范运作、巩固完善阶段。一方面，个别公司出资不到位、法人股个人化等问题得到重新规范，原有五家股份有限公司按照《公司法》要求办理重新登记手续。另一方面，市政府按照《公司法》及有关法规要求，协助一批有条件又有意向改制的企业进行股份有限公司改组工作。1995年1月24日，中炬高新技术实业（集团）股份有限公司公众股在上海证券交易所挂牌上市。"

1997 年 5 月，咀香园进行第一次改制，成立股份合作制公司。何谓股份合作制公司？股份合作制是以合作制为基础，吸收股份制的一些做法，劳动者的劳动联合和资本联合相结合形成的新型企业的组织形式。资本是以股份为主构成，职工股东共同劳动，实现按资按劳分配、权益共享、风险共担、自负盈亏、独立核算。

股份合作制能明晰企业产权，聚集各种生产要素，调动经营者和劳动者的积极性，有利于实现资源的优化配置。1997 年 8 月，国家经济体制改革委员会制定的《关于发展城市股份合作制企业的指导意见》非常清晰地指出，要在城市的各个行业企业中发展股份合作制，并对股份合作制的定义、性质、特点、作用做了准确界定和评议，为全国城市国有小型企业、集体企业和私营企业、个体企业乃至个体户走股份合作制道路指明了方向，加快了发展速度。

咀香园在这一次改制中，国有股占 76.78%，职工股占 23.22%。不过，这样的改制其实没有多大意义，咀香园人依旧在探索更合适的路子。

"呢个衰仔，系米傻左？"

关于第二次成功改制，张延杰回忆道："当时没有任何经验可参考，也没有任何人敢拍着胸脯给什么保证，但最大的特点是秉着公平、公正、公开的原则。先是对公司上至大型生产设备，下至扳手螺丝，包括车间的工具都列出清单，全部计算在内，进行总资产的评估；再是中山市经济体制改革委员会出文件，报分管经济的副市长批，现场办公。"

"记得当时是评估到 600 多万元，每股 2 万元，所有员工都可以买，买多买少也不受限，反正是前五名者进入董事会。"张延杰说，他当时的想法是如何才能筹到钱，然后进入董事会。

1998 年，张延杰在咀香园工作了快 10 年，1996 年在中山市买了一套房，首付款 3.8 万元，需要三年内还清。"每个月要还不少钱，那时月工资也就 2000 多元。压力还是很大的。"在这种情况下，要想进入前五名，谈何容易！

张延杰想到了一个字——借。"买股份的钱全部是借的。记得是 32 股，每股 2 万元，共 64 万元，全部是借的，回老家借一点，向这边的亲朋好友、同学借一点，能借的都去借了。"在借钱的过程中，让张延杰印象最深的是去江门市台山的同学那里借钱。当时，张延杰开着一台富康车，台山的同学取了 20 万元现金给他。拿着"巨款"，张延杰心里有点害怕，于是用报纸把钱扎得紧紧的，再用袋子包好，放到座架旁很隐蔽的地方，生怕被别人发现。从台山回中山市这一路，张延杰把方向盘握得紧紧的，丝毫不敢懈怠，紧张地开着车，手心直冒汗。直到平安回到中山市，悬着的心才慢慢"落地"，平静下来。

购买股份的情景，张延杰仍记忆犹新："在会议里面很好玩的，像投标一样。第一次我只买了 10 股，第二次、第三次要看别人买多少股，自己再好'出牌'。第二轮没有买，第三轮买了 17 股，三轮共认购了 27 股。"

当时，张延杰的股份数是第三名，成功进入董事会。不过，不少老职工对这个"玩法"看不透，说借这么多钱怎么行啊。老职工的担心是正常的，当时经济形势不太好，加上 1997 年 7 月爆发的亚洲金融危机，在人心里多少留有些阴影。再说，股份制是一种全新模式，人们担心实行股份制后会变成资本家，而且改制后大家合作不好的话，又可能会出现很多新问题。

张延杰的很多老工友开始关心地"骂"他，包括他的干妈玲姨。"呢个衰仔，系米傻左？"（粤语，即这个坏孩子是不是傻了）玲姨当时的心情是可以理解的。

对改制这一新鲜事物，包括在咀香园工作了很长一段时间的老员工，当时都是小心翼翼，生怕一不留神来个"竹篮打水一场空"。1998 年改制时，宇叔已从总公司副总岗位转为工会主席并担任生产技术顾问。谈及当时认购了多少股份时，宇叔只是默默地伸出三个手指头。"当时的想法是，自己年纪这么大了，还差两年退休，还有小孩要读书，一是没那么多钱，二是不想去冒这个险，后来只拿出 6 万元，认购了三股。"

郑师傅当时也很谨慎，出资 4 万元，认购了两股。

玲姨说，当时反对张延杰不要认购那么多股份的原因是考虑到他读书已花了很多钱，本来就没有多少钱，还要到处去借钱，怕风险太大。"现在看来，他是聪明的。"讲到这里，现已年近七旬的玲姨竖起了大拇指。

经过三轮认购后，剩下的股份再由董事会成员认购。后来董事会成员又各自平分了 5 股，张延杰的总股份达到 32 股。不管当时认购多少，拥有股份的员工增强了主人翁意识，也可以享受公司发展带来的"红利"。

中山国企"第一改"

1998 年，为中山市升格地级市的第一个十年。经过 10 年发展，中山市经济总量与 1988 年已不可同日而语。1998 年 5 月 8 日，中山市委第九届七次全会通过了《关于深化经济体制和政府机构改革的决定》，决定在全市范围内开展以公有企业、社会保障制度和政府机构改革为重点的新一轮改革，确定了 23 家改革先行试点企业。咀香园正是其中之一。后来证明，这一次犹如凤凰涅槃的体制改革，激发了中山市民营经济的活力。

咀香园董事长梁炳根曾在接受媒体采访时讲道："随着市场开放和竞争越来越激烈，传统国有企业政企不分的弊端越来越明显，成为制约国有企业发展的枷锁。体制带来的弊端引起领导的思考，也让咀香园大胆地提出试行改革。"

1998 年年底，咀香园进行二次改制，作为中山市首批进行新一轮改革的试点单位，实行了内部员工赎买经营。100 多名职工筹集 400 多万元赎买了企业股份，咀香园成为中山市首家全面转制的国有企业。

如今，咀香园还保留着一张《中山市咀香园食品有限公司产权移交仪式》的旧照片。五位董事坐在前排，西装革履，胸前佩戴着花，意气风发。后排站着的是市属相关部门的领导。他们一同见证了这一历史性时刻。

张延杰回忆，当时 30 岁出头的他之所以敢这样冒险，心里还是有"掂量"的。他当时的预判比较清晰。一是咀香园发展的基本面是比较好的，企业具有悠久的历史文化，品牌影响力不错。1996 年，尝试股份合作制时，张延杰已是公司副总经理。工作这么短时间，能在大型国企当上要职，速度是很快的，这也说明了中山企业对人才很重视，只要肯干就会有发展前途。二是从全国整体经济形势的发展来看，国企改革是大势所趋。那时全国国企改制已推开，经济发展需要个人把能力发挥出来。而且，当时国家也鼓励个人发展，社会上出现了很多民营企业，民营企业开始加速。国企能够有机会去改变一下发展模式，也是挺好的，会有很好的发展空间。

咀香园的改制比较顺利。认购股份后，便成立董事会。一个星期后，中山市经济贸易委员会派人前来公司收钱。当时全部是现金，当面数。按照文件，整个流程很公开、很完善。

1998年年底，咀香园顺利完成改制。1999年1月1日，新公司正式挂牌。从原来企业"中山市咀香园食品有限公司"名称组建的新型责任公司，按照《公司法》及股东共同制定的章程规范运作。新公司董事长梁炳根在产权移交仪式上承诺：将根据企业实际大力精简机构，努力开拓市场，把百年老字号咀香园办得更好。

这一次改制，实际上是1997年成立股份合作制公司的延续。但这一次改制却是彻底的：由职工赎买全部国有股份，彻底转换成为民营企业；成为中山市国企改制中，第一个敢吃"螃蟹"的企业。咀香园从此扔掉包袱，甩开膀子加油干，建厂房，扩规模，大步迈向发展新时代。

这一年，咀香园正好"80岁高龄"。从1918—1998年的80年里，咀香园经历了从家庭作坊到公私合营，全部归"公"成为国营企业，再转制为民营企业的过程，这恰似一个轮回。不过，1998年的咀香园与80年前的咀香园相比，已是另一种境界了。

员工成了股东

1999年1月1日，所有公有股权全部转让，咀香园率先成为中山市第一批民营企业。1999年1月7日，《中山日报》刊登了一篇《市经委系统首宗国企赎买在新岁叩门之际完成，职工当股东买下"咀香园"》的新闻报道。文中是这样描述的：

　　新岁叩门之际，年过四十的水泡车间女工温杏娥满脸喜气地参加了咀香园食品有限公司产权移交仪式。在这中山市经济贸易委员会系统首宗国企赎买改革中，温杏娥和同厂的190多名员工以及经营班子一道，以"真金白银"买下咀香园的市属净资产，从而成为企业的股东。

　　有企业经营者和员工全额赎买市属资产进行自主经营，是市经济贸易委员会按照市委、市政府推进新轮改革精神进行产权制度及产权结构改革的新尝试。由于产权不明晰、投资主体缺位，过去在市属工业企业中一直存在不担风险、依赖政府、冗员过多、不讲利润最大化原则等弊端。如今市经济贸易委员会实施赎买经营的探索，其目的正是为了革除上述弊端，促使企业经营者贴身经营以及企业利润最大化经营机制的形成，实质也是对公有制的多种实现形式的探索。

　　而包括温杏娥在内的众多老员工新股东则表示：如今，我们真正与企业同在一条船上了！

　　虽然大部分员工是两股、三股之类的"小股民"，但员工的主人翁精神、主观能动性的发挥是完全不一样的。

　　咀香园的成功改制，当时亦是媒体关注的焦点。转制，革除了过去在国企中不担风险、依赖政府、冗员过多等弊端；转制，促使企业经营者贴身经营以及企业利润最大化经营机制的形成；转制，更使100多名老员工新股东第一次真真切切地感受到自己与企业在同一条船上了。转制当年，咀香园实现利润翻一番。此后两年，企业利润、产量、销售收入以15%的速度增长。

　　1999年9月11日，《粤港信息日报》以"百年咀香园揭开新一页"为主题，刊出了一整版的咀香园报道。这次距离1987年9月的整版报道相隔12年。这一年，是咀香园1998年成功改制后的第一年，也是作为民营企业转制后迎来中国传统中秋佳节的第一年。报道的开头是这样的："今年初秋的一个夜晚，近九时了，岐江河畔的中山市咀香园食品工业集团公司灯火通明。大门口上方'咀香园'三个硕大的霓虹灯光芒四射，但见运输车辆正在紧张地装货。车间里，工人们正在聚精会神地加班赶产杏仁饼以及应节的中秋月饼……几位正副厂长都没有下班，还在有条不紊地指挥着生产。"

2001 年 10 月 10 日，《广州日报》刊登了一篇报道——《老字号新挑战，率先转制变股份制民营企业，利润接连攀升远销国外，"咀香园"香飘市场》。文中介绍："转制之后，咀香园企业仿佛注入新活力，当年利润翻了一番。近两年来，各项经济指标都有长足进步，企业利润、产量、销售收入每年均以 15% 的幅度增长。2000 年，咀香园杏仁饼年产量达到 1500 吨，产品行销我国港澳地区以及东南亚、美国、加拿大等华人聚集的地方。"

今天的咀香园杏仁饼，还在不断进行工艺的改良，不仅保持了传统香醇浓郁、入口酥化甘香的特色，而且饼的口感更加细腻，口味更加丰富，包装也更加美观，全部采用独立保鲜包装，新鲜卫生，更受大众欢迎。咀香园杏仁饼还登上了大雅之堂，被南方航空公司选为民航客机上的食品，被四星级宾馆当作赠品送给入住的房客。

与此同时，中山市食品行业改制的步伐也在加快。1999 年起，中山市石岐酒厂实现公有制转为非公有制，成立了石岐酒厂有限公司；海洲糖厂实行产权移交，由当地镇政府接管；饼干总厂实行公有制转非公有制，成立了康美食品有限公司；美味鲜食品总厂实行产权移让，由火炬高新技术实业公司收购；中山糖果厂被关停。这一切，都意味着一个新的开始。

轻装上阵创佳绩

完成转制，不等于"万事大吉"了，这只是咀香园由国有企业转向民营企业的"万里长征路"的第一步。新股东开始思考如何让老字号焕发"第二春"。

1998 年改制完成后，咀香园实行贴身经营、强化管理，扭转了生产销售形势，国内外市场捷报频传。"国有转民营"后的咀香园放开手脚，以市场为导向，开发更多新产品，彰显新活力。新公司按现代企业制度，建立董事机构和股东大会等，管理机构根据权限强化咀香园的各项管理。董事会和股东大会全面取代原来的政府行政决策，彻底改变了旧体制政企不分、权责不明的弊端，使管理更加科学、更加民主。

1999 年 1 月，新公司正式成立到 2003 年 7 月搬至新厂的三年多时间里，咀香园已做好充分的准备。这三年多里，喜讯不断传来。

2000年的第二季度淡季出现了产销两旺的好形势。在往年畅销我国港澳地区，以及美国、澳大利亚、加拿大等国家的基础上，2000年，咀香园在国外开拓了欧洲市场，在国内走出珠三角地区，借助博览会开拓了西南市场；并提前与经销商对接，提前订货，中秋节前，产品便在市内大小商场上架。在原有50多个品种的基础上，2000年又开发了水果月饼、低糖月饼等十多个品种，满足消费者的新需求。

咀香园是广东最早出口月饼的企业之一，从1998年完成转制至2002年，每年均实现20%以上的增长。数据显示，继1999年出口月饼翻一番后，2000年又比1999年翻一番，出口量达9000多箱，销售势头良好，实现了新突破。

1999年，咀香园成立科研中心。2001年，荣获"中华著名特产"称号。2002年，拓展了南美洲等地市场。2002年，仅来自美国、澳大利亚的订单就比2001年增加三成多。

在产品创新方面，2000年，继1996年对杏仁饼进行改良后，在注入更多科学饮食新概念的基础上，咀香园再推出"花"系列杏仁饼，将菊花、桂花、茶薇花等天然植物概念注入杏仁饼中。之后，还在杏仁饼的主材料——绿豆粉中加入奶黄、芝士、紫菜肉松等，并增加了咸味杏仁饼品种，还有加入AD钙的儿童装杏仁饼。经过改良后的杏仁饼不仅保持传统的香醇浓郁、入口酥化甘香的特色，饼质更加细腻，而且更加符合现代人健康饮食的要求。除了在材料上创新之外，咀香园在制作上也有了重大改革，在包装

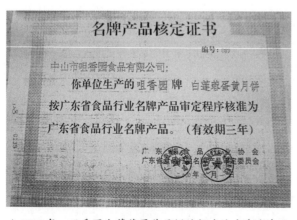

▲ 2000年，咀香园白莲蓉蛋黄月饼被核准为广东省食品行业名牌产品

方面增加了中山人文地理元素，并针对杏仁饼的历史特色，推出了"百年系列""经典系列"等礼品新包装的杏仁饼。

2002 年 6 月，咀香园开始进行 ISO9000 全员培训，7 月试运行。导入 ISO9000 质量管理体系后，使得"责、权、利"细致明晰，有章可循，企业产品生产成品率提高，能耗下降，员工的质量意识更加到位，传统的制饼师傅向高效能的现代工人转变。

2002 年中秋节前，咀香园还从国外引进了一套先进的带电脑操控的月饼包馅机生产线。这套设备具有制饼速度快、称重准确、卫生等特点，而且每分钟可生产月饼 60 个，是当时国内最先进的生产线，为咀香园产品质量提供了保证。

2003 年，咀香园杏仁饼获"广东省名牌产品"称号。同年，率先成立了"市级企业技术中心"。

咀香园的改制，洋溢着一股扑面而来的鲜活气息。很多咀香园人再回首时，脸上的激动与骄傲依然流露不止。

微信扫码
查看行业热点头条

| 第六章 |

21 世纪的选择

我们把新组合的实现称之为"企业"，把职能是实现新组合的人们称为企业家。

——约瑟夫·阿洛伊斯·熊彼特

2000 年是新旧世纪的交替之年，咀香园加快体制、管理、科技、市场等创新步伐，响应市政府关于城市规划建设的号召，寻找适合企业发展的福地。2001 年 11 月 23 日，咀香园健康食品（中山）有限公司在中山国家健康科技产业基地举行奠基典礼。这一天，正是一个艳阳高照的好日子。咀香园董事会全体班子成员拿起缠绕着鲜红丝绸的崭新铁锹，挖起了新厂房的数锹新土。

新厂奠基成为咀香园成功转制后的又一件大事，为公司迈向现代企业、多元化产品发展打开了新通道。那时，咀香园是中山火炬开发区最靠"里头"的一家工厂。再往上走，就是水田、蕉林。周围的美捷时、中智药业、九州通、诺华山德士、美味鲜、安士等企业都是后来才进驻的。事实证明，咀香园落户中山国家健康科技产业基地这一决策，实为高明之举。

风水宝地

小隐涌是东镇（现中山火炬开发区）内最大、最长的内河涌，犹如岐江河，被当地村民称为"母亲河"。其源头是长江水库，经过火炬开发区的宫花、神涌、江尾头、大环、小隐、义学、海傍、灰炉、黎村等近十个自然村，像一条长长的绿色绸带，缓缓地汇入横门水道，流向大海。

几百年来，悠长的河涌一如既往地滋润着这方水土。"老水利人"孙浩森徐徐铺开火炬开发区的水利地图，将故事娓娓道来。1947 年，孙浩森出生于火炬开发区沙边村，1968 年参加工作，2008 年从火炬开发区水利部门退休。时光荏苒，白驹过隙，这位"老水利人"一路见证了小隐涌的沧桑变迁。

小隐涌为什么会这样命名？在其流经的村中，当时小隐公社是最大的，所以就以小隐公社的地名来命名。至于什么时候开始有小隐涌，当地很多老人都说不清楚，只是说如果要算起来，应该至少有 300 年以上的历史。

"改革开放之前，小隐涌主要用来浇灌农田，辅助交通运输。"孙浩森说，那时涌边还有不少渡头，由于没有什么公路，陆地出行交通不便，很多村民在小隐涌内划着小船以走水路的方式进出。可以想象，这里曾经碧波荡漾，河水悠悠，不仅有充沛的水资源灌溉两岸水田和农作物，还有周边的孩童前来玩乐。

小隐涌流经的神涌、大环、西桠等自然村还出了不少名人，朱卓文、朱慕飞（也有写成朱慕菲）父女就是其中的杰出代表。朱卓文是今火炬开发区西桠村人，清光绪二十二年（1896 年）旅居美国旧金山，清宣统二年（1910 年）在旧金山加入同盟会，追随孙中山先生参加民主革命，并入航空学校学习飞行技术。1912 年回国后，任临时大总统府庶务司司长。"二次革命"失败后，逃亡日本，协助孙中山先生筹建中华革命党。1920 年 11 月，孙中山整顿军政，建立航空局，任命朱卓文为局长。

朱慕飞是今火炬开发区西桠村人，早年在上海崇德女子学校读书。

1920 年，其父朱卓文任航空局长时，朱慕飞随表亲张惠长学习飞行技术，掌握了特技飞行和修理飞机的技术。后编入大元帅府航空局，任空军飞行员，是当时国内第一位女飞行员。

时光如书，翻过一页又一页，但小隐、灰炉、大环等村尊师重教的氛围仍然很浓厚。比如，在小隐村，旅港侨胞李俊驹可以说无人不知、无人不晓。为了完成父亲遗愿，也为了村里的下一代，十多年前李俊驹就开始捐款建设村里第一所学校。灰炉村居民自筹资金设立奖学基金会，在小隐涌一带也被传颂为佳话。

年近七旬的梁荣耀是地地道道的灰炉村人，早年在灰炉小学当过老师，1992 年下海做运输。说起灰炉村的由来，梁荣耀说，他们祖先开始从闽南搬到南雄珠玑巷，后来又迁到顺德，再后来才来到灰炉村。很早的时候，因为灰炉村背山面海，很多蚝生长，蚝壳烧成灰后可用来建房子，所以才有了"灰炉"这一名称。村路口指标牌至今还保留着"灰炉村灰炉上街"等字样，有着浓浓的疍家气息。

灰炉文化广场舞台的两边有一副对联："东倚英雄树筑舞台舞出精彩，西接三江水创伟业创造辉煌。"这是 2015 年农历八月初二"土地节"之前梁荣耀创作的。梁荣耀说，过去灰炉村村民以捕捞为主，为了祈求出海安全，村民在村里建有天后宫、土地庙。每年农历八月初二，村里都会举行"土地节"，不少华侨不远万里赶回来过节。

2005 年的"土地节"时，大家提出要把做完活动剩下的钱设立奖学基金会，专门奖励优秀学子。这个想法很快得到村民、华侨以及村委会的赞同和支持。2006 年，基金会开始筹款，并举行了首届奖学活动。

20 世纪 90 年代以前，灰炉村曾是水田交错，村舍俨然一派"世外桃源"。珊洲、黎村等靠山的自然村风光秀丽，但村民要去一趟石岐城区，实属不易。珊洲村过去被称为"山焦坑"，曾有句歌谣"有女勿嫁珊洲坑，石仔零仃路难行"描述了珊洲村交通不便的情况。当时的珊洲多面环山，夏天酷暑难耐，交通不便利，只走山路就要走很远。

过去，葱郁的大山缄默不语，就像披着绿色衣裳的害羞姑娘，村庄静静偎依着。那些纵横交错的农田里，稻苗已经长得有 30 厘米高了。一阵微风吹过，它们就迫不及待地起舞。偶尔，两三个老人挎着篮子匆匆走过。村里一片静谧。

靠横门水道的江边则蕉林成片，这里早期被称为"东镇"。吴添渭编辑的《张家边乡闻选辑》讲述了"东镇之由来"。清道光年间，香山县分为九都。"中华民国"建立后，除县城所在治区仍沿称仁良都外，各都改称镇。得能、四大都改称"东镇"。1921 年，改划分区。东镇称"第四区"。1932 年，第四区改称"东乡区"，后又复"第四区"旧名。抗日战争时期，第四区加入原属第六区的翠亨，称为"滨海区"。解放战争时期，国民党政府初期仍称"第四区"，后废区，改称为"乡"，第四区分为八乡。

《中山火炬开发区侨史》①对这里的历史有如下描述："火炬区是中山市重点侨乡之一，旅居海外同胞分布于世界近四十个国家和地区，人数达四万之众。本区于清朝光绪年间称为东镇，地处珠三角南部，珠江口横门水道白花海岸边，地理十分优越。自古以来，这里的人民祖祖辈辈在这片热土上繁衍生息，靠着勤劳艰苦劳作，创业兴家。但是，在封建统治年代，特别是在鸦片战争前后，清政府专制腐败，政治黑暗，民不聊生，人们抛妻别子，冒着生命危险前往异域他乡寻求出路。"

东镇是一方环境优美、土地肥沃、人杰地灵的热土。在这方热土上，孕育着优秀的人民。较具代表性的有深受华侨拥戴的欧阳庚、欧阳辉庭、欧阳祉庭、欧阳干昆和郑藻如等优秀外交官；有追随孙中山先生革命的郑乃炎、郑彼岸、朱卓文、孙翰清、朱会长、张惠长、姚观顺、何泾渭以及中国第一位空军女飞行员朱慕飞、华裔第一位女飞行员欧阳英、获美国总统接见的女飞行员欧阳瑛等优秀革命战士。

张家边、西桠、大岭等属于东镇较早发展起来的几个片区。原中山市张家边区副区长郑满生回忆，大约 20 世纪 50 年代，已经有很多人通过各种方式到达境外。新中国成立后，海外华人华侨、港澳乡亲对家乡的反哺陆陆续续开始了。郑满生说，那时候西桠种田的化肥、马铃薯种子，都是

---

① 中山火炬开发区社区工作和社会事务局（统侨办公室）编，2018 年由广东人民出版社出版。

"出洋"乡亲从澳门带回来的。在他们的帮助下，西桠渐渐通了电，有了水泥硬化路，还有了替代算盘的电子计算器，这些在当时都是稀罕的新鲜玩意。

《东镇侨刊》[①]中的《华侨港澳同胞对张家边区区办工业的关心》一文中讲道："张家边工业，在 20 世纪四五十年代，全区计算只有小隐、濠头两乡有间碾米厂和一两间小型糖厂。除此之外，并无其他工业。直到 20 世纪六七十年代，区办工业虽有所发展，但由于设备落后、管理不善等原因影响，发展很慢。到 1978 年，张家边区办工业总产值是 331 万元。十一届三中全会后，在改革开放的方针指引及在各级政府的领导和华侨、港澳同胞关心和各方面的支持下，1985 年，张家边区办工业总产值（不包括乡级）达到 6400 万元，1986 年工业总值达到 1.0450 亿元，第一次实现了亿元区，居全市各区、镇之首。"

1978 年改革开放后，华人华侨和港澳乡亲回乡投资、捐赠的日益增多。本地企业家也抓住机遇，扑通一声跳进商海里。这里重新吸引了众人的目光。

1985 年，《东镇侨刊》上刊登的《东河口礼巡》有诗云：

珠江滚滚向东流，
流入东河灌绿洲。
蛇尾零丁天际外，
三仙山对大王头。

诗中所描绘处正是当时东河口的风光，现在已是中山港码头所在地。1982 年 8 月，中山县已在东河口东岸建设新港口。1983 年，筹建进港路（现中山港大道）。1984 年 10 月 4 日，中山港货运区货运码头开放使用。仅用了 8 个月时间，克服了地基下沉等难题。在一片淤泥中，中山港客运口岸联检大楼如期建成。1985 年 2 月 9 日，中山港开通客轮通航香港。

---

① 《东镇侨刊》是由中山市火炬开发区侨联会主办的非营利性刊物，以报道海外侨情、家乡经济社会发展、家乡建设新面貌和人民生活水平的提高为主要内容。

呼唤高科技产业

接下来，这样一个偏远的"风水宝地"，因一系列高科技政策而改变。1986 年，国家正式制订"863"计划，要向高科技进军，抢占新产业高地。1988 年 5 月，国务院批准成立北京市高新技术产业开发试验区，它就是中关村科技园区的前身，是中国第一个国家级高新技术产业开发区。1988 年 6 月，邓小平根据当代科学技术发展的趋势和现状，在全国科学大会上提出了"科学技术是第一生产力"的论断。

1988 年 8 月，中国国家高新技术产业化发展计划——"火炬计划"开始实施，创办高新技术产业开发区和高新技术创业服务中心被明确列入"火炬计划"的重要内容。

那时的中山，由于外向型经济发展需要，基础设施和工业平台建设已向东部靠海的中山港一带延伸。1987 年 11 月 12 日，中共中山市委批准成立中山港工业开发建设指挥部。同时，中共中山市委、市政府决定成立中山港工业开发总公司。

1988 年，中山喜事连连。1 月，成功升格为地级市，升格后，全市对科学技术的发展需求尤为迫切。3 月 2 日，中共中山市委、市政府同意成立中山港出口加工区管理委员会，代表市政府全权管理加工区有关出口加工及行政管理事务。3 月 18 日，经国务院批准开通中山港货运口岸。10 月，中山市科学技术委员会发布了《中山市科学技术发展战略设想 1988—2000 年》。

1988 年，当得知国家科学技术委员会要在广东省物色一个地方建立国家高新区时，中共中山市委书记谢明仁、市长汤炳权立即做出决策：中山要发展，要从农业向科技、经济强市发展，必须发展高科技产业。在副市长古干清、市科委主任黄世杰以及中共中山市委、市政府主要领导的努力下，终于找到国家科学技术委员会负责人，并当即表示，如果在中山创办高新区，对于资金问题，中山大力支持。国家科学技术委员会被中共中山市委市政府的诚意打动。

《中山火炬高技术产业开发区志》里还记载着："1989 年 10 月 10 日，在北京举行由国家科学技术委员会、省科学技术委员会和中山市人民政府三方参加的洽谈会，正式通过在中山市举办中山火炬高新技术产业开发区的会议纪要。同年，10 月 16 日，由副市长吴泽球挂帅成立火炬区筹备领导组。"

1990 年 3 月 23 日，国家科学技术委员会副主任李绪鄂、广东省副省长卢钟鹤、中山市副市长吴泽球分别代表国家科学技术委员会、广东省人民政府和中山市人民政府正式在北京签约，联合成立直属国家科委的国家级高新技术产业开发区与中山高新技术产业开发区。1991 年 3 月 6 日，国务院批准中山火炬区为国家级高技术产业开发区，享受一系列优惠政策。

在全国首批 27 个国家级高新区中，中山火炬区有两市"特别之处"：一是带有"火炬"的高新区全国只有四家，即广东省中山市、山东省威海市、福建省厦门市、海南省海口市，中山是其中一把"火炬"；二是全国首批 27 个高新技术产业开发区，中山是仅有的两个地级市之一。

1992 年 3 月 29 日，国务院和国家科学技术委员会发函审定火炬区区域范围和面积，分为政策区（包括中山港区和部分市区）和 5.3 平方千米集中新建区。1992 年，国家科学技术委员会、国家经济体制改革委员会更将中山火炬区列为全国五个综合改革试验区之一，赋予中山火炬区在改革企业产权制度、进行高新技术企业股份制试点等方面更多的政策空间和行政自主权力。

为了更好地整合资源，提高行政效率，1993 年 1 月 30 日，张家边区、中山港区、中山高新区实行三区合并，定名为中山港区，同时合并履行原有各区职能。1994 年，在火炬区内还设立全国首个国家健康科技产业基地。1995 年 1 月，中山港区改称中山火炬高技术产业开发区，简称中山火炬开发区、体制一直沿用至今。三区合并之后，随着高新技术科研成果和外商、外资的不断进入，全国各地高校、科研院所、科技人才的汇聚，火炬区以其独有的高速度、高效益，在"科技兴工、科技兴市"的发展史中写下光辉的一页。

纵观 1990—2018 年的发展历程，火炬区发展大致可以分为三个阶段：第一次创业阶段是 1990—2000 年，通过园区基础设施建设和招商引资奠定发展基础；第二次创业阶段是 2000—2010 年，通过工业强区和产业结构调整壮大发展规模；第三次创业阶段是2010年至今，通过科技创新、转型升级，提升发展质量。

2018年，中国高新技术产业开发区发展正好30周年。历经近30年耕耘的中山火炬开发区也由昔日的荒郊滩涂，变成如今现代化的科技新城，形成了山（华佗山）、湖（得能湖）、城（科技新城）、江（横门水道）、海（火炬区与翠亨新区两区高度融合，向滨海发展）的新格局，成为投资创业者向往的热土和创新高地。

选择中山高新区

1998年，中山工业经济有两大特点：一是加快国有企业改制；二是加大力度引进行业龙头企业，壮大经济规模。

以咀香园为代表的国有企业在这一年年底率先完成改制，成为民营企业。这不仅是咀香园发展史上的一个重要标志，也是中山民营经济发展从此掀开新一页的标志。这一年，中山项目引进实现了"大收获"。1998年1月19日，中山火炬开发区举行10项工程落成剪彩。1998年3月17日，宏碁电脑（中山）有限公司[①]举行奠基典礼。纬创资通有限公司是全球科技500强，全球最大的ODM（Original Design Manufacturer，原始设计制造商）专业代工公司之一，致力于生产ICT产品（信息通信技术产品）。2006年，纬创资通有限公司年产值达到113亿元，成为中山首家年产值超百亿元的企业。2009年11月12日，投资30亿元的纬创资通液晶光电产业园项目正式落户中山火炬开发区临海工业园（现翠亨新区先进智造区）。在纬创资通有限公司的带动下，一批上下游IT产业在火炬开发区集聚。

步入21世纪，中国经济进入一个新时期，火炬开发区的招商引资实现了跨越式发展。2000—2010年的10年间，咀香园、美味鲜、联合光电、明阳风电等一批名企入驻，实现了快速发展。咀香园入驻火炬开发区时，正值火炬开发区进入第二次创业阶段，各大项目相继入驻，园区发展如火

---

① 现为纬创资通（中山）有限公司。

◄咀香园当
年的生产车
间条件十分
艰苦

如荼。在入驻火炬区之前，咀香园干了一件漂亮的事。1998年年底改制完成，新的管理层加大对商标的保护和维护力度，并请专业部门进行商标评估。

在一份申请日期为2000年1月5日的资料上显示：咀香园（JUXIANGYUAN）及图的商标 / 首次使用日：1918年 / 首次商业使用日：1999年9月21日。该商标中的中文"咀""香""园"含义是"咀嚼""香味""花园"。

在中山市工商行政管理局商标科2001年9月11日印发的一份《关于中山市咀香园食品有限公司使用名称及商标的函》中写道："中山市咀香园食品有限公司是在我局登记注册的企业，经营地点是中山市石岐长堤路74号。该单位经历了公私合营、机构改革、经济转型等，使用企业名称也由当初的中山县咀香园食品厂、中山县石岐食品厂、中山县石岐咀香园食品厂、中山市咀香园食品总厂到1997年经济转型而成立的中山市咀香园食品有限公司。该企业使用在杏仁饼等商品上的'咀香园'商标于1981年、1992年和1994年分别被国家工商行政管理总局、商标局核准注册。"

商标事情解决，但另一件"心头大事"却到了非解决不可的地步。此时，岐江河畔的咀香园旧厂房到了"难以为继"的阶段。那时做月饼的车间还全是瓦房，有些还出现漏洞，条件十分艰苦。20世纪90年代末，国家对食品安全、卫生、质量有了新要求。咀香园董事会想到了搬厂，于是到港口镇、东区、火炬开发区等地找地方，最终选择了中山国家健康科技产业基地内靠近小隐涌入横门水道的交接处。

中山国家健康科技产业基地来历不凡。1994年4月27日，国家科学技术委员会副主任邓楠、广东省副省长卢钟鹤、中山市市长汤炳权三方在中山国际酒店正式签订了《关于共同创办国家健康科技产业基地的协议》。中山国家健康科技产业基地成为国内首个健康产业基地。最初的管委会主任还是由市长担任。

国家科学技术委员会原社会发展司司长甘师俊回忆说："虽然当时交通并不发达，周围还有很多水田，但觉得这里很舒服。园区里面还有一条河，后面还有山，环境真的很美，视野很开阔。当时第一次到中山火炬区考察时，看到的就只有这些生态资源。"

选择中山国家健康科技产业基地，对当时的咀香园来说还是"无奈"之举。比起岐江边的长堤路，中山国家健康科技产业基地离市区远，交通不便，偏居一隅，好处是土地价格不高。当然最重要的是，中山国家健康科技产业基地帮建厂房，这对当时的咀香园来说有着"巨大"的吸引力。

今天看来，很多东西既是巧合，又好像是命中注定。纵观中山国家健康科技产业基地20多年来的发展，的确走了一段不同寻常的探索之路。1994—2000年为园区发展的起步阶段。这一时期，整个基地产值只有5000万元。1998年，火炬开发区做出《关于加快健康科技产业基地发展的决定》，要求全区协力办基地，三年内把工业发展、科技创新、园区建设的

▶ 2000年，咀香园新厂购地签约仪式

重点放在健康基地上。1999 年，国家科技部和广东省人民政府领导到健康基地视察工作，提出"一年一小变，三年上规模"的发展要求。

咀香园这样知名的健康食品企业，在当时自然成为中山国家健康科技产业基地招引的重点对象。而咀香园于 1998 年年底改制后，资金情况已捉襟见肘。1999—2001 年期间，企业赚到的钱全用来解决债务问题，除了厂房、土地等资产外，没有多少值钱的东西；况且没有建好新厂房，也不可能马上卖掉旧厂房，总不能"露天生产"。中山国家健康科技产业基地创新招商方法，确实解决了咀香园的"燃眉之急"，为咀香园的发展提供了机遇，拓宽了新平台。

民营经济蓬勃发展

回忆起 1999 年，中山市政协原副主席李武彪感慨万千。对于当初中山在全省率先提出的"工业立市"战略，李武彪高兴地总结说："路子是走对了！"

民营经济是指除了国有和国有控股企业、外商和港澳台商独资及其控股企业以外的多种所有制经济的统称，是具有中国特色的一种经济概念和经济形式。

改革开放 40 年来，中山民营经济实现了螺旋式上升。20 世纪 80 年代，随着计划经济向市场经济转型，"下海"经商的人多了，个体私营企业发展蓬勃，如 20 世纪 80 年代初起兴旺的民族东路小商品市场、西郊小商品市场等。1992 年，邓小平第二次南方谈话后，涌现了科技知识分子"下海"潮，"孔雀东南飞"，民营科技企业发展迅速。1998 年后，中山国企相继完成改制，特别是 2000 年以来，中山民营经济呈现了多元化和高品质发展的趋势。

特别值得关注的是，国企或乡镇企业改制后，一大批原来的企业骨干纷纷创办企业，一些在外资企业打工多年的企业骨干也选择自己出来闯一闯。中山民营经济发展中，企业家"裂变"特征明显，这在火炬开发区和其他专业镇中表现尤其突出。

梳理 1979—2000 年初期中山民营经济的发展历程，可分为三个重要的阶段。一是 1979 年后，中山私营企业逐步得到恢复并有所发展，至 1990 年，全市私营工业企业共有 253 家。二是 20 世纪 90 年代末期，民营经济快速发展。1998 年，全市私营、个体工业企业为 3804 家，从业人数为 6.85 万，实现企业收入 40.48 亿元。与 1990 年相比，只花了 8 年时间，单单企业就增加了 3551 家。三是进入 2000 年以来，尤其是 21 世纪初期民营经济数量增长迅猛，技术要求日益提高。2002 年，全市民营企业完成工业总产值 529.0 亿元，比 1998 年增长 5.65 倍，实现企业收入 355.14 亿元。2005 年，全市民营工业企业达 17683 家，从业人数达 71.50 万，完成工业总产值 895.08 亿元，占全市工业总产值 35%。民营企业设立市级以上企业技术中心 100 个，占全市总量的 60.6%。[1]

这一时期，中山民营经济突飞猛进，与当时的大环境及一系列政策出台息息相关。1997 年，中山充分利用优惠政策鼓励外商发展"三来一补"业务，重点实施市政府 1996 年颁布的《关于加快发展"三来一补"企业的暂行规定》。各镇区"三来一补"业务持续发展。由于受 1997 年亚洲金融危机的影响，1998 年民营企业订单明显减少，面临严峻形势。

1999 年年初，中共中山市委、市政府制定了《关于进一步加快工业发展的若干意见》，进一步明确提出了"工业立市"发展战略，在全市范围内扎扎实实地推进工业化进程。围绕"工业立市"建立了大工业管理框架，突破了所有制观念的束缚，大力推进公有企业改革，大力改善投资软、硬环境，大力开展招商引资和发展民营经济，从舆论、政策、改革、技术进步和开拓市场等五个方面推动工业发展，使工业发展成为中山经济工作的主旋律，形成了全社会关心、支持工业发展的氛围。

到 2001 年年初，中山工业经济总量达到了一定的规模。当时，全市实现工业总产值近 800 亿元，形成了一批支柱产业。电子信息、医药化工、包装印刷等新兴产业迅速发展，金属制品、纺织制衣、食品饮料、家具建材等传统产业也得到很大的改造和提高。

---

① 中山市志编纂委员会编：《中山市志 1979—2005》，广东人民出版社 2012 年版，第 593 页。

2001 年，中山提出"工业强市"战略后，又提出实施"工业强镇（区）"战略，进一步加快了镇区工业化的进程，为实现"工业强市"夯实基础。2002 年，开始实施"名牌战略"。自实施"工业立市"和"名牌战略"以来，全市工业发展迅速。2002 年，中山市的工业产品结构中，出口外销产品占 44%，规模以上企业产品占 79%。1998—2003 年，中山先后建立了市级以上企业技术中心 51 个，其中国家级 1 个、省级 6 个。当时，中山市拥有的企业技术中心数量在全省位居第二。

中共中山市委党史研究室主任黄春华在《从"工业立市"到"工业强市"——1999—2003 年中山工业发展实录》[①] 一文中介绍："中山工业的经济增长质量和效益在 1998—2003 年不断提高。全市工业企业从 1998 年的 8068 个发展到 2003 年的 17804 个，增长了 120.7%；从业人数从 1998 年 48.6 万发展到 2003 年的 90.9 万，增长了 87%。2003 年，全市工业实现利润总额 56.8 亿元，为 1998 年的 4.58 倍，5 年来平均每年增长 30.26%。"

2002 年，第一批广东省名牌公布，全省共 98 个，中山有 15 个，排名全省第三位。截至 2017 年年底，中山市共有广东省名牌产品 211 个，其中工业类名牌产品 173 个，在全省（不含深圳市）排第四位，紧随佛山、广州和东莞之后；农业类名牌产品 37 个，服务业名牌产品 1 个。工业名牌主要分布在家用电器、家具、燃气器具、灯具、锁具、服装等领域，同时呈现出"一镇一品"、产业集群的特点。广东省自 1997 年启动省著名商标评选以来，中山市

▲ 2002 年，咀香园牌月饼被评为"广东省名牌产品"

---

① 文章收录于《雕鹗腾风万里游——中山改革开放实录（1992—2003）》，中共中山市委党史研究室编著、黄春华主编，2018 年由中共党史出版社出版。

加大商标宣传、引导力度，鼓励更多的市场主体进行商标注册。截至2017年年底，中山市共有省著名商标208件，拥有量位居全省第六位。[①]截至2019年7月26日，中山市登记注册的各类市场主体首次突破40万户。

从"小而全"到高质量发展

梳理改革开放40多年的历程，可以发现，中山在每一次国家经济改革调整中均把握住了机遇，为民营经济发展提供了良好条件。

特别是2000年后，中山民营经济的规模和效益均上了新台阶。岐江河一带，曾经辉煌一时的老工厂，在完成国企改制后，加上中山城区扩容发展，相继搬离岐江河畔，完成历史使命。一些熟悉的工厂地标，在人们的视野中逐渐消失。

威力洗衣机厂、中山玻璃厂、石岐酱料厂、石岐酒厂、凯达精细化工厂等均向镇区拓宽发展。威力洗衣机厂在2005年被广东东菱凯琴集团收购，搬迁到阜沙镇。中山玻璃厂也搬迁到阜沙镇。石岐酱料厂2011年把生产线迁移到火炬开发区新厂区。石岐酒厂搬至神湾镇。凯达精细化工厂已衍生出中山精细化工产业集群。

虽说"十大舰队"渐渐消退，但中山的国营企业正如一所所"黄埔军校"，培养了很多技术、营销、管理等人才。当市场的大门打开时，他们开始脱离原有的体制，纷纷"下海"创办自己的企业。国有企业"裂变"出一批新兴的民营企业家，他们登上新的经济舞台，成为中山新经济力量，也给中山经济带来了新活力。

20世纪80年代，中山"一镇一品"的专业镇经济开始萌芽。20世纪90年代中后期，小榄、古镇、沙溪等镇区专业镇经济已初具规模。到2016年，中山已有18个省级技术创新专业镇。

2000年，广东省正式启动专业镇技术创新试点工作，以技术创新作为切入点，建立创新平台，给传统产业注入科技力量，支持专业镇经济发展。当

---

① 徐世球、谭华健：《"单干"加"抱团"打响中山牌》，载《中山日报》2018年5月8日A4版。

年9月，古镇、小榄成为广东省六个专业镇技术创新试点中的两个。此后，中山开始实施"专业镇技术创新试点"建设工作，推动专业镇从自发、零散、无序的发展阶段转入规划引导、政策扶持、科技支撑的发展轨道。

在这些专业镇特色经济发展中，国有企业的部分骨干起到了助推作用。如现在精细化工、游戏游艺产业中的企业领头人，早期都是国企中的骨干，改制后，他们"下海"成立公司，在市场的大海里畅游。中山的游戏游艺产业，也是在一批国企业技术、管理人员的创业带动下，不断集聚，诞生了"金马""金龙"等系列知名品牌，在中山形成了全国最大的游戏游艺产业基地，其游艺机产量占全国50%以上，出口量占全国70%以上。

从产业上看，2000年后，中山的工业从过去"小而全"工业体系向"高精尖"现代产业体系转变。2002年年底，中共中山市委、市政府着眼于中山未来发展做出了发展装备制造业的战略决策。2003年，中山火炬开发区临海工业园建设工程举行开工典礼。2004年12月，国家火炬计划（中山）临海装备制造业基地经国家科技部批准成立。2005年1月10日，中山市政府以1号文的形式出台了《关于加快装备制造业发展的意见》。

历经十多年的发展，先进装备制造业已成为中山第一大支柱产业，成为拉动经济持续发展和高质量增长的重要引擎。当前，中山在建设现代化经济体系上，正牢牢抓住实体经济高质量发展的主线，把新一代信息技术、高端装备制造、绿色低碳、生物医药、数字经济、新材料、海洋经济等战略性新兴产业发展作为重中之重，并通过培育龙头骨干企业做优存量，招商引资，招才引智，做大增量，构筑产业体系新支柱。

沿路沿江再沿海

中山最早的沿路经济可追溯到1924年孙文西路的扩建开通，而"马路经济"真正走向大发展，形成中山"黄金经济走廊"，应该是105国道的扩建。

105国道好比一条大动脉，沿线支路就好比毛细血管，构成中山经济发展的一张张网。

在回忆105国道的历史时，中山民俗学家李汉超介绍，这条路在新中国成立后就有了。和全国其他地方的经济发展一样，经济成行成市，最初都是从马路两边开始的。中山经济早期也是沿 105 国道发展起来的。比如，1954 年，中山拖拉机厂选择建在 105 国道旁的沙朗镇。105 国道中山段经过几次扩建改道才变成今天的模样，而每次变迁都有明显的时代特征，巧合的是每次扩建都是从南段先行。最早一次是在 1985 年，霍英东出资 2000 万港元，主要扩建南段。

在中山温泉宾馆的档案馆里有一幅《正在建设中的中山温泉》图片。从图片上可以清晰地看到当年 105 国道的面貌。路拓宽之后，中山温泉宾馆的入住客商多了，三乡镇开始成为客商投资的首选之地。

1968 年，李汉超从广州来到中山民众公社当知青。之后调到中山县商业局做秘书工作，一干就是十多年。1985 年从商业局到商业实业公司、商业发展公司当经理，他大刀阔斧，引进黑人牙膏代理、纸尿裤等数个大项目，办得红红火火，后来又"意外"当了沙朗的副镇长。2000 年，他"下海"做职业经理人。

李汉超说，20 世纪七八十年代，105 国道还是两车道，路两旁种了尤加利树（桉树），周边基本上都是水田。当时，东升还有一个"鸡笼"的称呼。周围田堤上都种有竹子，村民农闲时就编织鸡笼。那里的路很窄，运输也不方便，加上当时没有什么大的市场，有些村民就把 105 国道作为"市场"，在马路边上进行交易，这也是"马路经济"的雏形。

1985 年 105 国道扩建时，沿途镇区的村民还有很大意见。村民不明白为什么要拿那么多地来修路，而不是种水稻。"当时扩建，主要是观念上的阻力。"李汉超说。当时的 105 国道经过沙朗，然后经石岐区（现在的岐关路）穿城而过，这给位于郊区的沙朗带来难得的发展机遇。

李汉超在沙朗工作的那段时间也正是沙朗加速发展的时期。现在的沙朗汽车一条街、中山市果蔬批发市场、沙朗金叶广场等专业市场，正是在那时开始形成规模的。发展到今天，这些专业市场成为沙朗当地经济发展的标志，在珠三角地区颇有知名度。黑人牙膏、名人电脑等当时在国内响当当的一些大品牌，也在 1995 年左右选择落户沙朗，使得沙朗成为中山早期工业和商业的聚集地。"整个 105 国道中山段，当时经济最繁荣的应该算沙朗段。"李汉超分析，一方面原因是国道 105 经过沙朗，另一方面原因是沙朗距离石岐城区近，可以接受辐射。

20 世纪 90 年代初，隆成、宝元、皇冠等台资、港资企业都沿 105 国道布局。直到今天，105 国道从东凤到三乡，沿途的东凤、小榄、东升、西区（沙朗）、沙溪、南区、板芙、三乡等都成为经济重镇，很多知名品牌企业布局在这一路的两旁。在 105 国道便利的物流带动下，资金、技术、劳动力等生产要素沿线聚集，这种能量使国道所经之处一片繁华，形成开放、灵活、自由的"马路经济"模式。因此，105 国道成为中山经济发展中的一条"黄金走廊"。只是到了现在，隆成、宝元这类大型台资企业已风光不再。

新中国成立后，粤中船厂等一批国企在岐江河边建成。咀香园等参与公私合营后，从孙文西路附近的小街巷搬至岐江河边的长堤路上。特别是改革开放后，富华酒店、国际酒店以及一些新厂企密集布局，以岐江为中心的"沿江经济"开始兴旺起来。

2000 年后，随着大项目在镇区相继落成，专业镇经济逐渐兴旺，镇区成为中山经济发展的重要战场。如在 TCL、长虹、美的、格兰仕等家电龙头企业的带动下，南头、黄圃、东凤等西北家电经济圈逐步形成。

2003 年后，中山城市向东发展的步伐加快。年初，中山市主要领导到火炬开发区就东部沿海工业区开发问题进行调研，并到中山国家健康科技产业基地等考察，做现场规划探讨。10 月，中山市东部沿海起步区开发策划工作会在火炬开发区国际会议中心举行。年底，临海工业园建设工程举行开工典礼。2003 年以来，随着咀香园等一批改制后的企业从岐江河畔的长堤路、凤鸣路、青溪路等周边地区向外扩，中山工业经济集聚地开始由"沿江经济"向火炬开发区沿海地区，以及各镇区一级延伸。

2006 年 3 月 1 日，中山市召开市委常委扩大会议，研究加快推进东部沿海整体开发工作，强调要把东部沿海开发成为增强全市综合竞争力的"支撑点"、优化提升产业结构的"切入点"、推进组团发展的"启动点"和建设适宜城市的"示范点"。

2011 年辛亥革命百年纪念时，中共中山市委、市政府发布了一个战略构想——建设翠亨新区。翠亨新区选址建于中山东部沿海。2013 年 3 月 25 日，翠亨新区管委会挂牌成立。

2017 年 4 月 25 日上午，中山市召开推进组团式发展动员会，并于会上下发了《中共中山市委中山市人民政府关于实施组团式发展战略的意见》。实施组团式发展战略，是中山破解"四个难以为继"、融入粤港澳大湾区城市群发展的"密钥"。中山 25 个镇区被划分为中心、东部、东北、西北、南部五大组团。中山东部组团辖火炬开发区、翠亨新区、南朗镇，火炬区、翠亨新区是全市经济发展的龙头镇区，南朗镇是全市发展文化旅游产业走在前列的镇区之一。南朗镇与火炬开发区、翠亨新区都在粤港澳大湾区的重点区域，区域优势在全市最为突显，是中山参与粤港澳大湾区建设的先锋部队、前沿阵地。

2018 年 4 月 2 日，中共广东省委书记李希到中山调研时，提出了把中山建设成为珠江东西两岸融合发展的支撑点、沿海经济带的枢纽城市、粤港澳大湾区重要一极的"三个定位"。

从咀香园的百年发展历史来看，咀香园是中山"沿路—沿江—沿海"经济发展的重要见证者、参与者。从 1924 年孙文西路开始，咀香园便享受到"沿路经济"的便利。20 世纪八九十年代，位于岐江河边的咀香园又乘着改革开放之春风，享受中山"沿江经济"核心区域的区位优势。2003 年搬至火炬开发区时，正是中山拉开从"沿江经济"到"沿海经济"发展序幕之际。单从城市经济变迁的角度来看，咀香园的发展史成了中山经济区域不断拓宽、延伸，以及城市与产业不断调整升级、发展进化中的一个缩影。

| 第七章 |

向现代化企业进军

人无远虑，必有近忧。

——《论语·卫灵公》

那确实是一个项目"快上马"的年代，一幢现代化的、符合 GMP（Good Manufacturing Practice，优良制造标准）标准的厂房只花了一年多时间便耸立在横门水道旁。2002 年 11 月，郭凤屏辞去中山一区属幼儿园园长职务，放弃了公办教师的身份，投奔咀香园，应聘成为咀香园总经办主任。

2003 年，在郭凤屏的记忆中有两件事印象最深刻：一是 2003 年年初的一场"非典事件"[①]，食品行业受到重创，老字号咀香园也难躲此劫，但在最艰难的时候，董事会想方设法与员工一起渡过难关；二是新厂房落成，她全程参与庆典活动的前期策划，见证咀香园开启新征程。

2003 年 7 月 19 日，咀香园正式搬迁至火炬开发区新厂。当天，举行了"咀香园健康食品（中山）有限公司新厂落成庆典暨咀香园 2003 年名优月饼展示联谊会"，老中青三代咀香园人共同见证了这一激动人心的时刻。

---

① 又称"SARS 事件"，是指严重急性呼吸综合征于 2002 年在中国广东顺德首发，并扩散至东南亚乃至全球，直至 2003 年中期，疫情才被逐渐消灭的一次全球性传染病疫潮。

应对"非典"大挑战

2003 年，对咀香园来说是困难与喜庆交织的一年。年初，面临"非典"大挑战，在食品行业受到冲击时，咀香园想方设法找到突围之路。

"非典"是一场突如其来的灾难，食品行业受冲击较大。面对疫情，咀香园人沉着应对，积极调整。在卫生防范上加强了对食品质量卫生的管理；在原材料、产成品检测方面增加了 30% 的频次，保证进入市场的产品都是百分之百的"放心饼"。为了把"非典"对企业发展的影响降至最低，董事会先后三次召开专门会议，研究应对之计，调整市场策略，最后，稳住了"军心"。在国内，不仅稳住了原有的市场，还开拓了新疆、广西等新市场。在国外，莲蓉、豆蓉、豆沙等馅料月饼成功出口美国。

当时，有媒体在报道时写道："最近一段时间，咀香园食品有限公司杏仁饼车间主任兼党支部书记卢炜森和他的工友们每天都在忘我地加班加点。有了卢炜森等三十多名骨干党员的模范带头，百年老字号咀香园没有被这场突如其来的'非典'击倒。前四个月，产销继续保持 80% 的增长。"

2003 年 9 月 3 日，中山市卫生局（现称中山市卫生健康局）的一份公告里写着："经过企业单位申请自评、管理人员培训、专家组初审复评，中山有九家生产企业被中山市卫生局评定为卫生信誉度 A 级企业。咀香园、嘉美乐、采蝶轩、美怡乐、金宝、中山市食品有限公司、日威、东泰、珠江食品有限公司，榜上有名。"

风雨过后是彩虹。困难挺过去后，咀香园的喜庆事接踵而至。2003 年 5 月 27 日，中山市召开纪念五四运动 84 周年系列活动，并为七位青年企业家颁发了"中山市优秀青年企业家"荣誉称号证书。这是中山市首次开展的优秀青年企业家评选活动，旨在通过榜样力量，激励全市青年企业家和广大企业管理者为中山企业、经济发展贡献更多力量。中山市咀香园食品有限公司董事、副总经理兼咀香园健康食品研发有限公司总经理张延杰成为"七大豪杰"之一。

2003 年 6 月 26 日，在中山媒体举办的"生于六十年代"专题座谈会中，张延杰作为嘉宾出席。媒体隆重推介了这位经济人物。张延杰，1966年生，中山市咀香园食品有限公司董事、副总经理。1989 年，毕业于武汉工学院机械工程系，毕业至今一直在咀香园食品有限公司工作。他依靠科技，不断提高企业产品的市场竞争力，1991 年至今，先后组织实施了十多项技术改造和技术创新工作，为企业发展注入新的活力。张延杰强调，人要不断学习，把自己的追求和企业的追求结合在一起。

2003 年 7 月 19 日，是咀香园人值得铭记的好日子——整体搬迁到火炬开发区的新工厂。从当天庆典的照片上，可以看出咀香园人那种发自内心的喜悦。阳光洒落到横门水道上，河面金光闪烁。厂房前五颜六色的花篮弥漫出阵阵馨香，锣鼓声此起彼伏，鲜艳的彩旗迎风飘扬。咀香园董事会班子成员以及来自五海四海的贵宾踏着鲜艳的红地毯，一起见证咀香园乔迁新厂的时刻。

终于等来这样一个特别的日子！这不仅仅是新厂的一次搬迁，是咀香园筹划未来的一大步，更是扎根高新区，迈向创新引领发展新阶段的开始。"举起手中这杯酒，为我们昨天孜孜不倦的努力干杯，为我们依然奋斗

▲ 2003 年新厂落成庆典活动

在路上的今天干杯，为我们铸造更加辉煌的明天干杯……"

不经历风雨，怎么见彩虹。没有岁月的沉淀，哪有老酒的醇香。此刻85岁的咀香园，经历过岁月的风雨洗礼，散发出更加迷人的魅力。

人无远虑，必有近忧

新厂开业当天，看着现代化的办公大楼、宽敞的车间、先进的设备，忆起岐江河边的岁月，一些老职工情不自禁地流下泪水。

用旧厂房卖掉的钱还掉新厂房购地和建设费用后，略有盈余，咀香园真正开始"轻装上阵"，成为火炬开发区众多高新企业中的一分子。在这片以科技创新为引领的土地上，咀香园大跨步向前，展翅高飞，真正完成向现代化食品企业转变的新跨越。

现代化企业是现代市场经济社会中代表企业组织的最先进形式和未来主流发展趋势的企业组织形式。所有者与经营者相分离，拥有现代技术，实施现代化的管理，企业规模呈扩张化趋势，是现代化企业四个最显著的特点。

2003年9月，咀香园顺利通过HACCP（危害分析和关键控制点）认证，成为中山市第一家、广东省第二家通过该认证的烘焙食品生产。作为ISO9001-2000和HACCP两证在握的老字号，咀香园的安全卫生质量管理水平在全国同行业中处于领先地位。

有着85年历史的咀香园，已完成从传统老字号向现代化食品龙头企业

▲新落成的现代化办公大楼

质变的飞跃。迈上新台阶的咀香园人提出了"铸造最具竞争力的百年企业、百年品牌"的更高目标。而HACCP，则是咀香园人在GMP基础上的又一次提升。HACCP通过对食品加工过程的关键环节实施监控，从而将食品安全卫生危害消除或降低至安全水平。通过HACCP，既是咀香园对"安全、卫生、营养、健康"质量方针的积极实践，也是精心烘焙"放心饼""健康饼"的执著追求。

彼时，广东省通过HACCP认证的企业仅广州酒家和中山咀香园两家。广州酒家于1939年建立，改革开放后，积极开拓连锁经营，企业规模由原来的一家店发展为包括有6家高级酒家、一个大型食品生产基地，以及30多家连锁食品商场等在内的大型饮食企业集团，在行业中位居全国前列，获得"食在广州第一家"的美誉。

与广州酒家齐名列入，也可以看出咀香园当时的实力。2003年9月1日下午，由中国焙烤食品糖制品工业协会和（中国）饮食服务发展中心联合主办的2003（第九届）中国月饼节大会召开。咀香园出品的月饼不负众望，在众多月饼企业的产品中脱颖而出，荣获"中国名牌月饼"称号。这是咀香园月饼继2002年获得"广东省名牌产品"后的又一殊荣。

当年月饼节的主题是配合国家有关部门开展食品放心工程，宣贯新标准，建立食品安全保障体系，打造名牌企业，生产放心月饼。行业协会每年配合国家质量监管部门，对月饼市场进行产品抽检，对规范月饼市场、保护消费者利益方面起到积极的推动作用。

经中国食品质量检验中心检验，咀香园月饼各项指标均超过新的月饼标准，受到国家质检部门表扬。时任中国焙烤食品糖制品工业协会周广军秘书长说："咀香园作为老字号食品企业，曾经为中国传统食品的发展做出积极贡献，现在又进行大刀阔斧的改革，建立健全食品安全保障体系，在月饼行业甚至传统食品行业走在全国前列。"

咀香园现代化的厂房就是按GMP标准建造的，是全国第一个焙烤GMP标准厂房，拥有超过1.8万平方米建设面积，厂房是过去岐江河边旧厂的5倍，生产能力也提高了10倍。咀香园新的生产线投入使用，长达80米的烤炉创行业之最，按高标准设计施工的生产条件为产品质量提供了根本保证，给消费者带来了放心食品。精选原材料，高温蒸煮湘莲，精心挑选蛋黄，严格按要求加工成品，多次消毒清洁摆放食品的车间，确保食品不被二次污染，这一系列环节、工序都经过严格把关。

经过"非典"的考验后，国家提高了对食品行业的卫生要求。咀香园的新生产基地，由华南理工大学食品系一位著名教授与两名博士生参考国内外糕点行业最先进的设计理念和最高食品安全和质量要求进行设计，在国内外处于领先地位。

"十多年过去了，但厂房看上去还是很新的，而且当初的高标准设计还为现在和未来的发展预留了空间。如果当初买地少，厂房建得小，说不定现在又要考虑买地建厂房的事，这样就会麻烦很多。"张延杰坦言，从GMP厂房的设计、建设来看，又一次证明了咀香园人在发展中还是颇有远见的。

孔子曰："人无远虑，必有近忧。"这是指没有长远的打算，那么近期的事情就会多有忧虑。人一直没有长远的考虑，那忧患一定近在眼前。对经营一个工厂来说，何尝不是如此。实践证明，咀香园人深谙此理。

2003年搬厂时已近7月下旬，全厂进入中秋节月饼生产的旺季，咀香园在庆祝方面没有花太多工夫，而是把更多的精力投入生产中。2004年3月20日，咀香园借当时中山举办的大型活力车展，在中山市兴中体育场内进行一个直径达3.2米、厚0.2米的超级大饼展示，成为车展现场的一个亮点，人潮汹涌。这次活动也算是庆祝并告知消费者咀香园新厂搬迁的喜事。

为了GMP规范，2004年，咀香园还请来相关专家制定了《焙烤企业GMP标准》，并报送广东省卫生厅、国家卫生部进行立项，成为全国首家焙烤GMP标准厂房试点企业。咀香园的员工进入生产车间均要经过着装、消毒等一系列净化措施。在生产线旁，生产工人统一穿着白色工作服，头戴工作帽，戴上口罩，熟练而规范地操作着每个细微的工作流程。他们每天都要对工作服进行集中洗涤、消毒。

咀香园生产的月饼，从原料购入到产品出厂需要经过30多道检查工序，单是与质量监控有关的表就有30多张，跟踪过程非常详细。通过电脑实时监控产品生产的整个过程，这些做法在糕点行业属于首创，也是老字号咀香园从最初的作坊式生产真正走向现代化食品企业的标志。

中山食品，好嘢

2004 年 7 月，咀香园搬入火炬开发区新厂一周年，首批 6000 箱咀香园月饼被装上集装箱并送往美国。美国对食品的进口检测非常严格，但是咀香园凭借自己的实力，在美国市场站稳了脚跟。利用新厂房、新设备，咀香园开发出低糖、双重包馅、巧克力等多款新口味月饼，满足了不同消费市场的需求。

2003 年 4 月，咀香园成立技术研发中心，并与华南理工大学、广东工业大学、株洲工学院签订技术改造合作开发协议；同年引入国际一流水平的 KN500 多功能月饼生产线，并顺利通过 HACCP（危害分析和关键控制点）认证。

2004 年，咀香园月饼荣获第五届全国月饼焙烤技术比赛金奖，成为中山首家获得 ISO9001 国际质量认证、HACCP 国际食品安全体系认证、A 级卫生企业认证的月饼企业。咀香园的产品不仅在珠三角地区、长三角地区和港澳地区知名度颇高，在美国、加拿大等国家也久负盛名。

2004 年 8 月 12 日，中国食品管理中心、中国轻工业联合会、中国焙烤食品糖制品工业协会联合在北京召开新闻发布会，为 2004 年获得"全国放心月饼金牌企业"称号的企业颁奖。这个奖项，必须连续三年在国家抽检中合格，并获得"中国名牌月饼"称号的企业方能参评。作为中山市食品行业龙头，咀香园荣获"全国放心月饼金牌企业"称号。这一年，咀香园广式月饼自动化生产及包装新工艺的研究，在中山市科技大会上获得市科技进步奖，是全市该行业唯一获奖项目。同年，凭借先进的设备、生产技术和管理监控，咀香园还被评为"广东省食品药品放心工程示范基地"。

随着时代的发展，月饼作为传统食品的功能发生了新变化。咀香园在月饼中不断注入新元素，创新工艺，提高质量。搬入新厂那年，咀香园便推出了新款的巧克力月饼，将传统与现代口味相结合。新产品还包括添加有纤维素和螺旋藻等成分的月饼，而传统的莲蓉月饼和五仁月饼含糖量则进一步降低，以适应现代消费趋势。针对南北方市场的不同需要，咀香园产品的包装日趋多样化，当年的月饼包装或是体现中秋节喜庆的民族文化特色，或是追求时尚，体现一种现代感。广东地区消费者有着务实的消费习惯，针对本地月饼市场，咀香园提供的是老式月饼包装；而提供给北方市场的月饼，包装颜色与款式更为新颖别致。

迁入新厂的咀香园在一年内便实现了成为融开发、生产、加工、销售、连锁专卖、旅游观光为一体的食品企业的目标，拥有先进的技术和设备，继承传统秘方，结合现代先进科学技术创新发展，生产"正宗中山特产"传统产品和饼干、曲奇、蛋卷、水泡饼、速食羹等60种系列产品，制作的中山杏仁饼成为珠江三角洲地区最具特色的传统地方食品之一，生产的咀香园白莲蓉月饼享有"莲蓉第一家"美誉，出口量每年以15%的速度增长。[①]

进入21世纪以来，中山食品行业内的大多数企业也像咀香园一样，注重引进设备提高生产效率，实现了"加速度"。

乐百氏（广东）食品饮料有限公司的"乐百氏纯净水"和广东美味鲜调味食品有限公司的"岐江桥牌酱油"获得"2003年度中国名牌产品"称号。中山市采蝶轩食品有限公司2003年通过ISO9001国际质量认证，并获得由中国轻工业联合会和中国商业联合会联合颁发的"2003年中国优质月饼信誉产品"称号。全国十佳饼店马得利饼店出品的"马得利"双黄莲蓉月饼获得中国食品工业协会授予的"2003年中国名牌月饼"称号，并位居25家企业之首。

2004年，黄圃镇被中国食品工业协会授予全国首个"中国食品工业示范基地"和"中国腊味食品名镇"称号。2005年，黄圃腊味已占全国广式腊味市场份额50%以上，黄圃成为全国最大的广式腊味生产基地。据统计，2005年，中山市食品饮料制造业完成工业总产值111.0亿元，占全市总量的4.33%。其中，食品制造和食品加工企业达643家，完成工业增加

---

① 中山市志编纂委员会编：《中山市志 1979—2005》，广东人民出版社2012年版，第625页。

值 19.18 亿元，完成工业总产值 80.00 亿元。①

感受百年时光

"来自四川的贵宾，您好！欢迎来到百年老字号企业中山咀香园参观游览，请允许我带着大家一起走进这家百年老企的前世今生，在悠悠的饼香中听一个关于春天的故事。在 100 多年前，岐江河畔住着一户姓萧的人家，里面有一位心灵手巧的顺德籍婢女，叫潘雁湘……"在咀香园工业旅游规划线路中，游客除了可以透过玻璃看到生产车间的工人如何打饼，还能在现场跟着工作人员一起学打饼。这是咀香园专门为游客设计的体验式工业文化旅游。

"先把磨好的粉均匀地铺在木制模具上，如果是正常的生产过程，还会加一片特制的猪肉馅料，然后撒上绿豆粉，用手掌尾部轻轻按压成型。"游客们也饶有兴趣地打起了饼。铺粉，按压，短短几秒，模具上一排三个

◀开展杏仁饼、月饼DIY体验活动，深受大家欢迎

---

① 中山市志编纂委员会编：《中山市志 1979—2005》，广东人民出版社 2012 年版，第 623 页。

的饼模就现出形来。"这时候,轻轻敲下饼模两端,做好的饼就会自动掉出来啦。"只见工作人员拿起一根小木棍敲两下,一个杏仁饼就做出来了。见大家一脸轻松,工作人员连忙普及月饼制作工艺常识:"打饼的过程会让人误以为这是一件非常容易的事。事实上,打饼之前的浸豆、烘豆、磨粉、秘制肥肉馅、拌料等,打饼之后的烘焙、冷却,都是很考验功夫的事。"

2014年1月,为响应中山市政府提出的走新型现代化工业发展道路的号召,配合中山"工业强市""旅游兴市"的城市发展战略,咀香园推进"工业旅游"项目。2004年1月7日,咀香园健康食品工业旅游点正式开业。结合工业生产、旅游观光与商贸购物,将具有百年老字号历史的中山特产——咀香园杏仁饼的食品文化融入"伟人故里、名城中山"的旅游文化中。这些年来,作为新兴的专项旅游项目工业旅游,咀香园全国工业旅游示范点因其文化性、知识性、可参与性、现场性等特点备受游客青睐,取得长足发展。

中山的工业旅游推进时间比较早。2006年,中山市伊泰莲娜DIY地带工业旅游区、咀香园工业旅游区入选全国第三批全国工业旅游示范点。中山较成熟的工业旅游景点还有菊城酒厂茶薇苑、美味鲜酱味园等十余个项目。

中山是珠三角著名的工业制造城市,25个镇区工业各具特色,比如古镇灯饰、沙溪服装、三乡古典家具、大涌红木、黄圃腊味等,被称为工业的"一镇一品"。工业旅游有利于旅游与相关产业融合发展。近年来,中山市大力开发工业旅游,并在现有工业旅游景点的基础上,加大挖掘开发力度,力促工业"一镇一品"转化为旅游"一镇一品",提高工业品牌和文化价值。

2007年3月,国家旅游局授予咀香园"全国工业旅游示范点"牌匾。基于全国工业旅游示范点平台,咀香园计划把工业旅游点发展成为一个融参观、休闲、科普、培训、餐饮、购物为一体的"健康食品工业城",建成面积达6000平方米的咀香园历史文化博物馆,开设"咀香园美食大讲堂"。

2013年4月9日,咀香园举行了国家AAA级旅游景区揭牌仪式,正

创变百年

老字号咀香园的传承与发展

▲充满历史回忆的咀香园工业旅游点

式成为国家 AAA 级工业旅游景区，这是中山市首个全国工业旅游国家 AAA 级旅游景区。由"旅游示范点"到"旅游景区"，咀香园的工业旅游迈上一个新台阶，其工业旅游的开发挖掘上升到一个新高度，旅游附加值逐年上升。

漫步在咀香园工业旅游点，可感受这家百年老字号的慢时光。为了让工业旅游有更丰富的历史记忆，在筹建展馆时，咀香园曾发起全厂职工捐赠厂史旧物的倡议活动。没想到，这一倡议发出后，老职工们地把那些记载和陪伴他们青春岁月的"宝贝"毫无保留地奉献出来，纷纷将收藏了大半个世纪的饼模、票据、旧照片，甚至当年的工作证等历史物件捐献出来。一些热心的社会人士也纷纷为咀香园搜集百年历史资料。众人拾柴火焰高，有了大家的齐心协力，工业旅游馆的资料一下子丰富起来。

工业旅游在发达国家由来已久，特别是一些大企业，利用自己的品牌效益吸引游客，同时也使自己的产品家喻户晓。在我国，越来越多的现代化企业开始注重工业旅游。咀香园工业旅游项目启动十多年来，吸引游客超 300 万人次，成为国内游客、海外乡亲了解中山的重要窗口。咀香园杏仁饼也成为舌尖上的记忆，成为中山手信的代表。

工业也可"玩"起来

过去在岐江河边时,咀香园与老字号石岐酱料厂(现广东美味鲜调味食品有限公司,以下简称"美味鲜公司")隔江相望。美味鲜公司是专业生产调味品的现代化大型高新技术企业,是我国调味品行业主要品牌企业之一。2005年,美味鲜公司开始在火炬区筹建年产25万吨的酱油生产基地。2006年6月,新厂一期投产。10月18日,美味鲜厨邦新厂首次产油,是美味鲜公司扩产项目首期工程投产以来酿出的首批天然酿造酱油。2007年10月,新厂二期正式投产。2010年10月,三期工程建设完成,整个酱油生产工序在新厂区全面实现。

与过去不同的是,如今两家企业只是一路之隔,由过去的隔江相望变成今天的"邻居",都在国家健康科技产业基地横门水道边发展得如火如荼。

美味鲜公司的发展历史可追溯到清末民初的泰茂酱园。1929年,香山酱园的主要奠基人胡邵进入泰茂酱园当学徒。1934年,胡邵自觉创业的时机已经成熟,在凤鸣路3号创办了调昌酱园。1952年,胡邵的儿子胡西27岁,在胡邵的协助下,在凤鸣路创办了合成酱园,以生产酱油、腐乳和酱为主。

新中国成立后,国家对私营工商业实行社会主义改造,企业经营国有化。石岐大大小小的十来家酱园在1956年实行公私合营,起名为公私合营石岐酱料厂。1958年,改为地方国营石岐酱料厂。1989年,按照中山市政府的统一部署,石岐酱料厂正式更名为"中山市美味鲜食品总厂"。2000年6月,中山市美味鲜食品总厂转制为上市公司——中山高新技术实业(集团)股份有限公司的全资控股公司。转制后,美味鲜公司完成不少老字号难以完成的体制创新、管理创新、科技创新和市场创新,发展迅速。

与咀香园一样,美味鲜公司也开启了工业旅游之路。2014年11月7

日，中山市首家酱油文化博物馆——广东美味鲜调味食品有限公司厨邦酱油文化博物馆正式开馆，为中山高新区工业旅游再添重量级场馆。

厨邦酱油文化博物馆以酱油为主题，融品牌展示、工业旅游、参观互动和体验为一体，具有鲜明的岭南特色。这个博物馆可参观面积达60000平方米，由酱油文化广场、酱油文化主展区、实验室、酱油生产线、体验中心及购物中心等部分组成。博物馆主展区由酱油文化历史展、酱油工艺与器具展、南派酱油工艺展和厨邦企业文化展四个展区组成，其中南派酱油工艺展集中展示了厨邦对南派酱油传统晒制工艺的传承和创新，是博物馆的主要展区之一。

如今，这两个成熟的工业旅游点人气越来越旺，成为企业对外宣传、品牌塑造的重要载体。在当前旅游产业走向大众、散客和联盟时代的背景下，工业旅游迎来了新机遇。火炬开发区结合实际情况，重点在历史资源、工业资源、生态资源等方面力求突破，培育工业产业新的增长点，提高旅游产业贡献度。

作为国家级高新区，经过20多年的发展，火炬开发区在工业、科技等方面的旅游资源日益丰富。丰富的科技创新资源为火炬开发区工业旅游方面提供了条件。火炬开发区将工业文化与旅游产业紧密结合，以打造更多以工业旅游为主题的新产品，为企业发展提供新平台。

与咀香园、美味鲜公司近在咫尺的火炬开发区永春滨江公园于2018年春节前正式对市民免费开放。蔚蓝的天空下，江水波光粼粼，来回中山和香港的客船驶过，划出一道道水浪。这里已成为火炬开发区，乃至中山市全民休闲的又一好去处。滨江公园旁，现代化的厂房依次排开。安士生物科技（中山）有限公司、山德士（中国）制药有限公司、辉凌制药（中国）有限公司等国际制药名企早期便在国家健康科技产业基地靠横门水道的区域聚集。如1996年8月，辉凌制药（中山）有限公司成立。1997年1月，格兰泰—三环制药（中国）有限公司入驻国家健康科技产业基地。2003年7月，安士生物科技（中山）有限公司成立。

横门水道旁的企业，与20世纪八九十年代岐江河边的企业相比，"堆头"更大，并以生物医药、高端装备等战略新兴产业为主，从另一个侧面反映了中山产业转型升级的成效。

一饼（杏仁饼）、一味（美味鲜）、一江（永春滨江），咀香园与美味鲜公司正谋划结合江景，整合两家老字号的工业旅游资源，形成工业旅游合力。在这里，游客可以从一个饼模、一个老炉子细细品味百年咀香园的韵味。再行走几分钟到沿江的厨邦酱油文化博物馆，从一把勺子、几个瓶子中感受酱油文化的博大精深。再欣赏横门水道的旖旎江景，吹着风儿，欣赏来来往往的船只在余晖中留下的别致剪影。

创吉尼斯世界纪录

"一、二、三，翻过来！"张延杰话音刚落，饼模已经翻转。他用木槌轻敲模具后，再安排四人抬起模具，将一块规整的杏仁饼放在特制电子秤上……现场的中山市青少年与来自香港的青少年注视着屏幕，一片安静。这是 2008 年 3 月 23 日晚，出现在中山市第一中学高中部体育馆的难忘一幕。

随着香港吉尼斯世界纪录认证人员——香港会计师黄龙德的一声宣告，馆场内顿时响起震耳的掌声和欢呼声。一个"重达 155.2 千克，直径 100.3 厘米，厚 23.8 厘米"的"世界最大中式杏仁饼"诞生了，成功创下吉尼斯世界纪录。

现场工作人员拿起锯子切下一块慢慢品尝，回味无穷。"我做了几十年杏仁饼，从来没做过个头一米高的。"卢师傅感慨。这位 1979 年入厂的老员工，见证了改革开放以来咀香园发展壮大的全过程。2008 年，正好是咀香园创立 90 周年。这个创下吉尼斯世界纪录的大饼，也是为庆祝咀香园90 岁华诞而制。对卢师傅个人而言，能参与并主持这个"大饼"的制作，也是一种荣耀。

杏仁饼是中山的传统美食，也是百年老字号咀香园的拳头产品。卢师傅是在咀香园工作了几十年的制饼师傅，获知要制作直径一米的"世界最大中式杏仁饼"，很是紧张。传统杏仁饼的原料再简单不过，如绿豆粉、白糖、猪肉。把搅拌过的绿豆粉填入木制模具，放进猪肉，再拿钢片压实，一个标准杏仁饼就此完成。但直径一米的杏仁饼，制作起来却非同一般。

制作吉尼斯杏仁饼是张延杰的创意。张延杰组织制饼师傅和科研人员经过多次试验，并专门定做杏仁饼模具。有了模具，把握水分和烘焙时间便成了关键，因为从来没人做过这么大的杏仁饼，水分少了饼会开裂，烘焙时间短了饼会不熟。按照吉尼斯世界纪录的标准，"世界最大中式杏仁饼"只能是传统杏仁饼的放大版，而且第一要则必须是能吃。

经过一周的反复试验，张延杰胸有成竹。2008 年 3 月 22 日下午，咀香园三楼制饼车间里，500 多名香港民众安全服务队少年团成员如期而至，他们是制作"大饼"的主角。为了防止绿豆粉风干板结，搅拌后的绿豆粉只能存放半小时，少年团派出 20 位代表，逐一往饼模内倒入绿豆粉。时间一分一秒地过去，不到 20 分钟，饼模里已经填满绿豆粉。随后，四五个师傅把粉压紧，将烤板覆盖在饼模上，并用螺丝旋紧……经过 15 个小时，"大饼"终于烘焙而成。饼上还有印有"携手创佳绩、同心创未来"等祝福字样，中间是"中山、香港、2008"等字样。

这个创吉尼斯世界纪录的杏仁饼是由香港民众安全服务队少年团 208 位少年与咀香园师傅们携手制作的成果。民众安全服务队少年团是香港民众安全服务队属下的一支青少年队伍，成立于 1968 年，青少年学员年龄在 12—17 岁之间。中山市青年联合会与香港民众安全服务队进行广泛、深入的交流，共同开展了中山、香港青少年相关的文化交流系列活动。咀香园为中山和香港两地青少年的沟通交流搭建了平台，丰富了活动内容，为增进两地情谊，推动青少年健康发展做了大量工作。这次不仅仅是咀香园创下吉尼斯世界纪录，更是咀香园发展信心的一次宣告，是技术实力和团结合作精神的体现。

翻开 2008 年的日历，这确实是极不平凡的一年：年初雪灾、5 月四川汶川地震、8 月北京奥运会、10 月爆发全球金融危机、年底《珠江三角洲地区改革发展规划纲要（2008—2020 年）》出台、纪念改革开放 30 周年……这一年如坐"过山车"，悲喜交加。对珠三角的加工制造企业来说，更是极具挑战性的一年。受国际金融危机影响，珠三角地区引发了"企业倒闭潮""民工返乡潮"。有危就有机，在金融危机面前，珠三角启动"腾笼换鸟"发展战略，加快产业转型升级的步伐。

2008 年 12 月 8 日—10 日，中央经济工作会议在北京举行，提出了2009 年经济工作的重点任务：加强和改善宏观调控，实施积极的财政政策和适度宽松的货币政策；巩固和发展农业农村经济好形势，保障农产品有效供给、促进农民持续增收；加快发展方式转变，推进经济结构战略性调整；深化改革开放，完善有利于科学发展的体制机制；着力解决涉及群众利益的难点、热点问题，切实维护社会稳定。

接着，12 月 18 日，一份规划期至 2020 年的《珠江三角洲地区改革发展规划纲要（2008—2020 年）》由国务院通过并发布。在改革开放 30 周年之际，以国家名义出台该纲要，意味着呼吁多年的珠三角区域发展规划上升为国家战略，珠三角区域一体化再次加速。对企业来说，意味着要从过去粗放式增长向技术密集型转型升级，由"人口红利"向"技术红利"转型。

所谓"人口红利"，是指一个国家的劳动年龄人口占总人口比重较大，抚养率比较低，为经济发展创造了有利的人口条件，整个国家的经济呈现高储蓄、高投资和高增长的局面。"技术红利"，相对于"人口红利"而言，指一个国家实现经济增长，尤其是实现质量、效益、环境和可持续增长，通过大规模的技术创新，在产业结构上实现从劳动密集转向资本技术密集；在不缺乏资本的既定前提下，通过技术创新达到技术密集，为经济发展创造出有力的技术条件，促成整个国家提升整体产业结构，从而实现产业升级、经济稳定、可持续增长。

2008 年开始，中山以服装、小五金等"一镇一品"为特色的专业镇经济开始面临新的挑战。《2008 年中山市国民经济和社会发展统计公报》上显示："初步核算，全年生产总值（GDP）1408.52 亿元，按可比价格计算，比上年（下同）增长 10.5%，总量继续居全省第五位。民营经济增加值 636.39 亿元，增长 12.0%，占全社会生产总值的比重达 45.2%。"这份统计公报分析了经济社会发展中存在的主要问题：受国际金融危机等因素的影响，经济下行压力加大，企业经营困难增多，产业结构调整有待加快，资源环境约束增加，城乡居民增收难度加大等。

　　2008年年底，中山经济发出了一个信号：以加工制造、中小微型企业密集、传统产业为主的特色产业集群经济在应对新一轮经济竞争中，需要在原有基础上再寻找一把新"钥匙"。这一年，创下吉尼斯世界纪录的咀香园已提前做好准备，在困难面前具备了挑战高峰的勇气与智慧。

微信扫码
查看行业热点头条

| 第八章 |

创新驱动发展

科技的进步就像其他经济要素的发展一样，依靠的激励机制，要激励人们去探索未知的世界。

——乔尔·莫基尔

18世纪的英国工业革命，利用机器化生产让一个国家的财富得到成倍的增长。工商业促使英国成为当时世界上最富裕的国家，英国每年生产的产品与服务的价值，即它的国内生产总值（GDP），在1750—1850年间增长了四倍。此一百年中的经济增长幅度比此前一千年的总和还高。[①]

作为老字号的咀香园很早就注意到技术变革对企业的重要性。20世纪70年代末期，经过历次整合，咀香园逐步取消手工业操作生产，上马一批机器设备，实现半机械化生产。改革开放以来，咀香园进行了多次技术革新和企业大重组，改造配套设备。20世纪80年代末以来，中山企业开始大胆购买使用机器，提高了生产效率和产品质量。对传统食品行业来说，机器化生产带来了颠覆性的革命。隧道烤炉、箱式烤箱、冷藏保鲜柜、枕式包装机、低温冷库、真空冻干设备、气流磨等，这些新设备正改变着一个"饼"的传统生产方式。

---

① ［美］西尔维娅·娜萨著，马韧译：《推手：改变世界的经济学天才》，人民文学出版社2013年版，第32页。

"技术红利"

作为传统食品行业中的老字号，如果一味坚持走纯手工、劳动密集型、单一产品发展思路，在高成本之下，企业无疑会渐渐失去市场竞争力。这一点，已在不少传统企业身上得到印证。咀香园看到这一点，并率先瞄准了"技术红利"。

看得比别人远一点，这是 100 年来咀香园在发展中最值得推崇的精神之一。1999 年，成功改制后的第一年，咀香园便成立了科研中心，并保持往后每年将营业收入的 2%—3% 作为科研技术改造经费。

2003 年，中山"3·28"经贸招商洽谈会当天，咀香园企业技术中心正式挂牌投入运作，这是继与华南理工大学、广东工业大学等多家高校、科研机构建立合作关系后，为推动企业技术创新迈出的又一步；也是咀香园在原有科研中心基础上，对公司技术力量的一次全新整合。

难能可贵的是，咀香园在技术中心成立之初便探索出一条科技创新管理的新路子，不是为了挂个牌，增加一点"面子"，而是要"真枪实弹"地为企业创新服务。

张延杰作为技术中心的总负责人，和郭伟文总经理一起创新性地引入新的技术中心管理模式。企业技术中心开展的各项工作在公司内享有优先权，运行费用列入公司年度预算，第一年预算开支额为 120 万元。为确保企业技术中心运行资金来源畅通，公司财务制度规定以销售额的 3% 以上建立科技开发经费科目，可每月计提，在生产成本中列支，专款专用。

有了经费保障，还得有科技创新计划，才能真正出科技成果。通过提升新产品开发和工艺技术改造的技术能力，进一步提高企业自主开发能力和资源综合利用能力，增强咀香园的市场竞争力和发展后劲。为此，咀香园企业技术中心制订了中长期发展规划，不仅有明晰的发展战略规划，每年还制定具体的工作目标，出台操作性很强的考核办法；并借助华南理工大学、广东工业大学等多家长期合作高校、科研机构专家力量组成"专家咨询委员会", 作为企业"智囊团"和科研项目开发的决策层。企业技术中心在设立当年便建立完善的技术开发体系, 中心各部门下设具体项目负责人, 每个项目从立项、市场调查、可行性研究、方案设计、采购、试制、调试到检测、鉴定, 均有完整的程序及专人负责, 各项工作环环相扣, 互相监督促进, 保证较高的开发效率。

在企业技术中心的助力下, 产销量全国第一的咀香园杏仁饼如虎添翼, 不仅荣获"广东食品名优特"等奖项, 还摘取了"中山市十佳旅游商品""中华著名特产""广东省食品行业名牌产品"等荣誉; 并投资成立了咀香园食品工程研发有限公司, 继续开发科技含量高、市场前景好、需求量大的新产品。

搬进新厂后的咀香园, 在科技创新方面大展拳脚。郑师傅对20世纪60年代当烧炉工的那段岁月记忆深刻。昔日做饼全靠手工, 为了不耽误船期, 他们那代人尝过不少日夜赶工的滋味。时临中秋, 为了赶海外急单, 郑师傅与团队从早上7点上班, 一直工作到第二天上午9点。看着月饼如期送上船, 他才发现自己的双臂与双腿因26个小时几乎未中断的工作而早已红肿。

这种手工生产方式一直延续到机器的引入。搬进新厂后, 咀香园用上了新式烤炉, "烧饼"岁月一去不复返。咀香园主要生产设备和能耗设备是

◀长达 80 米的连续式隧道烤炉

三条长达 80 米的连续式隧道烤炉，主要作用是提供足够的热量让焙烤食品充分熟化。用上隧道烤炉后，减轻了工人的劳动强度，提高了生产效率和产品质量。此后，技术改造和技术创新成了咀香园的"必修课"。

与咀香园一样，进入 21 世纪以来，中山市各级政府部门以及民营企业自身对技术改造给予了足够的重视。2000 年 3 月 23 日，中山市召开科技工作会议。会上，中共中山市委、市政府颁布《关于依靠科技进步加快现代化进程的决定》和配套文件《中山市技术成果入股与提成实施办法》《中山市加快引进人才的若干规定》。2000 年 9 月，组建中山市第一批工程技术开发中心或技术中心 10 家，其中重点扶持了小榄镇、古镇镇和沙溪镇三个工程中心，以助力镇区特色产业化的优化升级。这一年，中山市还请市有关专家多次研讨、论证编写《中山市"十五"科技发展计划与 2015 年远景目标》。2001 年 5 月 16 日，中山市政府颁布《中山市科学技术奖励办法实施细则》。

2002 年 9 月 21 日—22 日，由中山市民营科技企业协会主办的中山市民营科技企业（雅加达）产品展示会，成为中山市首次以民间形式组织民营科技企业为主角的出国商贸活动，共有 37 家民营科技企业参展。2004 年 1 月 9 日，中山市政府以 2004 年 1 号文颁布《中山市科学技术奖励办法》。2004 年 11 月 4 日，中山市科技局举行中国优秀民科企业（企业家）座谈会。

2006—2010 年，中山食品饮料制造业利用高新技术、信息技术改造传统产业，将研究成果产业化，研发有市场前景的新技术、新产品、新工艺，逐步成为中山传统、优势产业之一。部分传统老字号企业成立企业技术中心，提高企业的自主开发能力和资源综合利用能力。

2013 年，咀香园还开展了"隧道烤炉过程节能与余热回收关键技术研究与应用"广东省工业攻关项目。这个项目通过自主研制烟气冷凝余热回收装置，降低排烟温度来降低排烟热损失，有利于提高隧道烤炉的热效率，降低隧道炉的运行成本，提高企业经济效益，为中山市构建资源节约型、环境友好型社会起到示范带动作用。

在咀香园企业技术中心内，一台热风烤炉可以记忆多组产品不同区域的焙烤温度。这台设备由咀香园企业技术中心自主研发设计。一般烤炉没有这么多探针，或者只有温度显示即可，而这台烤炉的传感器就有10个，做饼时可以将前后、左右、上下、中心、表皮等的温度检测出来，比正常的炉测出的数据多10个，这样出品的

▲通过自动化烤炉生产的杏仁饼质量更稳定

饼不会烘烤过度。如果火候过了，不仅口感变差，还会发生焦化反应，可能产生丙烯酰胺，而通过烤炉记录的数据，可以将产品质量的曲线做出来，使生产的食品质量更稳定、更安全。

除了企业技术中心，咀香园还设有专门的食品检测部门，对每天生产的批次产品进行微生物等方面的产品质量检测，以保障食品安全。从事检测和技术创新的员工占了全公司员工总数的十分之一。

在产业转型升级的大潮中，国家、省、市对技术改造高度重视。2015年，中山市政府出台了《中山市工业转型升级攻坚战三年行动计划（2015—2017年）》，进一步强化企业自主创新的主体地位，实施新一轮技术改造等多项重点攻坚行动。

咀香园把技术创新作为重要工作来抓，每年加大投入进行研发和技术改造，先后多次对杏仁饼车间进行技术改造；对月饼生产设备进行五次技术改造，每年开发十多个新产品。特别是搬至新厂后，科技创新成果丰硕：成立了市级咀香园食品技术中心和咀香园食品工程研发中心；与华南理工大学联合开展多项课题研究；与广东工业大学联合开发杏仁饼自动成型机，并申报专利；与广东省食品研究所联合开展营养强化食品的研究开发；与日本古河公司、雷恩公司进行技术合作；多个项目获得市科研项目经费和技术改造贴息。

技术改造项目的实施，不仅提高了产能，而且加速了科技成果转化。在这些先进设备的助力之下，咀香园的广式健康低糖月饼、富硒杏仁饼等

新成果相继推向市场。

咀香园能历久弥新，与其技术创新息息相关。公司里专业技术人员占员工人数的 25%，均已承担国家、省、市科研项目的研究工作。用科技手段创新传统工艺，使咀香园得以更好地传承发展。

做饼也可以成为高级人才

张延杰思考的问题是如何培养人才，在他眼里，所有想成才的人都可培养。10 年来，张延杰不仅自己成为全国技术能手、教授级高级工程师，还诲人不倦地培养了 30 多个咀香园的技术骨干和行业高级人才，包括 5 名全国技术能手、7 名博士后、2 名高级工程师、10 名高级技师、10 名工程师、5 名技师，这样的团队在全国都是少有的。

中山市与江门市仅一江之隔。江门鹤山于清雍正十年（1732 年）建县，1993 年 11 月撤县设市，因市内有山形似仙鹤而得名。鹤山有旅居海外的华侨、华人和港澳台同胞 30 多万人，分布于 50 多个国家和地区，是全国著名的侨乡之一，人称"海内一个鹤山，海外一个鹤山"。

吕瑶瑶，1988 年出生于江门鹤山，大学毕业后选择在中山奋斗出自己的幸福人生。

2010 年 1 月，吕瑶瑶第一次踏入咀香园，就喜欢上这家既现代又古色古香的百年企业，喜欢上了这里的企业文化。当时，吕瑶瑶和她的一位同学一起到咀香园实习。两个月之后，同学回广州，她留下来了。

"那时还没有毕业，感觉中山这个地方的环境很好。"吕瑶瑶说，中山离自己的家乡也不远，在企业可以学到不少知识，后来决定留下来。

在咀香园工作仅两年，在张延杰的悉心栽培下，吕瑶瑶便拿下国家级焙烤大奖。"在学校学的理论多、实践少，而且专业是质量检测，在焙烤食品方面涉足不多。"吕瑶瑶说，刚到咀香园时感觉自己要学的东西很多。

在咀香园，吕瑶瑶很幸运地拥有一个学习技术的平台和好师父。理工科出身的张延杰作为技术中心负责人，一直很重视为年轻的大学生技术人员搭建学习交流的平台，除了组建技术中心、研发团队，在公司内部形成钻研技术、用好技术的氛围外，他每年还组织选派年轻的技术员参加国家、省、市级的专业技能竞赛，让他们在更大的舞台上施展才华，赢得更多人生出彩的机会。

在师徒制方面，做了几十年焙烤的郑师傅是业界焙烤大师，却从来不摆师父"架子"。吕瑶瑶说，跟着师父学艺，出错时，师父不会直接批评，而是委婉告知其中原因。郑师傅不仅把手艺都传给了她，还教她做人的道理，让她学会感恩，让她明白工作要脚踏实地，方能在平凡岗位上有所成就。

2012年，全国第十三届焙烤职业技能竞赛在上海举办。每年举办一届，是目前国内焙烤行业最高水平、最权威、最具影响力的大赛。吕瑶瑶有幸参加了这一国家级赛事，获得总决赛个人金奖及"全国技术能手"称号，成为当时中山唯一获此殊荣的人。

对吕瑶瑶取得的成绩，有着几十年实践经验的指导老师郑师傅更是大加赞赏。"瑶瑶人肯干、踏实，接受能力强，比较灵活，领悟力强。"说起这位爱徒，郑师傅满脸自豪。据郑师傅介绍，参赛前，吕瑶瑶暗下工夫，加紧练习，经常下班后一个人在车间反复琢磨，常常到晚上八九点都还没去吃饭，一直专心做事。

90后的雷敏芝也是站在公司技术研发平台上看远方。在2018年全国第十八届焙烤职业技能竞赛中，雷敏芝以月饼组第一名的好成绩摘得个人金奖，并荣获"全国技术能手"称号。在这次决赛中，制作产品须按指定模具、指定原料、规定重量、规定时间内完成，选手经抽签后进入赛场。比赛评分分别从感官、重量偏差、现场（操作时间、卫生）项目扣分。在月饼传统制作过程中，还加入现代的制作手法，融入健康时尚等新概念，使赛事较以往要求更严格，但更具代表性。雷敏芝凭借出色的专业技能和良好的心理素质，最终脱颖而出。

一说到老手艺，很容易让人想到老作坊里的老师傅，而年轻人似乎与老手艺不搭界。雷敏芝却用心把老手艺"玩"出了新花样，让老字号有了新内涵。"一是有兴趣，二是能静下来，也很努力。在参赛前，她很刻苦，每天下班都在这里操练，每个细节都不放过。传统手艺有了年轻人加入，不仅后继有人，更重要的是他们有知识、有朝气，敢想敢试，能为传统行业带来新气象。"张延杰对这个徒弟很满意。

继承传统并不是抗拒现代科技，只有走传承和创新相结合的道路才有出路。正是由于年轻技术能手的加入，咀香园的产品品种才得以不断推陈出新，适应新市场的变化，也为咀香园的传承发展提供了源源不断的动力。

2013 年蔡晓燕获得第十四届全国职业技能竞赛金奖，并荣获"全国技术能手"称号。

2015 年林家森参加第十七届全国焙烤职业技能竞赛。其提交的参赛作品以独具匠心和创新风味、健康营养、绿色主题鲜明的意念，获得评委的一致好评，得到同行参赛人员的肯定。林家森以出色的成绩获得这次大赛的金奖。

雷敏芝、文梁洪、龚启宙等代表咀香园参加全国焙烤职业技能竞赛，分别获得金奖、铜奖。同时，咀香园以"一带一路"作品参加第十八届全国焙烤职业技能竞赛团体比赛，并获得"顺南馅料杯"全国月饼技术比赛团体赛金奖。

咀香园的技术人才培育模式，有别于技术人员从车间跟着师父一步步成长起来的传统模式，而是以技术中心为平台，从高起点培养一批既有理论水平，又有实操经验的新型技术人才，打造了食品行业内一支少有的企业技术团队，为咀香园的持续健康发展打下了坚实的基础。

夏雨是咀香园技术中心培养的科技项目专家，在张延杰的带领下，先后和团队一起获得专利 20 多项，科研成果 20 项，参与标准制定 10 多项，获奖 20 多次。

孟嫚是咀香园技术中心培养的优秀人才，江南大学高才生，到咀香园后，引进国家重点实验室，并临危受命主管咀香园质控中心，成为咀香园品质的守护者。

探索"新师徒制"

20 世纪 90 年代，郑师傅担任车间技术主任，负责饼干、中式饼的生产、管理，进行新产品研发。2005 年，获得高级技师职称。2006 年开始，担任技能培训班导师，为咀香园培养技能工作人员。2010 年退休后，被咀香园返聘为高级技师，回到公司进行产品创新研发与人才培养。直到 2014 年正式退出时，郑师傅在咀香园工作满 50 年。

返聘为高级技师的四年里，郑师傅和往常一样，按时上下班，用更多的时间、精力向年轻技术工人传授技术。

师徒制在我国由来已久，即老师带领学生学习、工作、生活，使学生更好、更快地融入工作当中的一种形式。我国传统的师徒制通常分为两种概念。一是师父与徒弟，徒弟在师父门下学习手艺，师父将手艺传授给徒弟，徒弟免费为师父工作。双方多为商业与利益方面的合作，所以有"教会徒弟，饿死师父""师父要留一手，免得徒弟打师父"等说法。二是师父与徒弟的关系，师父不仅担任起徒弟的老师，教授其技艺，还要承担起父亲的责任，除了学习外，还要照顾徒弟的生活；而徒弟对待师父则要像对待父亲一样尊敬。这种没有血缘却胜似血缘的关系，让师父与徒弟之间往往形成非常深厚的感情。这种模式在古代师徒制中颇为普遍。

作为现代化食品企业，咀香园在传统师徒制基础上率先进行了创新，并探索出"新师徒制"。在张延杰的不断推动下，新师徒制在咀香园发挥巨大作用。

邬海雄[1]凭借其掌握烘焙糕饼制作技艺的精髓，获得第十五届全国焙烤职业技能竞赛金奖，获得"全国技术能手"。连卫敏成为咀香园生产总监，林润樑成为咀香园杏仁饼车间主任，胡志高作为传统食品标准化的专家，先后参与 20 多项国家、地方、行业、团体的标准制定。

因为咀香园在技能人才培养方面的优异表现，2020 年被广东工商联推荐申报国家技能人才优秀单位。同时，张延杰也被提名中华技能大奖，并申报国家级技能大师工作室。

企业对技能人才的培养大多按照传统的师带徒技艺传授模式，存在培养周期长、培养数量少的问题，焙烤食品加工制作技能大师工作室就在传统师徒模式的基础上进行了创新。工作室根据焙烤食品制作的特征，实行

---

[1] 邬海雄现已调至中山市技师学院任教。

一种"大师—技术骨干（技师）—徒弟"三方形成"传、帮、带"的模式。"传"是指大师传授专业技能知识、职业道德以及做人的道理；"帮"是指有一定基础的生产技术骨干向一线工人提供技能、生活帮助；"带"是指大师或普通老师带着徒弟做实际的项目。企业通过该工作室，解决了产、技、研脱节的实际问题。

2014年起，中山市启动了技能大师工作室的评定，"技能大师"应达到行业（领域）内技能拔尖、技艺精湛、贡献突出等要求，"技能大师工作室"则应具有进行技术攻关、创新、交流和传授技艺的场地。

在张延杰的人才观指导下，咀香园形成了人才培养的独特机制，短短几年，咀香园培养出雷敏芝、吕瑶瑶、蔡晓燕、林家森、邬海雄五名全国技术能手，集聚了夏雨、孟嫚、胡志高等一批高级技术人员。咀香园年轻的科技人员刘霭莎、代学伟、郑萍、蔡志愿、李强、文梁洪也在这个人才模式下不断成长。

2017年1月，张延杰收到国家人力资源和社会保障部寄来的第十三届全国技术能手荣誉证书。根据《中华技能大奖和全国技术能手评选表彰管理办法》有关规定，第十三届中华技能大奖、全国技术能手，经各省（区、市）人社部门和有关部门、行业协会、企业推荐，并经专家评审，最后由人社部授予。"第十三届中华技能大奖、全国技术能手"光荣册里有30名

▲咀香园的焙烤大师队伍

"中华技能大奖"获得者、299 名"全国技术能手"。张延杰由中华全国工商业联合会推送，是这一届全国糕点、面包烘焙行业的唯一入选者。

古语云："玉不琢，不成器。"工匠精神不仅体现了对产品精心打造、精工制作的理念和追求，更要不断吸收最前沿的技术，创造出新成果。国务院总理李克强在 2016 年政府工作报告中提到，要鼓励企业开展个性化定制、柔性化生产，培育精益求精的工匠精神。在实现创新驱动发展的今天，工匠精神显得尤为重要。党的十九大报告中提出要建设知识型、技能型、创新型劳动者大军，弘扬劳模精神和工匠精神，营造劳动光荣的社会风尚和精益求精的敬业风气。

百年咀香园积累的技艺代代相传，人才辈出。近年来，咀香园新人不断在各类大赛上折桂。咀香园在培养高级焙烤人才方面有独特的方法，每年 3—5 月，便在一线挑选部分员工参加技能技术培训班，再从培训班中挑选表现优秀的年轻人参加全国比赛，为一线技术骨干脱颖而出创造机会，为焙烤行业提供了大量优秀人才，也为咀香园未来的发展提供了新动力。

作为中华老字号，咀香园却走在了人才创新的前沿。张延杰说："在咀香园，从技术工人到管理人才、研发人才、博士后、院士，每个人都能找到自己的位置，人才梯队比较完整。特别是企业技术中心组建之后，技术中心就成为人才引进、培养、储备和使用的平台。"在人才平台建设方面，咀香园成立了以技术中心为核心的科技创新平台，组建了一支 30 多人的科研队伍。大力开展与高校、科研机构合作是咀香园人才战略的一大特色。

谈到咀香园发展的人才支撑时，张延杰自豪地说："至少未来五年，咀香园储备的技术和人才都是业内最领先的。我相信，对人才的投入最终都会得到回报，现在拥有的专利成果，未来都会受用无穷。"

建立国家重点实验室分支机构

1988 年 6 月，邓小平根据当代科学技术发展的趋势和现状，在全国科学大会上提出"科学技术是第一生产力"的论断。

党的十八大明确提出"科技创新是提高社会生产力和综合国力的战略

支撑，必须摆在国家发展全局的核心位置"，强调要坚持走中国特色自主创新道路，实施创新驱动发展战略。

2018年3月7日上午，在参加广东代表团审议时，听了10年前归国创业的袁玉宇代表的发言，习近平总书记强调，发展是第一要务，人才是第一资源，创新是第一动力。中国如果不走创新驱动道路，新旧动能不能顺利转换，是不可能真正强大起来的，只能是大而不强。强起来靠创新，创新靠人才。

从"第一生产力"到"第一动力"，国家对创新越来越重视。

2011年，咀香园被广东省科技厅认定为"广东省焙烤食品工程技术开发研究中心"。这是继2003年企业技术中心成立之后的又一平台建设成果。2012年以来，咀香园在实施创新驱动发展战略中加大力度。2012年，中山市"3·28"经贸招商洽谈会上，江南大学食品科学与技术国家重点实验室同咀香园上台签约，在咀香园建立了唯一的分室。

国家重点实验室作为国家科技创新体系的重要组成部分，是国家组织高水平基础研究和应用基础研究、聚集和培养优秀科学家、开展高层次学术交流的重要基地。为了引进国家重点实验室，市领导带队，张延杰、孟嫚等人多次到江南大学拜访徐学明教授团队，并邀请金征宇教授、徐学明教授来咀香园考察。他们对咀香园科研团队的工作给予高度评价，惊叹在焙烤行业还有这样的研发团队，是江南大学最好的合作伙伴。

江南大学坐落于太湖之滨的江南名城——江苏省无锡市。江南大学食品学院在我国同类学科中创建最早、基础最好、覆盖面最广，现拥有我国食品领域中唯一的食品科学与工程国家一级重点学科和食品科学与技术国家重点实验室，拥有国家功能食品工程技术研究中心、粮食发酵工艺与技术国家工程实验室、国家食品企业质量安全检测技术示范中心（无锡）、国家粮油标准研究验证中心等平台。在2012年教育部进行的全国一级学科评估中，江南大学的食品科学与工程学科蝉联第一。

江南大学国家重点实验室的研究强项是食品焙烤与发酵，咀香园的分实验室集中在焙烤食品技术研究。一个是焙烤技术的前沿领导者，一个是焙烤食品行业的老字号，两者结合，正是强强联手。

分实验室成立后，咀香园依托食品科学与技术国家重点实验室的先进设备和科研水平，从焙烤食品原材料的质量检测与控制、焙烤食品添加剂研究、焙烤工艺技术和设备改良与革新、健康保健焙烤食品的研究与开发、焙烤食品工艺的标准化生产等几个方面进行深层次的研究，引领焙烤食品产业更快、更好地发展。

"通过产、学、研合作，今后我们在食品中将加大发挥生物酶在保鲜、保值等食品关键领域的作用，减少食品添加剂的使用。"张延杰表示，这将是未来食品发展的方向，而通过与重点高校的合作，能够为轻工食品产业的发展提供强有力的技术支持。

难能可贵的是，虽然这个国家重点实验室分实验室设在咀香园，但不仅为咀香园单个企业服务，而且为中山的食品产业和研究机构提供了开放平台。分实验室第一个合作项目是将酶技术应用到焙烤食品中，通过酶制剂减少食品添加剂，研发成果可在行业内推广。其中，完美（中国）有限公司和中山市日威食品有限公司、广东嘉豪食品股份有限公司等也在与分实验室合作进行项目研究。

中山食品行业发展历史悠久，已形成一批耳熟能详的品牌。食品作为传统产业，本无多少新意可言，然而中山的食品企业与众不同，近年来借助"外脑"搞创新，为一块饼干、一块腊味、一瓶酱油、一个雪糕、一个面包等赋予不同的内涵。传统食品行业已不再局限于传统，产品创新成为食品行业的必然趋势。

"你别看我们做的是传统饼干，今后饼干的技术含量将越来越高。我们就是要借助高新技术、新品研发来作为提升传统产业竞争力、提高市场竞争力的有力武器。"张延杰说，咀香园研发的高纤产品等功能型产品，将逐步实现产业化。

食品功能化是张延杰科研团队近年研究的方向，既能补充营养元素，调解消费者的身体机能，又能减少消费者的患病风险。而具有这些全新功能的产品量产之后，无疑将显著提升咀香园的市场竞争力。通过创新，咀香园把小小的一块饼干进行功能细分，使之能够具有各种不同的功能。

食品行业是一个传统行业，但绝对也是一个需要不断创新的行业。在营销同质化的今天，产品创新正成为中山食品行业的核心竞争力所在。继设立江南大学食品科学与技术国家重点实验室咀香园分实验室之后，咀香园在平台建设方面的步伐持续加大。

引进国家重点实验室是咀香园研发平台的一次飞跃，也是张延杰所倡导的企业研发平台的成功尝试。张延杰把企业的研发优势和高校的科研优势进行整合，创造性地提出在焙烤行业建立高水平研发平台的设想，并得以实现。

靠山吃山，靠海吃海

横门水道在中山市东部，起于港口镇大南尾（鸡鸦水道与小榄水道会合处），于横门山入海。全长19千米，因横门山得名。横门水道向外延伸，就是宽广的大海，其中包括浩渺的零丁洋。零丁洋即"伶仃洋"，现广东省珠江口外。

广东是全国海岸线最长的省份，海产资源十分丰富。在横门出海口，会看到蔚蓝的海湾就像一幅画卷，无声地诉说着此地的悠长故事。茂盛的红树林像云朵覆盖在水面上。停靠在横门渔港的船只，大小不一，新旧混合，随风轻轻荡漾着。

横门渔港码头边，不少大排档主打地道的渔家海鲜，质朴的竹木棚子，粗粝的大木桌，几张散落的椅子，一派质朴、简单、随意的味道。但老饕们一点都不介意，因为新鲜热辣的海鲜才是他们最关注的。大门口眼花缭乱的海鲜挑选区让人口水横流。海虾蹦蹦跳跳，海鱼吐着泡泡，"横行霸道"的大螃蟹正瞪着鼓鼓的大眼睛。

在横门、崖口，这样的画面天天在上演。如此丰富的海产资源，除了现场品尝，是否还可以进行深加工，让更多的人也能享受这人间美味？深加工，并非天方夜谭。咀香园携手大连工业大学，把这个梦化为现实。

2015年3月13日上午，"国家海洋食品工程技术研究中心咀香园产业化基地"挂牌仪式在咀香园举行。这个基地，将要挖掘更多的"海味"。2013年4月，依托于大连工业大学的国家海洋食品工程技术研究中心，由国家科技部批准建设,中国工程院院士、大连工业大学生物与食品工程学院院长朱蓓薇教授任国家海洋食品工程技术研究中心主任。

在中山市委市政府的诚意邀请下,朱蓓薇院士肯定了咀香园科研的创新做法,同意建立咀香园院士工作站。院士工作站的建立,标志着咀香园的科研水平又上了一个新台阶。朱蓓薇是中国工程院院士,国家海洋食品工程技术研究中心主任,国家高技术研究发展计划(863计划)海洋技术领域主题专家,中国食品科学技术学会常务理事,国家标准化管理委员会水产品加工分技术委员会委员,教育部高等学校食品科学与工程类专业教学指导委员会委员,辽宁省食品科学技术学会理事长,长期致力于农产品、水产品精深加工的基础理论和应用研究,在海洋食品的深加工技术方面取得了一系列创新性成果。作为第一完成人,获2005年国家技术发明二等奖、2010年国家科技进步二等奖、2008年何梁何利基金科学与技术创新奖、2009年大连市科学技术功勋奖。出版《海珍品加工理论与技术的研究》等学术著作8部,发表学术论文160余篇,获国际、国内授权发明专利40多项。

国家海洋食品工程技术研究中心的网站有如下描述:"技术研究中心长期致力于海洋食品加工共性关键技术研究,攻克了海参深加工的系列关键技术,从根本上解决了海参'贮藏难、加工难、食用难'的瓶颈问题,并在全国率先进行海参高值化利用技术的推广,催生了我国海参深加工产业,改变了我国海参干制、盐渍等传统的粗加工模式,有力拉动了我国海参养殖业的发展。

广东海洋资源丰富,咀香园作为广东地区知名的焙烤食品企业,在海洋食品的开发方面,可与国家海洋食品工程技术研究中心实现强强联合。国家海洋食品工程技术研究中心咀香园产业化基地成立后,双

▲"国家海洋食品工程技术研究中心咀香园产业化基地"挂牌

方将展开深度合作，将中心打造成为融教学、科研、人才培养、课程开发、实习实训、海洋食品产业化六大功能为一体的产学研校企合作示范工程基地。

技术中心负责海产原料基础研究和开发，包括海鲜原料理化特性、营养成分分析、活性成分分析、安全性评估等，将为咀香园提供海鲜原料的合格供方，并提供其原料来源的资料和证据等，跟踪研究国内外同类产品的现状及进展。研发重点可优先考虑鲜虾杏仁饼、鲜虾类蛋卷、鲜虾类中式饼点，以后可在鱿鱼、海藻类（如海带衍生产品）方面进行拓展。

张延杰介绍，这个技术研究中心是中山首个海洋食品产业化基地，填补了目前中山利用海洋生物制造健康食品的空白，也为咀香园传统食品注入了新鲜、健康的海洋生物硒元素，有助于研发一大批富硒功能保健系列产品。

2016年9月23日，第十八届中国科协年会全国科技工作者创新创业大赛在陕西西安举行。大赛紧密围绕"创新发展、科技引领"主题，收到科技工作者参赛项目1600多件。经地区赛、复赛评审和推荐，最终185件高水平科技作品入围全国决赛。其中，广东省近10个科技作品入围，中山咀香园的"海洋焙烤食品新品类研发与营销"作为中山唯一入选项目进入全国决赛。

近年来，咀香园在平台建设方面力度空前。2013年，咀香园与华南农业大学联合建立"广东省博士后创新实践基地"。2014年，咀香园技术中心被广东省经济和信息化委员会认定为"广东省级企业技术中心"。2015年，咀香园与大连工业大学朱蓓薇院士建立"国家海洋食品工程技术研究中心咀香园产业化基地"；被国家人力资源和社会保障部和全国博士后管委会批准设立博士后科研工作站和广东省咀香园海洋焙烤食品院士工作站。2015年12月，被中山市人力资源和社会保障局批准成立中山市技能大师工作室。

张延杰对于企业技术创新的痴迷和坚持，20多年从未停步。一步一个脚印，一个山头一个山头去攻，运用自身的优势，探索出企业实现技术创新的独特模式,并坚持实施。在张延杰的推动下,咀香园成为行业最具竞争力的创新平台。

如今,咀香园已建成"一室、两站、三平台、四基地"的科技创新平台架构。一室,即食品科学技术国家重点实验室咀香园分室。两站,即咀香园健康食品企业博士后科研工作站、广东省咀香园海洋焙烤食品院士工作站。三平台,即广东省焙烤食品工程技术研究开发中心、广东省焙烤食品产业技术创新联盟、广东省省级企业技术中心。四基地,即国家海洋食品工程技术中心咀香园产业化基地、广东省博士后创新实践基地、广东省科普教育基地、全国中小学生质量教育示范基地。

高层次平台的建立,标志着咀香园进入了企业技术创新时代。完善的科研团队和先进的研发设施使中心具备强化的实力,已成为行业新产品、新技术、新工艺研究开发的中心,产学研联合和对外合作交流的中心,人才吸引、凝聚、培训的中心,产业化成果转化的中心。企业自主创新能力和技术装备水平大幅度提高,创新体系不断完善,打造了一批拥有核心关键技术的科技成果和新产品。

咀香园技术中心具有十分稳定的产、学、研合作机制,先后与华南理工大学曾庆孝、李汴生、阮征团队,华南农业大学杜冰团队,江南大学徐学明,大连工业大学辛丘岩团队,广东药科大学吴小勇团队,广东工业大学及广东省农科院等联合开展各类科研项目,进行申请专利、制定国家行业企业标准、开发新产品等合作,并培养博士后、教授级高工、全国技术能手等各类人才。

科技与经济结合,更有"味道"

"这是我第三次来到中山。中山厚重的文化底蕴打动了我,这里产业基础,生态环境好,有政府支持,科学家有用武之地。"2017年3月30日上午,中国工程院院士朱蓓薇坐客中山职业技术学院,以"创新发展大健康食品产业,助推健康中国"为主题做了专题讲座。讲座上,中山市领导还向朱蓓薇院士颁发了中山市政府顾问聘书。

中山是一方孕育人才的沃土，对人才格外重视。在 2017 年 3 月 28 日举办的中山市"3·28"招商引资·招才引智洽谈会上，除了招商成果丰硕外，在"引智"领域也实现了突破。当天开幕式典礼上还特地设有"颁发政府顾问聘书"环节，这是历届招商会中的"首次"。47 名来自经济、金融、科技、规划、文化等领域的国内外顶尖专家受聘为中山市政府顾问，其中 17 名为院士，占比达 36%。

进入"智囊团"的专家中，不少是科技领域的佼佼者。如中国科学院院士，南京工业大学校长、党委副书记黄维，是我国有机电子学与柔性电子学的主要奠基者之一。他先后创建了复旦大学先进材料研究院、有机电子与信息显示国家重点实验室、国家先进生物与化学制造协同创新中心、国家级柔性电子材料与器件国际联合研究中心、教育部柔性电子国际合作联合实验室、江苏省柔性电子重点实验室和国家柔性电子创新引智基地以及南京工业大学海外人才缓冲基地（先进材料研究院）等学术基地。

在院士名单中，还有祖籍中山的专家，如中国科学院院士、微电子学专家郑耀宗，中国科学院院士、著名海洋生物学家郑守仪，中国工程院院士、光纤通信专家赵梓森，中国工程院院士、高电压技术专家郑健超，中国工程院院士、工程与技术科学基础学科（岩土工程、地质工程）专家李焯芬，中国工程院院士、塑性加工与数字化制造技术专家阮雪榆等人。

中山市的土地面积虽小，但院士比例不低。据中山市科学技术协会统计，目前国内的中山籍院士共有 7 人，如果算上已故的 3 名院士，中山籍中国院士人数达到 10 人。还有中山籍旅外院士尚未统计，如加拿大皇家科学院院士孙靖夷。2018 年中山市"3·28"招商引资·招才引智洽谈会暨第五届中山人才节举办期间，孙靖夷回到家乡中山，中山市政府为他颁发了政府顾问聘书。

2017 年的招商会开幕当天，朱蓓薇院士因有事没能赶到现场，正好趁这次专题讲座之机，市政府单独为其进行"补发"。朱蓓薇是中国海洋食品领域带头人、国家海洋食品工程技术研究中心主任、国家高技术研究发展计划（863 计划）海洋技术领域主题专家。2015 年，咀香园与朱蓓薇院士合作成立了中山市咀香园海洋焙烤食品院士工作站，该工作站还获批成为中山市第四批市级院士工作站。

中山素有"鱼米之乡"的美誉，焙烤食品、腌腊制品、调味食品、饮料等具有中山特色、门类齐全的健康食品产业在全国具有一定的影响力，但发展水平仍受到传统工业制约，在产品开发和升级方面还存在诸多亟须解决的行业共性问题，因此，亟须提升技术创新水平，推进行业的产业化、规模化发展。

2017年的中山市"3·28"招商引资·招才引智洽谈会期间，中山食品学会和朱蓓薇院士团队签约共建中山健康食品产业创新研究院，建立覆盖不同领域的食品研发和产业化合作平台。这一平台为中山市焙烤食品、肉制品、调味品、饮料、特色水产品等相关企业提供了技术支持和科技研发服务，加快推进健康食品产业转型升级。同时，借助这个平台，将第一、二、三产业进行必要融合，面向珠三角甚至全省、全国的健康食品产业提供技术服务和支持，逐步建立以中山为主导的行业标准，进一步扩大了中山健康食品行业的影响力。

其实，早在2016年，咀香园与朱蓓薇院士团队就开始思考如何与在广东建立技术产业联盟，让技术更好地服务于产业，让科技与经济更好地结合起来，提高生产力。2016年2月，咀香园联合广州酒家、东莞市华美食品有限公司、广东荣诚食品有限公司、中山市日威食品有限公司等八家焙烤食品生产企业，华南农业大学、华南理工大学、江南大学等六所科研院校，以及广东食品学会等两家行业协会申报的"广东省焙烤食品行业技术创新联盟"，获广东省科技厅批准组建。

广东省焙烤食品行业技术创新联盟是由从事焙烤食品的生产企业、高等院校、科研机构、行业协会等自愿组成的一个融专业性、学术性、联合性为一体的非营利性社会团体，是以企业发展需求和各方共同利益为基础，以提升焙烤行业技术创新能力为目标，形成的联合开发、优势互补、利益共享、风险共担的产业技术创新合作组织。

2016年6月，咀香园在广州举行了"广东省焙烤食品产业技术创新联盟成立暨首届焙烤食品技术创新论坛"。此次联盟成员也得到了扩充。联

盟由华南理工大学、江南大学等 10
所高等院校，中国食品发酵研究院
等 8 家研究院所，广东省食品学会
等 5 家行业协会，咀香园等 20 家
焙烤企业联合组建，中国工程院朱
蓓薇院士担任联盟名誉理事长和专
家委员会主任，张延杰担任联盟秘
书长。

▲ "广东省焙烤食品产业技术创新联盟"
挂牌

国家统计局数据显示，全国规
模以上焙烤企业 1400 多家。广东省焙烤食品走在全国前列。广东省焙烤食
品产业技术创新联盟的成立，将利于有效整合焙烤行业技术创新资源，促
进焙烤食品科研与生产的紧密衔接；加强行业内技术集成创新，推动产业
结构优化升级。联盟以企业的发展需求和各方的共同利益为基础，以突破
共性技术瓶颈、整体提升产业自主创新能力为目标，搭建企业和行业专家
深度合作的桥梁，共同建立焙烤食品产业技术创新互联网化的平台，快速
实现焙烤食品技术成果转化和创新发展。

作为食品行业的资深技术专家，张延杰认为，成立广东省焙烤食品产
业技术创新联盟不是让大家聚在一起，开开会，吃几顿饭就完事，更重要
的是探索"技术成果—市场"的有效转化机制。联盟的一个核心工作是建
立焙烤食品产业技术创新移动互联公共服务平台，重点推动焙烤食品可转
化的应用技术，让技术创新科研成果的价值与市场紧密结合；依靠金融助
力焙烤食品技术创新与产业发展，打造高端联盟品牌，提升焙烤产业核心
竞争力；实现企业的发展需求和各方的共同利益，优势互补、利益共享、
风险共担、长期合作、共同发展，通过完善运作机制和利益共享机制，使
我国焙烤食品技术创新达到国际领先水平。

"与过去的产业联盟不同，这次更注重出实实在在的成果。"张延
杰说。

只有科技与经济更有效地结合，技术创新之路才能走得更远。约瑟
夫·熊彼特在其所著的《经济发展理论》中，对科技与经济两者之间的关

系做了论述：科技与经济之间存在的那个共性才是根本的，差异是因为对那个共性的理解存在分歧。生产不可能"无中生有"，生产所能做的，只是影响或者控制事物或者自然过程，也有人喜欢用"自然力"这个词。无论是从技术角度还是从经济角度，都不可能打破这样一条自然规律。经济组合和技术组合各有侧重，前者侧重于现存的需求及满足手段，后者侧重于生产方式的基本思想。尽管如此，两者并不矛盾。

1985 年以来，我国积极推行科技体制的改革举措，倡导把科学技术投入经济建设主战场中，已经形成一定规模的科学技术市场。科学技术在经济建设中发挥了更大的作用。民营科研机构在 20 世纪 80 年代开始形成一支科研新军，在 90 年代迅猛发展。民营科研机构的产生，对传统科研体制是一个重大的突破，实行科研、生产、销售一体化，为科技与经济的结合开创了新通道。

中山在科研平台建设与经济结合方面起步较早。据统计，至"十二五"期间，中山已经拥有省级实验室体系平台 142 家。其中，省级工程技术研究中心 121 家，省级企业重点实验室 4 家，国家重点实验室分支机构 9 家，省级工程实验室 5 家，国家地方联合工程实验室 2 家，国家地方联合工程研究中心 1 家。实现了镇区全覆盖，涵盖电子信息、生物医药、新材料、光机电一体化等多个技术领域。基于企业创建的实验室体系平台，不仅可以实现技术与市场的双向互动，更契合企业应用型技术的研发、转化需求，同时有更高的转化效率。"十三五"期间，中山在国内外高端平台的建设方面力度更大，为打造区域科技创新研发中心提供更多新动力。

一块小小的杏仁饼，含 6 项国家专利，1 项国家星火计划，20 多项国家、省、市级科研计划。这就是咀香园依托国家重点实验室等科研平台，为中山传统美食注入创新元素，让传统食品企业拥有更多创新优势和市场优势的生动案例之一。

"现在我们的创新平台已经很丰富了，下一步重点是研究如何更好地利用这些平台，让平台发挥更大作用，避免科技与经济'两张皮'，更好地实现科技与经济的结合。"张延杰说，下一步将加大对这些创新平台的整合力度，打造一个国内较强的食品技术专业平台，除了为咀香园提供技术支撑，还可以助力整个食品行业解决共性技术难题。

刻苦钻研结硕果

"这是我们不久前才开发出来的玉米、苹果、香蕉等系列干货。这些产品具有营养不流失、绿色健康、保质期长、轻便、易携带等特点，过去是航天员专用的。"

中山市食品加工高新技术中试工程中心致力于为中山市淡水产品、焙烤食品、果蔬产品和调味品行业开展新颖、健康、安全的高新技术服务，促进学术、技术和产业链深度融合。这个中心由中山火炬职业技术学院主办，咀香园联合共建。中试工程中心正通过新技术，为农产品进行深加工，从而跳出传统农业中的"果丰伤农"的不良循环。

"过去食品产业中使用的冻干机设备主要靠进口，价格高。现在国内生产的设备达到了技术要求，而且设备价格只是国外的三分之一，这为食品冻干提供了条件。"中试工程中心工程师陈大海介绍，购置了先进设备，食品加工多了技术保障，新技术可以解决农户的后顾之忧，特别是避免因丰收而滞销的"果丰伤农"现象。

陈大海认为，通过深加工，可以避免果蔬类产品受季节的影响，让产品销售时间更长、市场更广，将来冻干等技术还可以运用到中山的香蕉、菠萝、莲藕等特色农产品中，给行业带来可观的效益。

中山位于珠三角，水产品和农作物丰富，香蕉、菠萝等水果闻名遐迩。2016年11月5日，第十四届中国国际农产品交易会在春城昆明举行。来自世界各地的特色农产品同台比拼，中山"茂生园"香蕉以口感和果肉品质等方面的优势获得第十四届中国国际农产品交易会金奖。

据说，早在20世纪二三十年代，中山"茂生园"香蕉已是远近闻名的"一代名蕉"，蕉身较其他香蕉肥大，皮薄青黄而带小黑点（俗称"梅花点"），同一把香蕉果形平均，色泽均匀。更重要的是，其蕉肉有滑、香、甜等特点，尝起来口感滑嫩，味道鲜美香甜，一直是附近一带爱蕉之人的首选。

咀香园和华南农业大学杨公明教授团队强强合作，开始主攻香蕉的深加工。

2017 年 9 月 26 日，中山市农业局召开了由咀香园承担的 2017 年产业扶持资金——农业发展专项资金（中山市农产品加工企业及市场流通商务发展资金）"香蕉特色农产品精深加工及产业化建设"项目验收会。

杨公明教授、杜冰教授多次来咀香园。项目通过购进新的加工生产设备和引进先进生产工艺，建立香蕉农产品精深加工生产线，并通过利用项目单位多年研发储备的香蕉深加工技术和成果，其中包括液氮排氧打浆技术、香蕉护色技术、喷雾干燥制粉技术、香蕉特色焙烤食品综合开发技术、真空冷冻干燥技术等，开发出香蕉系列食品，丰富市场上的香蕉产品种类，拓宽香蕉销售渠道，带动当地香蕉产业经济，为当地的蕉农创收。通过项目实施，咀香园建立起了香蕉年处理量 200 吨、香蕉产品年生产 350 吨的香蕉深加工产品生产线，并推出了六款香蕉特色产品，构建了香蕉焙烤食品研发体系。

香蕉的深加工只是咀香园新技术在传统农业上应用的一个缩影。咀香园和华南农业大学杨公明、杜冰科研团队在传统农业科研研发方面进行 10 多个项目的深度合作，成为全国产学研的样板。

在水产方面，由吴小禾领衔的"三角镇优势水产品生鱼的高值化全利用技术研发及产业化生产"项目，已被评定为 2016 年中山市重大科技攻关项目，生鱼肉香肠、鱼骨汤粉等深加工产品获得市场认可。"发展农产品深加工，首先要解决技术创新问题。目前除了中试工程中心外，中山市内还没有一家专业的农产品深加工公益服务平台。虽然国内食品科研院校不少，但由于距离较远，难以建立密切的沟通，农产品加工创新技术难以得到推广。"吴小禾说。

吴小禾的事迹在由李衡、钟嘉妍、杨琼等主笔的《为了东边合作社人民的美好生活——中山火炬职院助力乡村振兴战略的"东边实践"》[1]的报告文学里有详细的描述。文中写道：

---

[1] 2018 年 3 月 15 日发表于《中国教育报》第 06 版。

2009 年，吴小禾从中国农业大学博士毕业后便来到广东，最终选择了中山火炬职业技术学院。作为一名高职院校的教师，他对自己的研发工作有比较清晰的定位，一直想做点专业服务产业的接地气的项目。他了解到，当时整个中山市在食品研发方面的力量相当薄弱，食品企业的技术水平比较低。直觉告诉他，这将是他有所作为的方向。

2013 年，他向学院申请筹建一个食品工程的中试工程中心，用于技术转移和成果转化，整合市内外各高校的先进食品技术进行中试和推广服务，同时培养食品工程方面的人才。这个思路得到了王春旭院长和各位院领导的充分肯定。

鉴于吴小禾的才华和诚意，中山百年老企业咀香园向他伸出了援助之手，向中试工程中心准捐赠（捐赠使用权）了 50 万元食品中试工程设备，联合共建这个中试平台。

2014 年年底，中试工程中心在学院实训校区完工。吴小禾第一时间带领学生团队进入该中心，开始了历时半年的紧张调试工作。当时，该中心在整个华南地区算是比较先进的食品中试平台了。

张延杰科研团队在咀香园这一富有魔力的科研平台上，展现出了杰出的创造力，探索出高效的产学研合作模式，为传统食品企业的发展提供了全新的思路，也结出累累硕果。

1998 年开始和华南理工大学曾庆孝教授团队合作，开始产学研的模式探索，顺利解决绿豆发芽过程中的微生物问题，为杏仁饼的健康发展奠定了坚实基础。该项目获 2 项专利，3 项科技成果奖。

2001 年，和广东工业大学朱净涛团队合作，开启博士后培养新思路，朱净涛博士通过自动打饼机成为咀香园首位博士后。

2003 年，开始和吴小勇博士团队合作，18 年从未间断，一起研发十多个项目，获得 5 项发明专利，6 项科技进步奖，发表论文 10 多篇。

2005 年，开始和华南农业大学杨公明教授团队合作，杨公明教授是国内知名的水果研究专家，曾在陕西对苹果进行全方位研发。到华南农业大学后任食品学院院长，和咀香园一起对岭南特色水果进行香蕉研究，获得数十项科研成果，先后获得粤港澳专项、省重大科研项目、专利10多项、论文10多篇，培养了几十位博士、硕士等高端人才。为咀香园在产学研方面的模式探索注入了强大的动力。

2008年，开始和华南理工大学李汴生教授，阮征教授团队合作，对杏仁饼、月饼的生产工艺进行研究，形成有价值的专利10项、科技进步奖5项，培养研究生多名。

2009年，开始和广东农科院进行产学研合作。廖森泰研究员、邹晓雨研究员团队和咀香园一起进行桑叶、桑葚资源的开发研究，并获得重大科研成果，申报国家科技进步奖和各种奖项10多次，获10多次专利成果。

2012年，开始引进江南大学食品科学国家重点实验室，和徐学明教授在发芽糙米等项目上进行合作，为咀香园产学研平台的提升打下了坚实的基础，使咀香园技术中心向国家队方向靠拢。这是咀香园技术中心有里程碑的一件大事！

2013年，和华南理工大学的王娟博士开始研究佛手果，开启产学研扶贫的探索！获得各种成果6项。

2014年，开始和国家海洋食品工程技术中心进行合作，建立产业化基地，提出海洋焙烤食品新品类。受人尊重的朱蓓薇院士莅临咀香园指导，经过考察和交流，中山市委市政府多次诚意邀请，朱蓓薇院士终于同意在咀香园建立海洋焙烤食品院士工作站。标志着咀香园的研发平台达到前所未有的高度，朱院士带来的不仅是技术和研发的指导，更是我国食品企业未来的发展方向，朱院士为咀香园的产学研平台发展给予方向性指导，使咀香园技术中心真正成为行业最具竞争力的研发平台。

2015年开始有李向丽、张桂芝、郭艳峰、淮亚红、杜冰、白永亮、吴小禾七位博士后从咀香园博士后工作站顺利出站，咀香园博士后工作站正式成立。

2016年成立中山——工布江达特色农产品推广中心，为科技扶贫做了全新模式。

2018年，开始和暨南大学欧仕益教授团队合作开展高端研发项目：焙烤食品危害因子的研究，该项目在国际上处于领先水平。

2019年，开始和中国食品发酵研究院宋全厚教授团队进行全方位合作。

咀香园近20年在科研方面的成果：

1. 获得国家、省、市科技立项30项；

2. 获得发明专利13项，实用新型专利8项；

3. 获得科技进步奖17项；

4. 技术革新10项；

5. 参与和主导制定标准19项；

6. 发表科技论文15篇。

食品要从实验室到市场，中间周期很长，单个企业很难完成。中试工程中心通过先进的设备和专业人才，可以缩短过程，用最短的时间完成中试，促进科技成果快速转化，将来也可以把西藏一些高原特色农产品拿到这里进行中试，开发更多新产品，开拓更广阔的市场。

未来，协同创新中心还可逐步发展成为创业和孵化基地，引入金融和风险投资机构，可以作为小微企业、初创企业的前三年孵化基地，避免这些小微企业在创业初期背负过大的厂房、设备等硬件投资压力。

家门口的"产学研"

中山火炬职业技术学院创办于2004年4月，坐落在中山火炬开发区，是全国高新区内最早由自己创办的大学，开了高新区自办大学的"先河"。国家科技部原党组成员、科技日报社原社长张景安曾总结中山高新区具有"十个一"的特点，自办大学就是其中一个"一"。

经过十多年的发展，中山火炬职业技术学院已成为国家骨干高等职业院校。从位于中山港大道旁的中山火炬职业技术学院到位于沿江路边的咀香园，不到10千米。咀香园除了与国内外大学、科研院所等展开合作外，与"家门口"的这所高等职业院校更是"零距离"拥抱。

在创新驱动战略下，咀香园与中山火炬职业技术学院合作的科技成果丰硕。以 2015 年为例，双方便成功完成四个项目的技术研究。

第一，乌鱼加工特性研究与高值化全利用技术及系列产品开发。项目组为中山市本地的食品加工研究团队，立足于服务当地产业，受到三角镇政府和农村养殖合作社的青睐，被委托探明乌鱼的特色所在，为打造乌鱼地方名片提供理论基础和决策依据。项目主要研究中山特色优势水产乌鱼的原料特性、加工特性和保健特性，并针对乌鱼骨、皮、内脏等副产物开发副产物的高值化全利用技术，开发出乌鱼系列即食产品（包括烧烤型、油炸型、鱼肉肠和鱼子酱四类）和功能性保健品，并进行产业化推广。

第二，广东特色石岐乳鸽新型深加工工艺研究。研究目的是延长石岐乳鸽产业链，增加附加值，开发其加工产品，填补市场空白。采用实时定量 PCR 技术，分析石岐乳鸽风味特征和遗传基础；采用文献报道的方法对其化学成分和生物成分进行检测；同时进行肌肉品质研究，分析其风味物质含量的区别；对加工前乳鸽进行排酸处理，延长货架期；采用不同的工艺（如传统工艺烤制和新型工艺烤制，或腌制的方法）对其进行加工工艺研究，开发不同的食品，并针对不同工艺进行有害物质检测并改进。

第三，黑蒜及黑蒜果醋的研制。黑蒜集多种对人体有效的成分于一身，且在口感上除了普通大蒜的辛辣味和刺激性味道外，味道酸甜，富有弹性，对于对饮食健康要求越来越高的现代消费者来说是一种绿色安全的新型食品。但是目前国内对黑蒜的研究较少，并且黑蒜的制作存在生产周期长、成本居高不下、黑蒜中有效成分难以控制的现象。项目针对目前存在的情况，系统地研究了黑蒜研制工艺，采用先恒温再变温的发酵熟化技术，优化出一种尽可能多地保存黑蒜抗氧化成分及抗氧化能力的生产工艺，为黑蒜的工业化生产提供理论依据和工艺参数。同时，为进一步提高产品经济效益，本项目以制备出的黑蒜为原料，结合当地的水果资源，采用现代化生物技术酿制出风味浓郁、新鲜爽口、功效独特的保健复合型黑蒜果醋。

第四，广式焙烤食品丙烯酰胺含量检测、形成机理与抑制的研究。
2015年4月12日，由中山市科学技术局组织并主持，对中山火炬职业技术学院、咀香园和中山出入境检验检疫局完成的"广式焙烤食品丙烯酰胺含量检测、形成机理与抑制的研究"进行了科技成果会议鉴定。鉴定委员会认为，该项目建立了焙烤、油炸和膨化三大类热加工食品中丙烯酰胺含量的SPE-LC-MS/MS检测方法，并对市售产品进行检测分析，表明该方法灵敏度和准确度较高，具有一定的应用前景；研究了杏仁饼和广式月饼中丙烯酰胺的抑制方法，并通过对原材料预处理和焙烤过程的工艺参数优化，确定了广式焙烤食品生产过程中丙烯酰胺抑制技术，具有较好的应用前景。鉴定委员会一致认为，该成果在广式焙烤食品中丙烯酰胺检测和抑制技术方面达到国内领先水平，同意通过科技成果鉴定。

共享经济时代，科技创新资源将更具开放性。2016年10月27日，咀香园院士工作站工作汇报及平台化发展研讨会在中山火炬职业技术学院举行。会上，专家们围绕单一企业型院士工作站如何打造成服务区域性院士工作站进行研讨。截至2018年3月，中山市建有院士工作站九家，咀香园海洋焙烤食品院士工作站欲先行先试，探讨由单一企业型院士工作站"独享"，向服务区域性院士工作站"共享"转变，为整个健康食品行业提供技术支撑。

"作为一个高端平台，我们不仅仅是合作完成一个项目，而且要对企业发展理念的提升都起到引领作用。"张延杰说，咀香园海洋焙烤食品院士工作站自2015年建站以来，已开发系列海洋焙烤食品，并在推动科技成果应用、培养人才、增强企业竞争力、提升行业水平等方面发挥了重要作用。

▲ "咀香园海洋焙烤食品院士工作站"挂牌

为使更多企业得到院士及其团队的技术指导，咀香园院士工作站将提升为企业平台型院士工作站，让院士及其团队强大的科研力量和深厚的技术惠及更多企业和行业。

院士工作站以咀香园作为主要承担单位，可接受有意向的单位、企业的申请，申请单位经过院士工作站承担单位的审核。经院士同意，可通过与院士工作站签订合同，成为会员单位。会员单位可通过院士工作站，开展科研项目。项目可作为院士工作站的子项目，得到院士及其团队的技术支持。

企业平台型院士工作站建立后，将主要为中山焙烤行业的相关企业提供技术服务，为中山特色水产品的研究与开发提供技术指导，以促进脆肉鲩等产业升级转型，为中山调味品等行业的研发提供咨询服务和技术指导。

咀香园与中山火炬职业技术学院的合作实现了"无缝对接"。乘着中山市第四届人才节的春风，2017 年 3 月 31 日，"中山火炬职业技术学院咀香园健康食品学院"正式揭牌成立。中山火炬职业技术学院院长王春旭介绍，中山火炬职业技术学院已建立五个冠名学院，这次通过校企合作办学，更好地传承中山百年老字号的文化与工匠精神。

该食品学院由咀香园首席技术官张延杰任院长，中山火炬职业技术学院食品科学副教授、咀香园出站博士后吴小禾任副院长。食品学院第一、二学年主要在中山火炬职业技术学院开授基础知识与食品理化检验分析、仪器分析食品、健康食品加工技术等课程，第三学年主要在咀香园开授微生物与食品工厂卫生管理、食品安全管理体系审核员培训等课程。

在人才培养方面，咀香园与全国 10 所高校开展紧密合作，获得"优秀博士后流动站"的称号。四名在站博士后中，有三名来自中山火炬职业技术学院。所培养的技术能手中，有一名来自中山火炬职业

华南农业大学
咀香园健康食品（中山）有限公司

博士后创新实践基地

广东省人力资源和社会保障厅

▲咀香园"博士后创新实践基地"挂牌

技术学院。所招录的来自中山火炬职业技术学院的毕业生，不少走上各食品企业中层领导岗位，成为技术中坚力量。

2015年4月，咀香园在其博士后创新实践基地举行了中山火炬职业技术学院李向丽博士后出站报告评审会。这次出站报告评审会是咀香园博士后创新实践基地自2013年建立以来举行的第一次博士后出站评审会。评审会上，专家们充分肯定了李向丽博士后的研究成果，并一致同意其出站。这是咀香园博士后创新实践基地首个出站的博士后，标志着咀香园已初步建立博士后科研工作管理制度，不仅在理论研究和技术开发上取得了一定的成绩，同时也为社会培养高层次人才做出了探索。

叶景峰院长希望，咀香园健康食品学院能培养更多的技术能手，能够成为高技能人才培养的典范；同时，在博士后培养、师资培养、实训基地项目合作、实验室建设方面成为校企合作的典范。

揭牌当天，咀香园公司执行董事、总经理郭伟文在致辞中说，中山火炬职业技术学院和咀香园同在中山高新区，双方合作共建健康食品学院具有得天独厚的地理优势。学生前两年在中山火炬职业技术学院本部进行理论学习和技术训练，最后一年在咀香园完成技能实践，这将使学生的技能培养真正与企业需求融为一体，从而强化学生的职业素养和技能水平，高度整合资源链、创新链、产业链和人才链，实现"四链"融合的产业技术创新体系建设。

此前，中山火炬职业技术学院与咀香园已有长达八年的合作，双方在教学、科研、人才培养和技术开发等方面开展了全方位、多层次、多样化的合作。共建咀香园健康食品学院，标志着双方进入协同发展的新时期。

2017年6月30日，咀香园联合中山火炬职业技术学院共同申报了中山市新型研发机构"中山健康食品高新技术产业创新研究院"认定，并完成现场答辩工作。

"互联网+"不是赶时髦

"小时候，记忆中的中秋，月色皎洁，凉风习习……"这是2016年中秋节前，咀香园与中山日报社微信公众号发起的"给月亮写信，拿免费月饼"活动。网友"@琳（骏朗）"写给"月亮"的信获得最高人气奖。

2016年9月7日晚，中山日报社微信公众号发出"征信"英雄帖："在中山，有这样一群孩子，他们来自市特殊教育学校、小榄博华特殊教育学校。由于各种原因，他们生理或心理上有着小缺陷，但这些并未影响他们观星星、看月亮。这些可爱的孩子更像是月亮，让我们拿起'笔'给他们写封信。经过投票，一旦您的信被选中，您将获得一盒由中山百年老店咀香园提供的月饼。您的信将和月饼一起送给您的'月亮'。"

活动启动两天，活动方共收到网友提交的560封信。当天，微信公众号即挑选其中35篇优秀作品，供网友投票。活动结果公布，网友投票中，共有20名网友的信获得"月亮奖"。

这是老字号咀香园"触电"的一次尝试。当网购成为时尚时，老字号咀香园也学着"赶时髦"，利用阿里巴巴、淘宝、拍拍网等网络渠道开始售卖产品。随后，团购之风盛行。咀香园又自主开辟了团购营销方式，紧跟时代步伐前行。如今，除了专卖连锁店外，网上销售已成为咀香园重要的零售方式。

随着时代的发展，传统的"酒香不怕巷子深"的营销模式已不具备说服力。扩大品牌影响力、宣传品牌文化形象，成为当前最被企业看重的营销方式。在市场经济条件下，我国老字号企业要想很好地生存发展，部分落后于市场经济要求的传统经营观念须及时更新，以顺应现代化的发展。

咀香园与时俱进，开发新产品，提高品位，甚至在包装款式和开拓新品种上寻求突破，在比较高的起点上参与国内和国际市场竞争。

2015年年初，全国人大代表马化腾提交了《关于以"互联网+"为驱动，推进我国经济社会创新发展的建议》的议案，表达了对经济社会创新的建议和看法。在马化腾看来，"互联网+"是指利用互联网的平台、信息通信技术把互联网和包括传统行业在内的各行各业结合起来，从而在新领域创造一种新生态。

2015年3月5日上午，十二届全国人大三次会议上，李克强总理在政府工作报告中首次提出"互联网+"行动计划。政府工作报告中提出："制定'互联网+'行动计划，推动移动互联网、云计算、大数据、物联网等与现代制造业结合，促进电子商务、工业互联网和互联网金融（ITFIN）健康发展，引导互联网企业拓展国际市场。"

"互联网+"，不仅仅是一种新技术，更是一种新的思维方式。作为百年老字号的咀香园没有拒绝"互联网+"，而是积极主动去拥抱。从百年发展历史来说，主动接受新事物是咀香园的一大特点。

2016年6月，有一则重磅消息：6月16日，上海迪士尼乐园正式开园，这是中国第二个、中国内地第一个、亚洲第三个、世界第六个迪士尼主题公园。6月15日，咀香园举行了一年一度的中秋月饼全国订货会，在延续传统品种的基础上，推出"苏堤晓月"等五款新品，与来自全国各地的订购商现场签订了合作协议。与以往所有的月饼订货会不同，咀香园在延续2015年微信营销的基础上对活动进行优化和升级强化终端拉动，推出了"扫二维码赢取上海迪士尼双人游套餐"活动。买月饼后扫二维码，就有可能赢取上海迪士尼游套餐，这是2016年咀香园推行"互联网+"的一次尝试。

2016年8月25日，咀香园举办了一场"国内首创私人定制月饼"见面会，诚意邀请了十多位市民亲身体验新品佛手果系列月饼的制作。在活动现场，工作人员先对环境进行严格消毒；接着给每位参与制作的市民戴上口罩、手套，并多次喷洒消毒酒精；然后让市民在师傅的指导下，制作自己独一无二的月饼。

进入咀香园食品微商城，点开左下方的"定制商城"，选择"进入定制"，便可进行佛手果系列月饼定制，包括印花定制、包装选择、定制寄语等。顾客购买任意数量月饼，都可激光刻印带有指定名称或单位名称的贴花。购买10盒以上，可联系在线客服，激光刻印专属寄语，如"某某某，祝您中秋快乐""某某某，祝您举头望明月，低头闻饼香"等祝福语。

佛手果系列月饼是咀香园博士后科研工作站的一大科研成果。众所周知，潮汕三宝之一的"老香黄"，即佛手，里面含有多种活性成分，具有降血脂功能。让人意想不到的是，咀香园博士后科研工作站更是将其作为新型特色食品原料进行研究，最终制作出功能性佛手果食品基料，开发出

"佛手果纯莲蓉""佛手果红豆沙""佛手果绿豆蓉"系列特色佛手果焙烤食品。

这次全新的线上定制颠覆了传统的月饼销售模式，只在咀香园食品微信平台定制发售，线下门店不铺设产品。

企业必须注重新工艺、新技艺、新品种的研发。月饼市场，如今不仅是传统月饼的市场了，营养、健康、美味的产品加上时尚简约的包装，配合多渠道的销售模式，给月饼行业带来一股新潮流。这次"私人定制"活动开始后仅仅半个月，就接收到来自北京、广州、深圳等地的近万张订单。购买"主力军"为 30 岁左右的青年人。

过去的中秋文化节，更多的是对中秋传统文化的一种追忆，在包装设计上也喜欢用大红色、嫦娥奔月、铁盒等"千年不变"的旧元素，设计相对"土"一些。而咀香园佛手果的包装设计适合互联网的"小清新"风格。这个产品系列的设计是咀香园特意请 90 后青年设计师设计的，用纸作为包装材料，既环保又简单。吃完月饼，包装盒还可以放在书房里做装饰。

佛手系列月饼的推出，正好反映出当前月饼市场的新风尚。月饼包装的设计风格以简约环保、突出节日文化、彰显品牌为主，产品从以前的纯粹追求口感逐步向以健康绿色理念为导向转变。

咀香园的定制商城也是中山月饼行业对接互联网的一个缩影。随着"互联网 +"日趋盛行，中山越来越多的商家倾向于通过网络，拓展销售渠道，提升品牌力。将传统的月饼订货会、月饼包装与潮流的微信、迪士尼乐园、"新青年"等新元素巧妙结合，足以看出咀香园与时俱进的经营理念。

咀香园"触电"由来已久。随着互联网信息的飞速发展，市场客户的响应速度、客户服务质量均有提升，工业化成为信息化的物质基础和重要载体，信息化则成为工业化的延伸和发展，是提升工业化的动力；大力推进信息化与工业化融合，拓展和丰富了工业化内涵，加速了"服务型制造"的进程。

对处于经济战略转型期的咀香园来说，"十二五"既是咀香园实现新跨越的黄金发展期，也是应对新挑战的关键攻坚期。张延杰介绍，大力推进信息化与工业化融合，有利于发挥信息技术的创新作用与倍增效应，提升新兴产业，优化传统产业；有利于促进百年老字号咀香园的经济发展方式由粗放型向集约型转变，走科技含量高、经济效益好、资源消耗低、环境污染少、人力资源优势得到充分发挥的新型发展道路；有利于促进信息文明与工业文明的融合，不断提升企业科学化管理水平；有利于百年老字号咀香园建设成为全国同行业的重点企业、区域食品行业的骨干。

2017年，咀香园的"两化融合管理体系建设"被列入广东省经济和信息化委员会项目。咀香园推行的"互联网+"是全方位的，除了私人定制、网上商城外，企业网站还开设了3D展厅，消费者选货时有身临其境之感。打开网站，轻轻一点，百年风采尽在"网"中。

一流企业做标准

咀香园的标准行为最早可追溯到民国时期的打假活动。咀香园杏仁饼坚持用传统手工制作，风味独特，深受百姓喜爱，从始创初期就引来民间作坊纷纷仿效制作，以致咀香园生产厂家早在民国时期就在报纸上刊登打假广告，以维护自己的传统制作工艺品牌的声誉。

翻阅咀香园的历史资料，可以发现，标准制定成为咀香园创新的主线之一。

1988年4月，咀香园制定了各部门工作标准，包括全面质量管理办公室工作标准、技术质量化验检验国家工作标准等，设备移动、计量室、生产车间等12个标准。1990年3月，制定薄饼工艺规程及标准等。

一流企业做标准，二流企业做品牌，三流企业做产品。从2004年开始，咀香园牵头制定了传统食品杏仁饼的联盟标准，1500多项技术标准和工作标准等标准化管理细则出台后，极大地规范了杏仁饼企业的生产行为，确保了传统产品的质量。

作为中山第一位食品专业的教授级高级工程师，张延杰的研究方向之一就是食品标准。他是全国焙烤标准化技术委员会副主任、全国糕点标准化分技术委员会副秘书长，带领咀香园成为食品企业标准化典范。

由广东省技术监督局提出的省地方标准《杏仁饼（绿豆粉饼及绿豆粉夹肉饼）》于 2004 年在中山正式发布。

杏仁饼是广东著名的地方特产，原产地在中山。为了制定该项标准，咀香园先后投入 30 多万元。经省有关部门和专家鉴定，这项标准在国内同类产品中处于技术领先地位。

咀香园杏仁饼是中山代表手信。目前正宗杏仁饼主要由咀香园生产，生产能力达到 30 万个每天，仅杏仁饼一种产品的产值就超过 1 亿元以上每年。杏仁饼受到大众喜爱的最大原因就是其制作工艺的不断改进和创新。现在的杏仁饼和百年前刚问世时，口味上有不少区别。

每个产品都有一个生命周期，没有创新元素融入，产品最终会被市场淘汰。张延杰说，从利用技术还原杏仁饼工艺到主导制定杏仁饼行业标准，他们参与制定了几乎所有焙烤制品的国家标准；利用现有技术储备，就算杏仁饼的水准保持不变，其他企业要追上咀香园至少要五年，何况它们每天都还在跟自己"赛跑"。

以传统手工技艺制作的杏仁饼，是广东省著名的地方特产，地方标准不仅在法律上统一了这一产品的名称和成分等，更重要的是在杏仁饼传统制作工艺方面开展原产地保护。

咀香园牵头制定了杏仁饼生产的联盟标准，并参加全国开展的"标准化良好行为企业"创建活动，成为中山地区第一个获得国家确认的"标准

◀杏仁饼传统制作工艺得到很好的维护和传承

化良好行为企业"。值得庆幸的是，由于实行了联盟标准，由传统工艺制作的杏仁饼的合格率大大提高，极大地促进了行业良性发展。正是企业这种自觉行为，使传统制作工艺得到很好的维护和传承。

质量是企业的根本，是品牌的生命。咀香园从一点一滴着手，狠抓产品质量，时刻把消费者的安全意识放在第一位。全面实施 ISO9000 质量管理体系、HACCP 食品安全体系、标准化体系、GMP 体系和 SC 体系，成为行业少有的同时有五大体系的企业，形成了一套持续有效的质量保证体系运行机制。

2006 年，咀香园杏仁饼获得"中华老字号"称号。2013 年 3 月 1 日，还实施了《企业知识产权管理规范》（GB/T29490–2013），咀香园还参与《月饼》第十几项国家标准的编制。

2016 年 4 月国家质检总局、国家标准化管理委员会的专家到咀香园进行实地考察，详细了解了杏仁饼的生产过程，以及标准化工作实施情况，对其标准化工作给予了肯定。自实施技术标准战略以来，咀香园成效明显，尤其是获得 4A 级标准化良好行为企业认证等，已制定近 2000 项包含技术标准、工作标准在内的标准体系。

2016 年，中国食品工业协会联合国家统计局共同发布了烘焙行业品牌前 10 名名单。"咀香园"商标经中国烘焙行业推举及专家评议，确认为"2015 中国烘焙行业最具影响力传统十大民族品牌"。

2017 年，贯彻落实 GB/T29490–2013 企业知识产权管理规范标准成功，有效证明了咀香园知识产权管理工作的规范和完善，为咀香园创造、运营知识产权以巩固市场地位、创造经济效益，奠定了坚实的基础。

广东省是全国焙烤食品产业的大省，也是月饼行业的龙头省份，拥有众多国内知名月饼品牌。广式月饼在月饼市场中一直占有绝对的主导地位。咀香园作为月饼生产的骨干企业，凭借自身过硬的科学技术水平，构建了完善的食品质量安全体系，并参与起草制定全国行业的焙烤标准。2017 年，咀香园分别申请了《低糖月饼》和《桑叶月饼》两项企业先进标准，组织了"月饼标签研讨会"和"焙烤食品高峰论坛"两场标准化研讨会。2017 年 4 月 10 日，咀香园对两款拳头产品（夹肉杏仁饼和莲蓉蛋黄月饼）进行碳足迹评价，获得了产品的碳标签认证，成为国内首个获得糕点类和月饼类碳标签的企业。

产品碳足迹，是指某个产品在其整个生命周期内的各种温室气体排放，即从原材料一直到生产（或提供服务）、分销、使用、处置以及再生利用等所有阶段的温室气体排放。所谓产品碳标签，是指把产品在生产过程中所排放的温室气体排放量（通过碳足迹计算所得）在产品标签上用量化的指数标示出来，以标签的形式告知消费者产品的碳信息。

两款拳头产品的碳足迹计算，采用从摇篮到大门的评价方法，包括从原材料的获取、产品制造过程、产品运输至仓库为止所产生的温室气体排放，并将所得的数据通过碳标签的形式向公众展示出产品碳信息。

近年来，咀香园率先建立起企业低碳管理体系。低碳不仅仅是节约成本，也是一份社会责任感。例如，为实现碳减排，原材料等按就近原则采购；为实现低碳改造，需要前期在技术上加大投入。2017 年，咀香园邀请中山市低碳发展促进会组织节能环保低碳方面的专家举行研讨会，对公司低碳发展"问诊把脉"，全方位探讨公司在节能环保低碳方面存在的问题以及可应用的技术，提出了初步技术线路图，制订了四个低碳项目（屋面光伏发电、照明 LED 节能改造项目、空调节能改造项目和碳普惠商业联盟）的实施计划。

"软科学"要做"硬"

1971 年，日本科学技术厅发布的《科学技术白皮书》中最早提到了"软科学"这一术语。书中说："软科学是一门新的综合性科学技术，它以阐明现代社会复杂的政策课题为目的，应用信息科学、系统工程、社会工程、经营工程等正在急速发展与决策科学化有关的各个领域的理论或方法，靠自然科学的方法对包括人和社会现象在内的广泛范围内的对象进行跨学科的研究工作。"

咀香园在做好"硬科学"的同时，把"软科学"摆在了重要的位置。

近年来，咀香园坚持每年编印一本《咀香园科技创新》小册子，系统梳理、总结每一年在科技创新成果、技术平台建设、科技项目申报、结题验收与成果鉴定、科技奖励、知识产权、人才培养、新产品开发、社科及科普教育、解决企业生产技术难题等方面的工作，并提出存在的困难及建议。通过这份"清单"，摸清创新"家底"，让创新工作更加有的放矢。

在"软科学"方面，近年来，咀香园出了不少成果。如由窦晓彤、张延杰、郭凤屏完成的"咀香园：香山商业文化的'活字典'"课题，由窦晓彤完成的"中华老字号咀香园的百年历程"课题，由林凤群、郭凤屏完成的"非物质文化遗产生产性保护研究——以咀香园杏仁饼传统制作工艺为例"课题，由张延杰、郭凤屏、邬海雄、苏泳仪、朱钢完成的"中华老字号现状及创新发展的研究"课题等，从历史文化、行业现状等视角对老字号发展进行研究。

"咀香园：香山商业文化的'活字典'"课题研究总结："所谓城市，有城则有市，商业与城市不可分割。商业历来是城市发展的名片，商业文化是城市文化的重要组成部分。经过岁月的洗礼，那些能遗留下来的老字号，都会成为一座城市的历史商业符号，藏着多个时代的记忆。咀香园是幸运的，它'倚老卖新'，除了'咀香园'的牌子是老的，一切都是新的，新品种琳琅满目，新口味更吸引消费者，新技术营养更全面。咀香园从此脱胎换骨，由一个旧社会的家庭作坊成长为新世纪的现代企业。'咀香园杏仁饼'俨然成为中山市的城市名片，成为城市文化的一个重要组成部分。"

"中华老字号咀香园的百年历程"课题研究梳理了咀香园发展过程中的首创咀香园、曲折中铸品牌、创新迎新时代三个重要发展阶段。课题提出，从清朝末年创始，经过民国时期、新中国成立、改革开放，咀香园创业100年来，接力棒传了一代又一代，如今已成为中华老字号的一面旗帜，由家庭作坊蜕变为融开发生产、加工销售、观光旅游为一体的大型食品企业。百年咀香园，香飘一世纪。咀香园的发展史，可以说是中国传统手工业发展的一个缩影。在该课题最后的《创新迎来新时代》篇章中，研究人员还提到，最近这十几年，咀香园用自身的实践完成一个老字号的再次腾飞。老字号的发展，历来都是一大难题，体制障碍、劳动密集型的性质、产权问题以及城市现代化的影响，都制约着老字号的发展，咀香园却一次又一次突破了这些藩篱。

"非物质文化遗产生产性保护研究——以咀香园杏仁饼传统制作工艺为例"课题研究提出，随着非物质文化遗产保护工作的深化和推进，正确处理好非物质文化遗产生产性保护的各种关系，探索生产性保护方式和管理模式，采取有力措施，推动非物质文化遗产生产性保护持续有效开展，成为社会关注的问题。中华老字号咀香园积极传承和发展咀香园杏仁饼传统制作工艺，在开展非物质文化遗产生产性保护方面做出了有益的探索。

这些"软科学"的研究，使得咀香园能够更加看清楚自己的所长所短。

创新，不仅要知彼，还要知己，能出扎实的科技成果，还要对整个行业进行了解，要营造创新的环境。咀香园每年举办"咀香园科技人员奖励大会"，通过这些平台加强科技人员的交流与沟通，激励科技人员继往开来，再创佳绩。

一颗绿豆的原始创新

经济学家对近代经济发展的研究充分证明：科技创新的进程决定着经济增长的长期趋势。技术创新是把一种新产品、新工艺或者新服务引入市场，实现它的商业价值的过程，主要分为跟随创新、集成创新和原始创新三种类型。

跟随创新就是在别人的基础上，做一些必要的扩展或者变动，再去发展新东西。集成创新是指把现有的技术组合起来，创造一种新的产品或者新的技术，或者把别的领域里成熟的技术引进另外一个领域里，而使得它能够创造新的变化。

原始创新最难，但也最有价值。别人要超越，可能要费比较大的劲。原始创新的成果通常具有首创性、突破性和带动性三大特征。其研究开发成果前所未有，并在原理、技术、方法等领域实现重大变革，在对科技自身发展产生重大牵引作用的同时，给经济结构和产业形态带来重大变革。

企业是创新的主体，但过去主要依靠"引进—消化—吸收—再创新"的途径，以技术应用、技术产业化为主要方向。咀香园在注重科技成果转化的同时，花大力气，对一颗绿豆、一颗莲子等原材料进行大量的基础研究，通过原始创新找出规律，不仅能做好产品，而且要探寻做得好的原因。

为什么绿豆经过浸泡，要等微微发芽再烘干磨粉进行制作？杏仁饼本身并不含杏仁，其实质只是绿豆饼，为何叫作杏仁饼？

带着进一步研究与发扬老祖宗宝贵遗产的目的，张延杰带领研究团队，利用现代科技手段，一点点还原杏仁饼的传统制作工艺。2002 年，咀香园与华南理工大曾庆孝教授团队合作，曾庆孝教授、李汴生教授、阮征教授、吴小勇博士深入咀香园，研究绿豆吸水发芽的生物特性和改进传统处理方法。

其中，"控温抑菌生产杏仁饼新工艺"是一种通过提高绿豆预处理过程的温度，规范生产操作程序，结合绿豆清洗、除杂、浸豆、发芽一体化设备的使用，优化杏仁饼产品质量、提高生产效率的新技术。2003 年，这项新工艺顺利通过专家鉴定，并获得发明专利。

对一颗小小的绿豆采用高温刺激及控温浸泡发芽，咀香园每年可节约成本 100 多万元。新工艺生产的杏仁饼，产品各项指标提高，特别是细菌总数问题得到有力控制，增强了产品竞争力，减少了产品进入国际市场所受的部分限制，使咀香园的海外市场前景更为广阔。

华南理工大学教授、博士生导师曾庆孝认为，咀香园这次技术创新，在食品行业中树立了积极利用先进科技改造传统产业，提高产品品质的典

◀研制杏仁饼

范，对整个传统食品产业的振兴有着积极的意义。

从绿豆发芽开始，直到做成杏仁饼，整个过程中，研究团队每隔半小时观察一次，监测绿豆在制作过程中各项指标的变化，并画出绿豆变化的详细图谱。通过现代科技手段进行大数据分析后，张延杰和研发团队发现，经过一段时间的浸泡发芽，绿豆中含有的蛋白质、膳食纤维、黄酮等物质发挥到较好状态。此时研磨成粉，制作出来的饼自然带有杏仁的特殊香味，是不添加任何色素、香精的纯天然的香味。

张延杰说，种子萌发的时候，把所有能量、营养全部释放出来，这与自然界其他生物的生长发育一样。研究发现，绿豆发芽到一两毫米，此时营养状态最好。发芽时间过长，豆已悬空；而发芽时间过短，能量没有完全释放。

绿豆皮占绿豆总质量的 7%—10%，绿豆中的膳食纤维主要存在于绿豆皮中。张延杰说，不过，由于绿豆皮的质地坚硬，用普通方法很难加工利用，所以咀香园采用双螺杆挤压技术和酶解技术对绿豆皮进行合理的综合利用，利用其中的膳食纤维和黄酮，提高绿豆产品的附加值。

除了研究绿豆原料成分，研发团队还对现代工艺进行分析，如生产杏仁饼的隧道炉。杏仁饼是靠热风"吹"熟的，而不是"烤"，这样可以保留更多营养成分。在不同阶段，风的温热度是不一样的。比如，前面 60 米靠热风吹，后面 20 米加温，不同阶段的不同温度下，产生的营养价值也不同。

1998 年，在张延杰的计划下咀香园的工程师自己设计图纸，让厂家生产制造出国内最长的食品隧道长炉，自主研发出低温智能隧道炉。这个长达 80 米的隧道炉，一天可以烤 60 万至 70 万个杏仁饼。

杏仁饼是一种以绿豆粉和上等猪背肉为原料加工而成的传统广东名食。咀香园通过现代技术，除了对绿豆进行科学研究外，还对猪背肉进行成分分析。张延杰又和李汴生教授、阮征教授团队一起对月饼进行了研究。月饼也是从一颗莲子研发开始，从种植控制到购买回来、浸泡、煮熟等全过程，每隔 10 分钟就会有一个化验指标，并制成莲子图谱。

在注重健康的当下，食品营养成为咀香园科研的主线。为此，咀香园组建了近 30 个人的科研团队，针对现代人的需求，着重研发营养型新产品，且除了注重降糖、降油脂之外，还加入了营养食材，让人吃得更健康。现在，杏仁饼产品有紫菜、肉松、海带、虾味夹心等近 20 个品种。张延杰说，虾粉中含有丰富的蛋白质和矿物质。国家海洋工程中心研究数据表明，虾粉中的钙、磷含量丰富，对提高人体骨密度、预防骨质疏松有好处。咀香园特地采用渤海湾特产的毛虾粉和毛虾虾皮，按独特配方添加拌料成型烘焙成杏仁饼，这样的杏仁饼风味更加浓郁，鲜香酥脆。

咀香园科研团队还和吴小勇博士一起研发出富硒杏仁饼。富硒杏仁饼以绿豆为载体，以亚硒酸钠为硒源，通过浸泡、萌发、杀青、干燥、去皮、粉碎等处理过程，制备得到一种富含有机硒的绿豆粉。

2016 年 6 月 13 日，由咀香园承担的中山市产业扶持专项资金资助项目"杏仁饼加工副产物综合利用及产业化示范"进行验收。项目应用现代食品科技手段，研究了富硒绿豆粉的生产工艺参数，确定了富硒绿豆粉的制备工艺流程，开发了新产品——富硒杏仁饼。项目新建一条富硒绿豆粉生产线和一条挤压膨化生产线，申请并获得授权发明专利两项，还制定了富硒杏仁饼产品标准。

食品安全问题近年来备受关注，作为百年老字号的咀香园更是从源头抓起，在东北洮南市建立了绿豆种植基地，有效保证了产品品质。优质绿豆要求颗粒饱满、均匀，颜色有光泽。被誉为"中国绿豆之乡"的吉林省洮南市，特产绿豆，且绿豆以粒大、饱满、色泽明亮、鲜绿无杂色、无污染、蛋白质含量高而闻名，深受日本、韩国、美国等国家采购商的青睐。

咀香园杏仁饼检测项目包括形态、色泽、滋味与口感、杂质、水分、过氧化值、总糖、铝残留量、大肠菌群、沙门氏菌等 19 项；并先后通过了HACCP 食品安全管理体系认证、ISO9001 质量管理体系认证及出口食品卫生注册，严格执行焙烤食品 GMP 生产标准，为产品质量提供了强有力的保障。

近年来，咀香园不断加大投入，整改月饼生产车间，提升专业净化级别，引进先进生产设备，提升产品质量水平，加强企业参与市场竞争的综合实力；同时还制定了从原料到成品整个过程的控制程序，建立原材料生产基地，构建完善的食品质量安全监督管理体制，参与起草广东省焙烤食品 GMP 标准，确保食品质量安全。

"毫不夸张地说，对绿豆的研究，咀香园是全国该行业中研究最深、最

透、最具权威的一家公司。通过科技手段解密传统工艺，我们找到了一条
丰富老字号文化内涵，使老字号更好地传承发展的路。"张延杰说，咀香
园把最前沿的技术运用到传统食品行业中，从而研发出更多新产品。

在传统食品的营养、安全、工艺等系列研究中，咀香园已达到很高水平，
为传统食品行业发展提供了一个优质模板，在对传统食品的研究过程中，把
好的留下来，把不好的成分去掉。正是基于大量基础研究，咀香园才有能力
将成熟的焙烤技术用于开发海洋产品、冻干食品等，使得产品呈现多元化。

"我们每年都要投入 5% 的研发费用，引进先进检测仪器，研究杏仁
饼、广式月饼等传统产品的工艺，观测产品硬度、水分、炉烤过程的变化，
包括引进无线高温温度计、远红外仪器等，在传统食品行业投入大量研发
费用，联合高校、科研院所进行企业原始创新。"在张延杰看来，一个杏
仁饼也可以做到"高精尖"。

每天都和自己"赛跑"

改革开放以来，中山科技发展前后大致经历了技术引进（1978—2001
年）、科技支撑发展（2002—2011 年）、创新驱动发展（2012 年至今）三
个重要阶段。

技术引进阶段：中山抓住机遇，借改革开放的东风大力发展乡镇经济，建
立雄厚的工业基础，专业镇集群经济崛起。20 世纪 90 年代中后期，高新技术
产业获得初步发展，形成了"引进—消化—吸引—再创新"的技术发展路径。

科技支撑阶段：2008 年 12 月，国务院批复同意实施《珠江三角洲地
区改革发展规划纲要（2008—2020 年）》后，中山以专业镇技术创新平台
为抓手，推动传统产业转型升级，以产、学、研合作为抓手，提升中山企
业的自主创新能力。同时，以火炬开发区、翠亨新区等为代表的重大产业
园区，建成了大型综合研究院、行业性和区域性公共创新中心、科技孵化
器等各类高端创新平台。

创新驱动阶段：党的十八大提出创新驱动发展战略。2015 年，中共
中山市委、市政府出台《关于实施创新驱动发展战略推动新一轮发展的意

见》。同年 7 月 29 日，中山市召开市委十三届八次全会，会上将创新驱动确定为全市核心发展战略。近年来，中山市将高新技术企业、科技企业孵化器等"八大抓手"建设作为全市实施创新驱动发展战略的重要举措。中山市委十四届六次全会提出，要进一步强化重大平台建设，积极参与粤港澳大湾区国际创新中心建设。

2015 年，是咀香园创新驱动发展大丰收的一年。2015 年 8 月 28 日，全省轻工业协会第七届科技创新大会在广州召开，会上表彰了获得 2015 年广东省轻工业协会科学技术发明奖和科学技术进步奖的先进单位和个人。咀香园再次斩获殊荣，"广式低糖蓉沙月饼生产关键制作技术及产业化"获得科学技术发明二等奖。

营养健康的月饼是近年来咀香园产品研发的重点。低糖月饼，采用糖醇代替白砂糖的月饼生产新工艺。由于技术难度高，很多厂家想生产但望而却步，咀香园利用自身研发优势，联合江南大学、华南农业大学等院校经过多次反复研制，最终攻克难题，率先在市场上推出最新研发的以健康、低糖特色为主的新款月饼，修订了质量标准和原料配方，减少脂肪、食用油和蔗糖的使用量，采用新原料、新配方、新标准生产，使低糖月饼配方更合理、更安全，使月饼的口味更趋向时代化、健康化，在提高产品的营养价值上不断创新。研发的新款月饼成为当年人们最喜欢的月饼品种之一，得到了广大消费者的青睐和认可。

2015 年，咀香园技术中心先后申报各类科技项目 31 项，其中部级项目两项、省级项目 16 项、市级项目 13 项；并与大连工业大学开展"烘焙海鲜系列产品研发"和"国家海洋食品产业化基地"合作，与中山火炬职业技术学院开展"广式焙烤食品加工工艺中丙烯酰胺抑制技术研究"和"隧道烤炉过程节能与余热回收关键技术研究"两项横向合作课题。

2015 年，咀香园按照焙烤食品工艺，完善了技术中心研试车间，添置了相关实验设备，改善了技术中心研发和测试条件，提升了研发能力与水平，成为焙烤行业高标准的实验室及科研平台。

2015 年，成立的咀香园博士后科研工作站，主要开展广式焙烤食品中丙烯酰胺形成机理与含量控制、隧道烤炉过程节能与余热回收关键技术、高不饱和脂肪酸在焙烤食品中的应用及其抗氧化稳定性等研究；同时依托已设立的国家重点实验室分室，开展海洋资源基料在焙烤食品中的应用及其产业化等方面的研究。同年，咀香园博士后科研工作站还主持了李向丽博士后出站报告与成果评审会。李向丽博士后的课题科研任务，获得全国博士后管理委员会颁发的博士后证书。

2016年1—3月，咀香园博士后科研工作站完成郭艳峰、杜冰、吴小禾三名博士后的进站工作，申报科研项目七项，三个省、市级项目已获立项。2016年12月，咀香园博士后科研工作站完成工作站年度总结与博士后年度考核，被评为"中山市优秀博士后工作站"，郭艳峰和淮亚红被评为"中山市优秀博士后"。

2017年1月17日，中山市2016年度博士后工作总结暨博士后工作现场会议在咀香园召开，中山市20多家博士后工作站（基地）管理人员及20多名在站博士后参加会议。会上宣读了《关于2016年度博士后工作站（基地）成绩突出单位和个人的通报》，中山市人民医院、咀香园和中智药业企业博士后工作站获得"成绩突出单位"荣誉称号，黄亚强、郭艳峰等九名博士后获得"成绩突出个人"荣誉称号。

近年来，咀香园每年都推出新的科技成果。在2015年的基础上，2016年先后组织申报31项各类科研项目，其中国家级项目2项、省级项目14项、市区级项目15项。广东省协同创新项目"发酵型烘焙果酱的研制及其在焙烤食品中的应用"，广东省级工业与信息化发展专项"基于突破低糖技术实现健康新型广式焙烤食品产业化创新平台""广东省焙烤食品产业技术创新联盟"，中山市重大科技专项"焙烤型功能性蚕桑食品基料制备关键技术研究及产业化应用"等获得立项或认证。2017年，先后组织申报30项各类科研项目，其中省级项目5项、市区级项目25项。咀香园企业博士后工作站作为焙烤行业首个博士后工作站，连续两年获得"中山市优秀博士后工作站"称号。

2018年1月16日，广东省轻工业联合会在广州组织并主持召开了由咀香园、华南农业大学、华南理工大学、中山市日威食品有限公司共同承担完成的"健康馅料挤压蒸煮生产关键技术研究及产业化"科技成果鉴定会。项目负责人夏雨高级工程师、王娟博士创新性地将挤压蒸煮技术应用于焙烤馅料加工，以美藤果、亚麻籽、佛手果、桑葚 / 桑叶等健康基料为原料，开发出了佛手果月饼等系列特色新型健康糕点。通过优化馅料的配方和挤压蒸煮工艺参数，实现了糕点馅料连续式生产，提高了生产效率和糕点营养，改善了产品口感和品质。项目成果整体技术达到了国内领先水平。

创新一直在持续，只有起点，没有终点。咀香园的百年发展史就是一部创新史。创新，使咀香园在面对每一次转折时都能快速找到突破口，并保持发展动力。咀香园执行董事、总经理郭伟文的办公室里，挂有书法作品《传承百年经典，创新成就辉煌，创新是做大企业的唯一之路》。没有惠风和畅的优雅，没有厚德载物的深沉，书法作品看似平平淡淡，却道出了咀香园持续发展的真谛。

◀ **微信扫码，加入【本书话题交流群】**
与同读本书的读者，讨论本书相关话题，
交流阅读心得

| 第九章 |

文化之魅

罗马，不是一天建成的。

——西方谚语

传统手工技艺凝聚着中国人的智慧、创造力和敬业精神，与其他民间文化一样，是中华文明的根基和命脉。咀香园创业史上百年，接力棒传了一棒又一棒，如今已成为老字号的一面旗帜，由家庭作坊蜕变为一个融开发生产、加工销售、观光旅游为一体的现代化食品企业。

百年咀香园，香飘一世纪。小小的杏仁饼，既是香山商业文化的书写者之一，又是百年企业发展史的一本"活字典"。"老字号"魅力来自哪里？"'记忆、享受'，这四个字高度概括了咀香园的发展理念。"郭伟文说，"记忆，更多是一种情感，带着情感去做产品，这个产品才会做得好。享受，除了让消费者将品尝咀香园产品作为享受外，还有就是咀香园的发展成果要与员工分享，让员工真正热爱企业。"

亮相上海世博会

清咸丰元年（1851年）5月1日，万国工业博览会在英国首都伦敦的海德公园举行，展览主要内容是世界文化与工业科技。这是全世界范围举办的第一场世界博览会（以下简称"世博会"）。

这场史无前例的博览会引起了广东香山商人徐荣村的注意。1840年后，临近港澳地区的香山（今珠海、中山一带）人，凭借地利之便以及和外商千丝万缕的交际关系，来到新开放的外贸商埠——上海。他们后来受雇于外商，帮助中西方进行贸易，被称为"买办"或"通事"。徐荣村，原名瑞珩，字德琼，号荣村，原籍香山县北岭乡（今珠海市香洲区北岭村），就是其中一位买办。

徐荣村获悉世博会开办的消息，深知这是一个难得的机会，很快命人精选12包自己经营的"荣记湖丝"，紧急用船运送到伦敦，赶赴世博会参展。果然，"荣记湖丝"质压群芳，脱颖而出，夺得金银大奖。这是中国第一次参加世博会，徐荣村因此被称为"世博中国第一人"。香山商人的经商眼光可见一斑。

美国金融史学家威廉·戈兹曼在其所著的《千年金融史：金融如何塑造文明，从5000年前到21世纪》一书的《企业家与中国道路》篇章中，对徐荣村也有评价："徐荣村曾担任宝顺洋行的总买办，在丝绸贸易中为自己赚取了大笔财富，但最著名的成就就是赞助中国丝绸在1851年伦敦世界博览会进行展出。因此，他不仅担任买办，同时也是一个成功的企业家。"

2010年5月1日至10月31日，以"城市，让生活更美好"为主题的第41届世博会在上海举行。这次世博会的总投资创下了世博会史上最大规模纪录。同年7月27日，上海世博会"广东活动周"隆重举行。被广东省文化厅指定参加"广东活动周"的"咀香园杏仁饼传统制作工艺"展位，以浓浓的饼香吸引了众多海内外游客。同时，传承人现场演绎传统打饼技艺，更是引起了观众的浓厚兴趣。观众纷纷加入打饼的互动行列。

▲原始生产用的烤炉　　　　　　▲腌制肥猪肉用的缸

咀香园杏仁饼的百年传统手工技艺，从岐江河畔传到了黄浦江畔，在世博会这个融汇了全球多元文化的国际大舞台上展现其生生不息的无穷魅力。即使是在工业化进程日益加快的现代社会，咀香园人仍然坚持用木刻饼印，一个个进行人工打饼，在多道工序上坚持沿用最传统的工艺去制作。正是这份百年坚守的匠心，使咀香园成为彰显中华传统文化的代表符号之一。

为了保护这门传统制作工艺不流失，咀香园创新性地建立以传承人为核心的传承基地，有计划、有步骤地开展传统制作工艺的传承活动，尝试将非遗传承作为社科普及活动来做，积极开展项目申报，得到中山市社会科学界联合会的肯定与支持。

2008 年，咀香园杏仁饼传统手工技艺获得中山市非遗中心认定通过，2009 年被审定为"广东省非物质文化遗产"。2009 年 7 月，为进一步挖掘中山历史文化资源，彰显城市魅力，中山市文化名城工作领导小组办公室牵头主办中山市"十大文化名片"活动。2009 年 8 月初，中山市"十大文化名片"诞生，以传统手工技艺制作的杏仁饼名列其中，其入选的评价是"创制至今已有百年历史，一直采用传统工艺制作，深得人们喜爱，饮誉海内外"。2010 年，咀香园成为首批广东省级非物质文化遗产传承基地。

现已退休的郭凤屏曾长期负责咀香园的社科普及工作，作为咀香园代表参加了上海世博会。郭凤屏回忆，在上海世博会这个国际文化集中展示的大舞台上，吸引眼球的项目炫目多彩，没想到咀香园却以一个木刻饼模打成圆圆小饼这种最传统的手工技艺吸引了众多游人。

世博会上，很多观众在参与打饼和品尝咀香园杏仁饼后，都很激动地说："这种打饼的传统手工技艺如今已经很难找到，想不到在世博会上还能看得到。"

其实，早在 30 多年前，咀香园就参加过一次世博会。1986 年 9 月 4 日《羊城晚报》刊登了一则《中山优质白莲蓉月饼在世界博览会上好销》的消息。报道称："广东中山市咀香园食品厂生产的白莲蓉月饼，在加拿大温哥华举行的 1986 年世界博览会展销时，受到欢迎。首批五十箱共三百盒，现已销售一空。上月二十六日，又赶送第二批一百箱共六百盒白莲蓉月饼，经香港空运至加拿大，以满足当地客户，特别是华侨的需求。中山市咀香园食品厂生产的白莲蓉月饼出口加拿大尚属首次。据悉，近日又有美国客商到该厂洽谈，要求出口两百箱月饼到美国三藩市（旧金山）销售。"

咀香园杏仁饼从始创之日起，一直受到海内外人们的喜爱，其主要原因在于一直坚持运用传统工艺来制作，保持了其独有的风味。

非物质文化遗产的传承主要依靠世代相传，以语言教育、亲自传授等方式，使这些技能、技艺、技巧由前辈那里传到下一代。作为有着百年历史的中华老字号，咀香园杏仁饼生产厂家经历了从家庭作坊式生产到民国时期正式进行工商登记，到 20 世纪 50 年代公私合营，再到后来的成功转制。员工成为企业的真正主人，百年老字号焕发出勃勃生机，

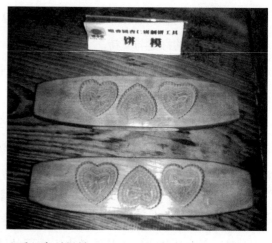

▲原始木刻饼模

而一次次华丽转身的背后，是一代代咀香园人对传统制作工艺的用心保护与传承。

郭凤屏是咀香园非遗的见证人。她说，是张延杰提出咀香园非遗的申报并强力推动，让她从纯粹对咀香园文化的热爱，到后来潜心研究、挖掘、整理、传播咀香园文化，并全力推动咀香园申请非遗的工作。

2012年，咀香园被广东省文化厅列入首批非物质文化遗产生产性保护基地。2013年，获广东省人民政府、广东省文化厅推荐提名申报国家级非物质文化遗产。把咀香园社科基地打造成常态化修身学堂，充分利用咀香园修身文化长廊，让广大参观者感受"诚、勤、俭、礼、善、和"的企业文化。

在文化传承方面，从2008年成立至今，咀香园社科基地由中山市社会科学界联合会直接指导，充分利用全国中小学质量教育社会实践基地、全国工业旅游示范点、国家AAA旅游景区、广东省非物质文化遗产传承基地、广东省青少年科普教育基地、中山市社科基地以及市食品药品科普教育示范基地等，合理利用资源，探索出感性认识、知识讲座、实地参观、互动体验、实践操作等"一条龙"的教育与修身相结合的方法，形成一系列颇具特色的旅游社科普及活动。咀香园开拓性的科普基地在张延杰的精心培育下，由郭凤屏发起，雷敏芝发展，到现在传给代学伟。

咀香园对传统制作工艺的百年坚守，成就了一张具有公信力的文化名片。透过这张文化名片，人们可以深入感悟中华优秀传统手工技艺的魅力与特质。

建成中山首个企业社科基地

进入咀香园厂区，下车后，穿过栩栩如生的雕塑，迎着金黄色的阳光径直向前走，就来到咀香园古香古色的文化长廊大门口。广告牌上面的绿豆饼在阳光下闪烁着金黄色的光泽，隐约有股浓浓的香气扑鼻而来。长廊里的雕塑就像一个个无声的导游，将咀香园的历史娓娓道来。置身其中，像穿越时光隧道，又回到那一个老街幽幽、饼香浓浓的牛角巷。

这边，戴着瓜皮帽子、穿着民国风盘扣长布衫的掌柜，一边用慈爱的眼神注视着眼前的小孩，一边把包好的杏仁饼递给他。光头小孩长得胖嘟嘟的，脸蛋像西瓜那样圆溜溜的，他迫不及待地把铜板递给掌柜，用胖乎乎的小手指着杏仁饼，好像在说："我要吃杏仁饼。"

100 年前，中山石岐老街兴宁里咀香园饼铺那客似云来的情景恍若眼前。刚刚下车的小朋友看到这么有趣的画面，也忍不住上前说："给你吃！"众人哈哈大笑起来。再往前走几步，一个古铜色的现代制饼师傅雕塑立在门口，他戴着高高的帽子，挽起袖子，举起一大盘香喷喷的绿豆饼，满脸笑容，如在热情吆喝："来，来，来，尝尝新鲜出炉的咀香园绿豆饼！"

古香古色的大门洋溢着浓郁的岭南特色。拾级而上，右边的木质扶栏镌刻着满满的岁月痕迹。高高耸立出来的一排屋檐，呈灰黑色，端庄而内敛，一如这片土地上能干又低调的人们。厚重的大门上镶嵌着古铜色的门环，轻轻一推，就发出悦耳的几声"吱呀"，就像在吟唱一首古老的歌谣。这些景致，是咀香园社科基地留给游客的无限遐想。

2008 年，咀香园携手中山市社会科学界联合会创建咀香园社科基地，这是中山市建成的首批企业社科建设基地。咀香园社科基地在坚守与创新中探索出一条职业道德、家庭美德和个人品德教育的社科普及新途径。

郭凤屏在咀香园工作期间，长期负责社科工作。她清楚地记得，当时组建咀香园社科基地时的"三个定位"。

一是将社科普及融入员工思想道德教育当中。以中山市全民修身行动为契机，以员工为主体，以修身学堂为载体，以群众路线教育实践活动为契机，全面开展全民修身行动，用社会主义核心价值观引导企业员工爱岗敬业，诚信尚德。同时充分利用广大市民、游人到基地参观学习的机会，依托修身学堂、修身长廊等平台，通过图片展览等方式开展员工喜闻乐见的社科普及活动。引导员工"积小善为大善，积小德为大德"，弘扬和传承企业诚信文化，营造"齐修身，做好人，树新风"的良好企业氛围。

二是将社科普及融入中小学生思想道德普及教育当中。充分利用百年品牌及全国中小学质量教育社会实践基地优势，以产品质量教育为切入点，通过理论结合实践的教育方法，向广大中小学生传授食品安全知识，并与中山大学、华南理工大学等多所高等院校联合开展"走进名企"活动，多次在高校开设就业专题讲座。

三是将社科普及融入日常活动中。每年不定期举办香山文化、中秋文化等主题的座谈会、研讨会，以及食品安全图片展览、非遗展览等。近年还建设了修身长廊。每年接待游客 30 万人次，代表广东省和中山市参加各种具有国际影响力的大型非遗博览会十多次，为宣传中山本土历史文化起到了很好的推动作用。

咀香园社科基地负责人张延杰介绍，社科基地的社科普及工作成绩突出，2011 年被广东省人民政府、广东省文化厅授予"广东省非物质文化遗产传承基地"称号；2012 年被授予"非物质文化遗产生产性保护示范基地"称号；2013 年被中共中山市委宣传部、市社会科学界联合会评为"中山市社会科学工作先进单位"，并连续三年获得"中山市社科普及月优秀组织奖"。2013 年，张延杰被评为"全国先进基层社会科学普及工作者"，同年成为中山市首批十大社会科学普及专家。

咀香园社科基地建成开放以来，除了平台本身发挥作用外，还搭建起了一个更为宽广的平台。2014 年 6 月 30 日，"中山市青少年咀香园实践教育基地"挂牌成立。一直以来，咀香园积极承担社会责任，大力支持社会

▲咀香园积极推出卓有成效的青少年社会教育实践活动

实践教育工作，成立青少年实践教育基地更是其关爱青年健康成长、凝聚人心、推动发展的又一有力举措。作为中山市首个青少年教育实践基地，咀香园致力于充分发挥自身优势，推出更多富有特色、卓有成效的社会教育实践活动。

咀香园还创新形式，开展社科普及活动。比如，每年纪念孙中山先生诞辰活动期间，来自世界各地的华人、华侨回到中山参加各类纪念活动。其间，海外侨胞携带他们的子孙到咀香园参观，寻找家乡的味道和儿时的记忆。尤其在社科普及周期间，咀香园多次接待香港、澳门等地及中山本地的学生代表团，通过交流学习，培养学生的国家意识，凝聚民族归属感。

在每年以"绿色暑假缤纷文化"为主题的暑期文化活动中，咀香园吸引外来优秀员工子弟参与其中。孩子们聆听杏仁饼的典故及制作工艺，并现场体验传统制作工艺，品尝酥化甘香的杏仁饼，切身感受传统文化的魅力。

除了吸引人们到咀香园现场参观各类社科活动外，咀香园社科基地还主动"走出去"，参加东莞、汕头等其他城市举行的非遗活动，展示咀香园杏仁饼传统制作工艺，扩大影响力。张延杰还经常到学校开展讲座，传播食品安全知识。

同时，张延杰还担任中山市食品学会理事长，将食品安全的科普作为重要工作来开展。"食品药品安全进校园、进社区"科普活动作为该学会的固定项目开展。通过活动，把涉及食品、药品安全的基础知识传递给广大市民，增强广大市民的食品安全意识，培养其良好的饮食习惯，建立科学健康的生活方式。

"醉美"江南

位于岭南地区的咀香园，与江南地区颇有渊源。除了参加上海世博会，与江南大学共建国家重点实验室分室外，以广式月饼闻名的咀香园在江南地区颇受欢迎。

无锡，古称新吴、梁溪、金匮，江苏省地级市，被誉为"太湖明珠"，是江南文明的发源地之一。

咀香园董事孙志均回忆说："无锡百佳食品有限公司总经理王小东，仍保持江南男子典型的精瘦身形。王小东是咀香园的忠实粉丝。1994 年的一次机缘巧合，王小东接触咀香园品牌，并开始在无锡代理咀香园广式月饼。"江浙地区以苏式月饼为主，20 世纪 90 年代初已有一部分广式月饼在销售。感觉广式月饼口味不错，那时公司才开业两三年的时间，我们也想尝试代理一个新产品。"

1994 年，主要做食品进口的王小东去了一趟汕头。在汕头，有朋友把咀香园的品牌介绍给他，于是他从汕头坐了一个晚上的大巴车到广州，再从广州转到中山，来到位于石岐长堤路边的咀香园厂。那一年，他抱着试试看的心态，拿了十多万元的货去代理，然后连续三年保持着这个量。

1994 年的这张"大单"，咀香园董事杨培明记忆深刻。"这张单还是我的。"毕竟江浙是一个新开发的市场，咀香园的广式月饼过去主要在广东和海外销售。

1997 年，咀香园董事孙志均到无锡和王小东谈进一步扩大合作规模。王小东回忆说，作为老国企的咀香园，当时月饼包装很少，只有两三款。王小东向前来的销售员建议，可否推出一些适合无锡市场的月饼包装，哪怕包装的钱由他自己出。

"当时咀香园怕新设计出来的包装卖不掉，于是我承诺如果有卖不掉的，全部由我自己承担，但必须出四至五款新包装。"王小东说，当时国企的理念还是很保守的。王小东的这一承诺，让咀香园吃了"定心丸"。没想到，有了五款新包装产品，咀香园的销售实现了爆发式增长。

"前两年每年销售只有十多万元，1997 年六七十万元，到 1998 年一下子达到 300 多万元，如今销售额已超过 3000 万元。销售区域除了无锡外，还在南京市、江阴市等地占有较大的市场份额。25 年来，月饼只代理咀香园一个品牌，精耕细作。如今，咀香园已成为无锡家喻户晓的广式月饼品牌。"王小东坦言，与咀香园多年合作，最大的感觉是咀香园有品牌保证、有品质保证。

近两年来，王小东与咀香园经营班子共同探讨：一是百年企业传统的口味要留给大家；二是要推出适合年轻人的口味。在王小东的建议下，咀香园推出了一款芝士流心奶黄月饼。包装盒的封面满是浓浓的中秋味，一长发飘飘的年轻女子弹着琵琶，上方呈现"这个中秋让幸福流动"的字样，尽显江南风韵。王小东说，这一款类似"苏式"风格的广式月饼，第一年的销量已在同行中遥遥领先，颇受年轻人欢迎。

1994 年，王小东的无锡百佳店只有十余人，如今已成为拥有占地 20 余亩的中型食品企业。为什么能 25 年坚持只做咀香园一个品牌？王小东的答案是，咀香园作为百年企业，很讲诚信，合作很顺畅，双方以诚相待，不会因一些小事而产生分歧。王小东说，这些年来找他谈合作的厂家很多，诱惑也很多，但他只认准咀香园。

无锡、杭州同属美丽的江南。作为咀香园在浙江杭州的经销商，杭州上城区副食品有限公司总经理蔡利安 1993 年起便与咀香园"结缘"，并通过上城区副食品有限公司这个"中转站"，使咀香园的月饼走进杭州千家万户。

蔡利安回忆说，1993 年中秋节前夕，他在中山街头发现许多市民正在排长龙购买咀香园月饼，这让当时还是采购员的他看到了咀香园的市场潜力。1994 年，他试着把一批咀香园月饼投放到杭州市场时，收到了意想不到的效果——咀香园月饼在杭州被抢购一空。与王小东一样，25 年来，随着咀香园月饼逐年的改良提质，蔡利安代理的咀香园月饼在杭州市场的销量也节节攀升。

1999 年以来，咀香园坚持每年举办客户订货会，这既是下订单的订货会，更是保持友谊的联谊会。为了扩大商业零售模式，咀香园于 2010 年成立中山市咀香园商业连锁有限公司。在营销上，除了开拓江南地区市场，咀香园还通过连锁店方式，做强做大南粤市场。

月饼是中秋佳节必备的食品之一，象征着和睦、团圆。发展至今，随着科技进步，月饼的口味也不再单一，广式、京式、苏式等风格的月饼已然提供了更多的选择。广式月饼以造型精美取胜，特点是皮薄松软、图案精美。如蛋黄莲蓉月饼，有着清晰的花纹，用莲子蓉做馅料，清香可口，包装十分精美。在工艺上，广式月饼主要是重油馅多，表皮显得特别光滑，凹凸有致。京式月饼，花样多样，主要特点是皮馅比较适中，口味清甜，口感酥脆。苏式月饼深受江浙人喜爱，色泽美观，皮松肉厚，馅料肥而不腻，口感松脆。

咀香园连锁店缘于一个"情"字。2005年，咀香园在当年凤鸣路老厂附近开了第一家连锁店。咀香园搬迁到火炬开发区后，老街坊要买咀香园杏仁饼就很不方便，于是咀香园顺应需求，在老厂附近开设购销点，这也是咀香园迈出加盟连锁的第一步。如今，咀香园连锁店已在中山市柏苑、库充等多处开设。

连锁店是指众多小规模的、分散的、经营同类商品和服务的同一品牌的零售店，在总部的组织领导下，采取共同的经营方针、一致的营销行动，实行集中采购和分散销售的有机结合，通过规范化经营实现规模经济效益提升。

作为"四大百货"创始人的故乡，中山企业家现已把连锁这一商业模式运作得相当娴熟。其中，壹加壹商业连锁有限公司、中山市中智药业集团有限公司、中山采蝶轩食品有限公司、中山市马得利食品有限公司等都是代表。目前，中山烘焙食品工业的市场营销模式主要有分级销售和直营连锁两种。咀香园采用分级销售模式，建立起区域、全国乃至海外的庞大销售网络，使产品走出中山、走出广东、走向全国，远销海外。

十多年过去了，位于兴中广场对面、步行街路口旁的第一家咀香园连锁店仍然深受老街坊的喜爱，吸引着南来北往的游客。"咀香园"这几个古香古色的大字掩映在道路两旁的大树间，里面是大家非常熟悉的杏仁饼、绿豆饼、鸡仔饼，还有很多新产品，满足了老顾客舌尖上的回忆，也迎合了当下年轻人的口味。

进山"寻宝"，精准扶贫

2013年11月，习近平到湖南湘西考察时强调，"实事求是、因地制宜、分类指导、精准扶贫"，首次提出了"精准扶贫"的重要思想。2014年1月，中央办公厅详细规制了精准扶贫工作模式的顶层设计，推动了"精准扶贫"思想落地。

"精准扶贫"理念，为脱贫攻坚提供了一把"金钥匙"。作为老字号的咀香园也发挥其技术优势，在"精准扶贫"的路上越走越精彩。

"有一点点陈皮的味道，这是我们刚刚开发出来的佛手果食品。"2014年8月12日，在咀香园研发中心，张延杰拿出新鲜出炉的佛手果食品介绍，这是咀香园与中山对口帮扶地潮州合作企业结出的第一批"果实"。

2014年4月，"广东省焙烤食品工程中心咀香园·展翠研究院"在广东展翠食品股份有限公司（以下简称"展翠公司"）象山基地成立，从此拉开了咀香园与潮州企业对接的序幕。在当地考察时，咀香园技术人员了解到潮州特色产品佛手果。佛手果又名九爪木、五指橘、佛手柑，因外形长得很像佛祖的手，故名佛手，具有疏肝解郁、燥湿化痰、理气和中的功效。以前，潮州当地对佛手的主要销售方式是浸泡到一定年份再卖，深加工的几乎没有。研究院以潮州当地企业展翠公司提供佛手果原料、咀香园研制样品的模式进行合作开发。

中山和潮州都是非常有特色的城市，文化底蕴深厚。咀香园和展翠公司在当地都是知名企业，两企联手合作将产生更大的经济效益。"研究院的成立只是一个开端，双方将以研究院为基础，发挥两家企业的人才优势和研发优势，将优势最大化。"张延杰说，咀香园和展翠公司的合作，标志着两市企业的深度合作成功。研究院的成立是一个很好的互补，咀香园需要延伸，展翠公司需要百年老字号的经验，双方联手，将打造更加宽阔的发展平台。

咀香园与潮州的合作在当地还传为一段佳话。潮州新闻网以《中山咀香园结对潮州展翠 "强强联合"闯荡食品市场》进行了报道。正如文中所述："对口帮扶工作的全面开展，让中山、潮州的企业看到了新一轮的市场机遇。因为两地政府的有力支持、谋求发展的共同愿望，众多相隔千里素未谋面的企业家成为商场上并肩作战的好伙伴。中山市咀香园食品有限公司与广东展翠食品股份有限公司的牵手，正是两地企业踊跃结对的一个生动例子。新产品的成功研发，为两家企业全方位合作打开了良好局面。"

除了与潮州进行技术对接外，咀香园还利用食品焙烤技术与西藏林芝、云南昭通等地展开对口帮扶。"继 2016 年签约之后，工布江达县特色农牧产品推广研究中心也有更多具体规划。"张延杰介绍，2017 年 2 月中旬，中山市食品学会、中山出入境检验检疫局合作申报中山市社会公益科技重大项目，开展"林芝高原松茸风味活性物质分析及特征指纹图谱建立的研究与应用"项目，未来在技术合作方面将更加深入。

按照中央、广东省对口支援的工作部署，从 2016 年 7 月开始，中山市对口支援西藏林芝市工布江达县。王超刚任工布江达县委常务副书记，带领刘岩、张涛、冯鹏等中山援藏干部到工布江达县对口支援。2016 年 9 月，咀香园与中山食品药品监督管理局、中山出入境检验检疫局、中山市食品学会一行前往西藏林芝市工布江达县实地调研考察，开展共建"中山—工布江达县特色农牧产品研究推广中心"的前期准备工作。10 月，西藏林芝市工布江达县党政代表团到访中山，召开联席会议，共商援藏项目规划等重要工作。座谈会上，两地还签署了合作共建"中山—工布江达县特色农牧产品研究推广中心"框架协议。这个推广中心将促进工布江达高原特色产品的开发与利用，为中山对口援藏地区农牧业发展提供智力援助，为工布江达的高原特色农牧产品的研究提供技术支持。

2016 年 12 月，中山援藏干部联合咀香园、中山出入境检验检疫局、中山火炬职业技术学院组织申报广东省科学技术厅 2017 年度科技发展专项资金项目，开展"林芝高原松茸活性物质及深精加工关键技术研究"项目。这个项目将通过对林芝高原松茸特征风味指纹图谱分析、活性物质测定，建立一套科学、有效的林芝高原松茸品质鉴别方法，为林芝高原松茸及其加工产品品质评定提供科学依据。同时，开展松茸精深加工、开发独具高原特色的休闲旅游食品，增加松茸商业价值，重点解决松茸的季节性和区域性限制问题，让高原绿色食品走出去，进入全国各地商超渠道，带动当地藏民增收，促进林芝地区经济可持续发展。

2017 年，"青稞特异性营养功能和特色系列产品研发及产业化"项目获得中山市重大科技专项资金。这个项目以西藏第一大粮食作物——青稞为对象，从原料标准化、营养组成、活性物质和生理消化特性进行全面系统的研究等，开发青稞膨化类系列休闲食品，有利于促进高原特色作物的开发利用，丰富青稞加工产品品种，延长青稞加工产业链，让高原绿色食品走出去，促进西藏高原地区农牧经济可持续发展，为中山援藏科技帮扶提供了示范带动作用。

2018年1月28日，气温陡降，但位于中山市区桂圆东路的"中山—工布江达农牧产品推广研究中心"内却暖意融融。"店小意义大，这是中共中山市委、市政府加强援藏工作的一项具体举措。中山对工布江达县的帮扶是长期的，西藏的产品需要在广东有一个窗口，这是应运而生、应势而生，应着国家援藏的大势，应着西藏发展的大势，应着人民关心支持西藏的大事而产生的一个成果。"中山援藏工作组组长、工布江达县委常务副书记王超刚在当天的揭牌仪式上动情地说，工布江达县特色农牧产品在中山进行展示展销，西藏文化传播的窗口就此开启。

当天开张的小店，面积约10平方米，由中山市农业科技推广中心免费提供。店内的货架上已摆满牦牛肉干、藏香猪肉、西藏野生松茸、鲜果轻·青稞曲奇食品等一系列新研发的产品。在这个小店里，西藏东元食品有限公司总经理赵章锁指着"镇店之宝"——藏香猪系列产品介绍，藏香猪集中生长在西藏林芝地区，林芝地区工布江达县是藏香猪的原产地，由于西藏交通不便等各种原因，藏香猪一直没有形成产业。

赵章锁说，中山市援藏工作队到西藏林芝工布江达县后，为了帮助当地农牧民发展产业，实现精准脱贫，指导驻地西藏东元食品有限公司采取"公司＋农户"的方式收购农户放养的藏香猪进行肉食品生产。为了使企业产品走出西藏，促进企业发展带动当地农牧民藏猪产业发展，同时也为了使消费者能够吃到真正的藏香猪肉，咀香园协调在中山市华柏路与桂园路交叉口的中山市农业科技推广中心楼下设立了西藏林芝工布江达县农产品体验店，销售藏香猪肉（礼盒装）等西藏工布江达县农产品。

"推广研究中心的成立，充分体现了援藏工作组、中山市人民对西藏人民的深厚感情。作为窗口，可以帮助西藏农牧产品从深山里走出去，这对工布江达县的农牧民、当地合作社、企业都是一个很大的帮助。"赵章锁说。

云南省昭通市大关县是中山市火炬开发区的对口帮扶对象，火炬区与大关县在产业共建和扶贫发展方面已开展紧密合作。作为火炬开发区内的企业，咀香园发挥自己的优势特长，积极开展技术帮扶活动，与大关县开展技术对接，助力大关县的资源走出大山，带动当地经济发展。

2017年8月10日，由广东省第五扶贫协作工作组、昭通市昭阳工业园区管理委员会联合主办的广东中山创新联盟与昭通月中桂合作签约暨创新月饼新品发布会在昭通市举行。会上，广东省焙烤食品产业创新联盟、咀香园健康食品（中山）有限公司与昭通月中桂食品有限责任公司成功签约。张延杰带领咀香园研发团队，先后4次到月中桂进行技术指导。

自2016年7月中央做出加强东西扶贫协作、全面打赢脱贫攻坚战的重大战略部署以来，广东东莞、中山和云南昭通之间架起了扶贫之桥、发展之桥等连心桥。这次签约的企业切实履行合作协议，迅速组织生产加工，抓住机遇，将新产品投放市场，把昭通苹果等特色农产品融入食品加工当中，从深度和广度上拓展合作领域，走出一条产业帮扶与企业发展相结合的新路子。

推出企业"名人堂"

在咀香园众多的内部刊物中，《咀香园名人堂》颇有深意。张延杰在其中一期的序言内容如下："每年一度的咀香园退休干部职工茶话会，是我感触最深的时候。看着这些曾经一起工作的干部职工，回想他们为咀香园所做出的贡献，正是因为他们的传承和努力，才造就了咀香园的今天。他们是咀香园的功臣。把他们在咀香园的工作加以整理，成为现在和将来咀香园人学习的榜样。"

郑术恒（郑师傅）、林绮清、郭凤屏被列入"名人堂"。百年来，咀香园"名人"辈出，并用实际行动谱写着对企业的"大爱"。

谈到咀香园的非遗保护，不得不提郭凤屏。在咀香园工作十多年，郭凤屏从最初担任总经理办公室副主任、人力资源部副经理，到技术中心、社科基地秘书长，非遗传承保护主要负责人。《咀香园名人堂》是这样评价她的：

她满怀热情，离开自己喜爱的教育工作，慕名来到百年老字号咀香园，经历了艰辛曲折的探索，从一名教育工作者成长为一名咀香园文化的推动者，为咀香园宣传工作打下良好的基础。

由于宣传工作出色，郭凤屏连续三年被火炬开发区评为"先进宣传思想工作者"，而咀香园连续三年被评为"宣传思想工作先进集体"。2005年，郭凤屏获得咀香园"推动企业文化建设先进工作者"称号。她为中山市社科普及提供了有效的社科信息，协助分管的社科基地在 2015 年被评为"全国社科先进组织"和"中山市先进社科组织"，她本人也连续五年被评为"中山市社科优秀信息员"。

张延杰在《咀香园名人堂》里为郑术恒写了"颁奖词"。内容分为四部分：工匠精神，坚持和执著；精益求精，学习和进步；培养传授；责任与传承。部分内容如下：

> 企业如何长盛不衰？咀香园又如何历经百年依然生机勃发？从郑术恒身上可以体现出来。
>
> 郑术恒是咀香园员工的优秀代表，是咀香园员工的楷模和学习榜样。面对浮躁，沉下心去做好一件事是多么难得与可贵！
>
> 郑术恒中学毕业即来到咀香园，没有很高的学历，但他不断学习，成为行业大师、工匠精神代表。
>
> 学而思，思而悟，悟而行。郑术恒从简单的工作岗位开始边做事边学习，边学习边思考，吸收传统工艺精髓，结合现代技术，不断注入新的元素。
>
> 中华民族几千年的发展，积累了大量优秀的传统文化，广式糕点无疑是优秀传统文化的重要组成部分。如何能总结并传承广式糕点的精髓？要像郑术恒师傅这样，不断地学习，不断地思考，不断地积累，不断地创新。学习和进步是我们每个人必须坚持的生活和工作理念。
>
> 郑术恒不但自己钻研技术，成为行业知名大师，还与其他大师一样，将培养与传授作为重要工作，毫无保留地培养年青一代。培养人才是郑术恒近几年的主要工作。他先后培养了多位全国技术能手、月

饼比赛金奖选手，为咀香园的发展奠定人才基础。郑术恒将培养新人和传授传承咀香园文化做到了极致。

郑术恒对工作有着让人敬佩的责任感，利用节假日参加非遗的推广传承活动，处处以高度热情分享非遗的魅力，对非遗的推广与传承工作作出了极大贡献。

因为非遗文化工作传播等原因，郑术恒、郭凤屏在外界的知名度高一些。林绮清在技术一线默默耕耘，为咀香园的质量"保驾护航"。《咀香园名人堂》称她为咀香园品质楷模、食品安全忠诚卫士。

食品安全事关人民群众的身体健康和生命安全，是民生之本、和谐之基、安民之策。咀香园质检部门在林绮清的带领下，团结拼搏，脚踏实地，认真严谨，保证广大消费者吃上放心的咀香园产品，为咀香园食品安全筑起一道坚实的屏障。

林绮清 1988 年调入咀香园从事与食品安全质量监督相关的化验工作。1988 年的入职工作证上写着"中山市咀香园食品工业集团有限公司，编号：0000024"。照片上的她还是一个年轻、充满朝气的姑娘。

《咀香园名人堂》里是这样描述的：

在咀香园，林绮清始终站在咀香园品质管理的第一线。从一名普通的化验员做起，经过 15 年的沉淀，破茧而出，担当重任。2003 年任质控中心主任，2008 年任总经理助理，2014 年任质量法律法规总监，2015 年以来任质量总监。她不仅做好自己，还做到以身作则，带领部门同事坚持原则，不断提升业务素养，认真学习国家食品安全的国家法律、法规及规章，努力钻研业务，鼓励同伴们做到爱岗敬业、敢于挑战、不怕困难，在质量管理的岗位上发挥了积极作用。

检验学是一门综合性科学，需要大量的化学物理统计知识，怀着执著的敬业精神，林绮清，争分夺秒利用业余时间，给自己充电。就好像 ISO 这个系统本身一样，不断地补充，完善自己，使自己趋向完美；在一个不间断的过程中逐渐成长，完善自我。她还积极参加各种技术理论学习班，深钻细研新的检验课题，孜孜不倦。先后参与制定了广东省地方标准《杏仁饼》，解决了中山特产杏仁饼长期无地方标准的课题，大大提高了杏仁饼的质量。该标准的制定对中山特产杏仁饼的发展具有很大的战略意义，避免杏仁饼因为个别小厂的不规范行为而受牵连。

退休之后，林绮清她把食品安全控制的"接力棒"传递给了年轻的科研人员孟嫚。

孟嫚作为江南大学的高才生，在咀香园技术中心参与申报了10多项科研项目，工作认真踏实，刻苦钻研。

《咀香园名人堂》寄语中，对她的评价是这样的：

> 孟嫚好像天生就是为了做品质管控的，工作热情融化周围的人，再难再苦都是微笑面孔，热情依旧，直到问题解决。
>
> 孟嫚对质量管理的坚持和执著在咀香园是出了名的，对质量管理的严格也是很少有人能赶上她；对不合格原料和产品必须铁面无私，毫不留情。
>
> 认真是孟嫚的又一个特点，质量工作是靠检验数据说话的，对检验过程仔细认真，不放过任何细小的差错。她不断学习，学习新的质量管理知识，学习新的食品技术，从实践中学习，向书本学习，向员工学习，终于成长为食品质量管理专家，也成为中山市第六层次人才。孟嫚使咀香园的质量管理上了一个新台阶。

中秋文化博物馆是一个好点子

中秋节是中国的传统佳节。根据史籍记载，"中秋"一词最早出现在《周礼》一书中。到魏晋时期，有"谕尚书镇牛淆，中秋夕与左右微服泛江"的记载。直到唐朝初年，中秋节才成为固定的节日。《新唐书·太宗记》记载有"八月十五中秋节"。中秋节的盛行始于宋朝，至明清时期，已与元旦齐名，成为中国的主要节日之一。

明清时期，中秋食月饼的风俗已相当盛行。清人富察敦崇在《燕京岁时记》中说："中秋月饼，以前门致美斋者为京师第一，他处不足食也。至供月饼，到处皆有，大者尺余，上绘月宫蟾兔之形，有祭毕而食者，有留至除夕而食者，谓之团圆饼。"

中秋节又称团圆节，是我国仅次于春节的第二大传统节日，至今已有千余年历史。团圆是中秋亘古不变的主题，更寄托着炎黄子孙对美好生活的向往。

月饼除了是中秋佳节的必备食品外，还是馈赠亲友的节日礼物。随着时间的推移，月饼已由当初的家庭手工制作逐渐变成一种专业化生产，品种增多，质量提高，明清时已发展成为传统的糕点形式。

从 2008 年开始，国务院将中秋节等传统节日定为法定假日，并放假一天，让人们有了更多时间享受与亲人、朋友的相聚。

作为老字号的咀香园，做饼不能仅仅是做好一个饼，而是要超出饼做好饼文化。中秋节更多地体现一种情感、记忆、思念，而月饼作为中秋文化的重要载体，更需要围绕中秋传统文化元素做文章。自 2007 年举办首届中秋文化研讨会以来，咀香园坚持每年在接近中秋节时举办中秋文化研讨会。

中国的中秋文化非常深厚，影响广泛，咀香园在中秋文化的挖掘方面可以大有可为。张延杰建议，中秋文化可以申报列入世界非物质文化遗产保护名录，并制定月饼国际标准，如果中秋文化被列为世界非物质文化遗产，那么月饼可以跟着中秋文化走，并响应"一带一路"倡议，将中华文化传播得更远，将产业做得更大。

如何搭建中秋文化传播载体？中山市社会科学界联合会主席胡波建议，咀香园可以牵头建立中秋文化博物馆，将中秋文化等传统民俗文化整合起来，通过与旅游产业结合，打造成中秋文化教育基地、传统文化体验基地等，扩大中秋文化的影响力。中山市经济研究院院长梁士伦说，在产业转型升级中，一个很重要的内容就是产业文化的锻造。咀香园作为中山市为数不多的老字号企业，是中山市企业品牌战略、文化传承、企业文化建设、创新发展、产业旅游等多个方面的"排头兵"。

作为传统食品产业，还可以考虑搭界融合发展。张延杰认为，茶有"茶道"，香有"香道"，那么饼也应该有"饼道"，而"饼道"其实就是将传统文化和技术创新结合在一起，在追求极致工艺的同时，用文化为老字号注入新活力。

2014年9月2日上午，中山市政协多位文化界委员参与在咀香园社科基地举行的"让民间节日回归传统文化常态"研讨会，探讨传统节日文化在当代生活中的文化传承，并对中华中秋文化价值表述进行讨论和提炼。与会的市政协委员认为，立足于"我们的节日价值"来探讨中华传统节日文化传承和价值表述，实现节日文化的大众化推广，是当下非常重要的课题。

针对节日文化的传承和发展，专家学者提出了一些建议：一是现阶段传统节日呈现趋同化特征，传统节日的发展应结合时代特征，寻求自身发展；二是应以加强传统节日文化创新为手段，以80后、90后，甚至00后等年轻人为主要受众，力求用年轻人喜闻乐见的方式对传统节日文化进行传播；三是传统节日文化的定位上应当注重品牌包装，积极倡导、共同营造以政府为主导、商家普遍参与的新局面，以深入挖掘"节日民俗文化"为切入点，用"经济搭台、文化唱戏"的方式，推动中山旅游经济持续发展；四是在过节的方式上应当重视家庭模式，在传统节日文化的挖掘上应该通过加强民俗调查，力求体现地方民俗文化特色。

咀香园多年来一直注重开展企业文化建设，继承和弘扬民族文化精神，丰富和提高咀香园的文化附加值，营造咀香园独特的文化氛围，开展丰富的文化建设活动。比如，借力工业旅游，咀香园把百年地方特色食品融入"伟人故里，名城中山"的文化中去，丰富了企业文化内涵。游客可以看到杏仁饼制作的全过程，还可以亲手制作，进行各种研讨及交流。

以人为本，尊重知识，注重引才、育才、留才，也是咀香园企业管理的一种文化内涵。这种管理使企业全体员工增强主人翁意识，做到能与企业同呼吸、同成长、同发展，实现"人企合一"的企业文化。

一个企业，尤其是老字号企业，如果没有自己的企业文化，根本不可能把老字号发扬光大，更谈不上提高企业的综合素质。换句话说，没有自己的企业文化，就是一个没有灵魂的企业。

咀香园董事长梁炳根认为，咀香园的企业文化是"看得见，摸得着"的。咀香园的发展，实际上就是在保持传统的基础上寻求创新。为什么在机械化、自动化、智能化席卷全球的今天，咀香园的杏仁饼还能风行百年？奥秘之一就是保留了其中自然、传统、技艺、经验的手工打饼工艺，把这种手工做到了极致，发酵了思想，酿成了文化。

传统技艺散发的魅力，激励着咀香园人继续传承、发扬这一技艺和肩负历史使命。咀香园所一直珍视的传统工艺——手工打饼蕴含百年的文化底蕴，是其历史发展的见证，是具有重要价值的文化资源。从技术角度来说，咀香园在今天完全有能力，也有办法将手工打饼改为打饼机打饼，但沿袭手工模具打饼是保证咀香园杏仁饼口味的关键之一。

张延杰认为，能穿越岁月风雨形成历史积淀的，唯有文化。文化是最具生命力的形态。在咀香园的百年历史中，无论人事交替，无论时代变迁，贯穿如一的始终是创新。

在张延杰看来，月饼只是中山众多特色产品之一，其他特色产品也可以通过挖掘文化，更好地以文化为载体做好出口这篇文章。咀香园还计划牵头策划举办"中国月饼文化节"，以文化节作为载体，更好地演绎中秋文化。

编制企业社会责任报告书

2013 年，咀香园结合在履行社会责任方面的具体情况，首创性地编制了企业社会责任报告书。

企业社会责任报告（简称 CSR 报告），指的是企业将其履行社会责任的理念、战略、方式方法，其经营活动对经济、环境、社会等领域造成的直接和间接影响、取得的成绩及不足等信息进行系统梳理与总结，并向利益相关方进行披露的方式。企业社会责任报告是企业非财务信息披露的重要载体，是企业与利益相关方沟通的重要桥梁。

作为一家全国领先的食品制造企业，咀香园在发展壮大的过程中，不断为股东创造价值，同时也对国家和社会的全面发展、自然环境和资源，以及股东、债权人、职工、客户、消费者、供应商、社区等利益相关方承担相应的社会责任，致力于实现公司与社会的和谐、协调、统一和可持续发展。

企业的发展源于诚信，诚信之道源于企业自身的文化建设。百年来，咀香园精心培育了"勤奋、诚信、包容、进取"的企业精神，大力弘扬"诚信、守约、协调、高效"的团队精神，"质量是生命、安全是效益"的质量理念，"客户至上、诚信服务"的营销理念，全面推进"铸魂、塑形、育人"三项工程，营造"守信为荣、失信为耻、无信为忧"的企业氛围，不断提升广大员工的诚信意识，使诚信理念植根于全体员工之中，成为咀香园的核心价值观。

在诚信经营中，咀香园流传着一个真实的故事。2010年，在"养生专家"的吹捧下，绿豆的食用功效被夸大，使绿豆的批发价格从原本的每吨5000元直线上升至每吨2万元。这使咀香园走到了亏损的边缘。面对艰难局面，有人建议咀香园董事会放弃用绿豆，改用其他代替品生产产品。但这个建议马上被董事会否决了。董事会认为，使用代替品或许能够暂时缓解企业的亏损状况，但选择这样的方法将会给员工传达一个非常负面的信息：为了生存可以放弃诚信。这就动摇了老字号企业的立足资本。随后，咀香园上下群策群力，研究出一套损失最少的生产方案。最终，国家出台政策限制绿豆囤积，艰难局面得以破解，咀香园以其诚信姿态挺过了艰难时期。

2011年，咀香园办起了修身学堂，向员工及社会各界人士提供诚信教育。2014年，广东省社科院的教授专家深入咀香园调研时指出，咀香园始创于清末民初，历经百年，享誉大江南北乃至海外，是中山传统产业成功转型升级的典范。咀香园的修身工作开展得非常扎实，有特色，有亮点，希望其继续利用好自身优势，发挥修身示范作用，引导企业员工践行社会公德、职业道德、家庭美德、个人品德，为进一步促进企业健康和谐发展奠定基础。

2014年3月29日，第二届中山最具社会责任企业传媒大奖颁奖典礼在中山市政府会议中心举行，咀香园荣获"最具社会责任企业传媒大奖"。颁奖词如下："近年来，咀香园在注重企业发展的同时兼顾社会责任，积极参加各种捐款、慰问、无偿献血等公益活动，培育了'诚、勤、俭、礼、善、和'的新时期咀香园人精神。咀香园人用自己的爱心、无私之举，诠释了大爱的真谛。"

诚实守信的经营道德为咀香园赢得了客户的真心信赖和赞扬，这是其在国内外市场有较高市场占有率的根本所在，已成为转制后的一笔巨大财富。

慈善万人行、义务献血、解困捐款、慰问孤寡老人、探望孤儿、三月植树节等，这些已成为咀香园人每年的"必修课"。尊老爱幼是中华民族的传统美德，中秋节是我国的重要传统节日。每年这个时候到敬老院、儿童福利院等看望和慰问老人、小孩，是咀香园的光荣传统，让这些老人、孩子在节日里感受到社会的关心和温暖。

为了保护行业利益，维护企业合法权益，咀香园还积极参与传统焙烤食品标准化建设，有效地抑制了不法分子造假、售假和侵权活动，保护了企业利益，提高了企业产品的信誉度，同时也增加了消费者对食品的安全感。

1998年改制以来，咀香园坚持每年中秋节向退休老职工发两盒月饼，每年年底开一个茶话会，给他们发一个小红包和一份礼品。"郭总说过一句话，让我们很感动。他说，咀香园有今天，我们不要忘记老一辈员工的努力，要懂得感恩。"郑术恒说，不在乎东西多少，主要是有这样一份心意。

张延杰认为企业在做好自身经营的情况下，力所能及做一些对社会有益的事是企业的责任，咀香园的社会责任也是咀香园人的追求目标之一。

党建也是生产力

改革开放40多年来，我国民营经济发展迅猛。如何扩大党组织在非公有制企业的覆盖面和影响力已经提升到非常重要的地位。

党组织是工人阶级的先锋队，共产党员是劳动群众中的先进分子。加强党组织和党员队伍建设，就是抓住了生产力的关键，企业的发展就会如虎添翼。"党建也是生产力，抓好党建添活力。"对非公有制企业来说，党建工作同样是生产发展的动力引擎。

新中国成立以来，咀香园既经历了公私合营、国企岁月，又成功转制为民营企业。无论体制如何改变，咀香园的党建工作不变，并一直摆在企业发展十分重要的位置。

2014年2月7日上午，咀香园党支部召开"创品质、强服务"主题党日活动。中共中山市委书记在参加活动时表示："咀香园在党建工作方面，要不断创造新的方法，提供好的经验。咀香园是中山人民舌尖上的记忆、舌尖上的享受，富有特色，富有创新，发展好百年老字号，其中重要一条就是党建的保障。作为中山民营企业的一面旗帜、中山人民的骄傲，咀香园要不断创新，与时俱进，提升核心竞争力，提高产品附加值，实现全产业链发展。"

咀香园早在1954年就成立了党支部，1999年升格为党总支部，下设五个基层党支部，2004年升格为党总支部，至2018年6月已有党员50多名。郭伟文说，咀香园取得的成果，与公司全体党员发挥的先锋模范作用密不可分。公司发挥党组织的骨干引领作用，为企业培养年轻有为的人才。咀香园各个党支部每年会不定期开展主题学习或外出参观活动，不断提高党员的思想先进性，确保加强作风建设。

咀香园党总支部坚持"党建就是生产力"的党建工作理念，扎实推进两新组织党建工作深入开展，充分发挥党员先锋模范带头作用，并以"党建带团建"为抓手，健全完善组织机制。2007年以来，咀香园积极建立以工会、共青团、妇女组织等群团组织为主体的党的工作助手队伍，积极开展"党建带工建、党工共建""党建带团建、党团共建"等活动，做到党组织和工会、共青团、妇女组织机构同步设置，工作上互相支持，形成了党群共建、良性互动、资源共享的良好工作格局。近几年来，咀香园党组织相继获得"中山市、先进基层党组织""石岐区先进基层党组织"和"中山市两新党组织党建示范点"等荣誉称号。2013年被中山市两新组织党工委定为"中山市两新组织建教育展示基地"。

为纪念建党95周年暨长征胜利80周年，2016年3月14日—16日，咀香园全体党员以"追寻革命足迹，感悟红色文化"为主题，奔赴延安，踏上了红色之旅。全体咀香园党员更好地学习中共党史，尤其是更深刻地理解延安精神内涵，全面了解延安在中国革命中所起的作用，从而进一步挖掘延安精神的现实意义，增强爱国意识和爱岗敬业的责任心。

在延安开展红色之旅时，作为公司总支书记的郭伟文总结："红色之旅的成功举办，体现了咀香园党员对党由衷的热爱和浓浓的深情厚谊，是咀香园党建、文化建设的一次具体体现。"郭伟文说，咀香园在今后的党建发展过程中将继续坚持党的领导，毫不动摇坚决跟党走的政治信念，把革命精神发扬光大，增强社会责任感，吃苦耐劳，努力打造出一支"有理想、有目标、有纪律、精诚团结、携手共进、为咀香园创效益、为社会做贡献"的精英团队。

咀香园食品作为经典手信特产的代表，是中山人舌尖上的记忆，也是岭南文化对外传播的"微缩窗口"，其发展历程堪称传统产业转型升级典范。咀香园将抢抓新一轮发展机遇，坚定不移地走高质量发展道路，加快实施创新驱动发展战略，为产业注入文化的灵魂、插上创新的翅膀，推动品牌价值再提升；同时，抓好市两新组织党建工作，着力推动党的建设和企业发展深度融合、同频共振，发挥党员职工先锋模范作用，把党的政治优势、组织优势转化为竞争优势、发展优势。

微信扫码
查看行业热点头条

|第十章|

老字号如何走得更远

欲修其身者，先正其心；欲正其心者，先诚其意；欲诚其意者，先致其知。致知在格物。

——《礼记·大学》

2017 年中秋节渐近时，一条关于"中山月饼出口再创新高"的消息刷爆微信朋友圈。2017 年，中山月饼共出口 1400.7 吨，创汇 1159.5 万美元，出口量占全国 50%，占广东省 70% 以上。中山月饼出口量连续 12 年保持全国第一。

中山月饼出口历史可以追溯到 20 世纪初。如今，中山月饼的海外市场不断地扩大。以前吃月饼是为了一饱口福，现在是除了口福，还要传递一种情意。作为百年老字号的咀香园，其月饼大量出口到世界各地，海外乡亲也可以尝到来自家乡的味道。咀香园已成为中山人舌尖上的记忆。

海外有轮"中山月"

广式月饼的历史可追溯至 1889 年。相传，广州城西有一家糕酥馆，用莲子熬成莲蓉作为酥饼的馅料，清香可口，大受顾客欢迎。清光绪年间，这家糕酥馆改名为"连香楼"，莲蓉馅的饼点已定型为现时的月饼。

清宣统二年（1910 年），翰林学士陈太吉品尝该店月饼后大加赞赏，但觉"连香"二字不雅，建议改成"莲香"，并手书了"莲香楼"招牌，沿用至今。广州市由"莲香楼"始，各食肆、饼家纷纷仿效生产月饼，后来又形成陶陶居、广州酒家等月饼名牌。广式月饼逐渐闻名海外。

在中山，焙烤食品已不仅仅是一个产品品牌、一张城市名片，更成为历史符号和文化象征。作为岭南糕点饼干的典型代表，最负盛名的杏仁饼已有百年历史，中山焙烤食品具有独特的文化和品牌优势。为强化中山饮食文化品牌，中山市从硬件到软件、从人才培养到内涵进行全方位创新，多种形式深入挖掘中山焙烤食品的文化内涵。

20 世纪 90 年代以来，中山食品品牌相继涌现，已有咀香园、至尊帝皇、日威、百威等众多知名品牌。至尊帝皇食品（中山）有限公司是中山市的老牌月饼生产企业，1991 年成为中山市最早出口月饼的食品企业之一，现已出口 20 多个国家和地区，出口量多年保持持续增长。中山市马得利食品有限公司创立于 1991 年，原为中山市港隆食品厂。中山市百威食品有限公司源于 1992 年成立的中山市百威食品实业公司。中山市采蝶轩食品有限公司创建于 1993 年。中山市怡丰食品厂始创于 1993 年，产品远销美国、欧洲、大洋洲、南美洲等地。中山市日威食品有限公司创建于 1996 年，其前身康乐食品厂开始生产月饼及馅料。中山市一知万食品有限公司创立于 1998 年。

2016 年 6 月 13 日，中山市人民政府办公室印发了《中山出口焙烤食品质量安全示范区建设工作实施方案》。这份方案的出台，旨在提高中山焙烤食品质量安全管理水平，加快中山市焙烤食品品牌建设，促进传统焙烤食品产业转型升级和可持续发展，助力中山市创建食品安全示范城市。

《中山出口焙烤食品质量安全示范区建设工作实施方案》中提到，中山市将重点开展"五大行动"，实施"六大工程"，把中山出口焙烤食品质量安全示范区建设成为特色鲜明、标准化程度较高、示范效应显著的优势产业集群；并将扶持企业实施品牌国际化战略，每年统筹安排专项资金作为示范区企业实施出口焙烤食品品牌战略。方案中还提到，咀香园、采蝶轩等龙头企业，要发挥好技术和人才优势，积极参与建设产业规模化、技术标准化、管理规范化的焙烤食品示范企业；并完善自身标准化体系、质量安全管理体系、生产加工体系和经营体系建设等。

中山市以焙烤食品历史为引领，弘扬优秀传统饮食文化，开展饮食文化"五大行动"：树立一个中山焙烤食品"同线同标同质"示范点（平台）、建设一个中山焙烤食品科普教育基地、打造一批中山焙烤食品金字招牌、创办一个中山月饼文化节、制作一套中山焙烤食品文化宣传资料。从硬件到软件，从人才培养到内涵创新，全方位强化中山饮食文化品牌，弘扬我国非物质文化遗产，促进食品行业的转型升级。

2016 年 7 月，突破层层严苛的技术性贸易措施，中山月饼出口日本。2016 年 9 月，国内首个出口焙烤食品质量安全示范区经质检总局考核批准，落户中山。这一年，中山月饼出口量占国内出口量的 50%，连续 11 年位居国内第一。

在国家"一带一路"倡议下，漂洋过海的月饼已超出产品本身的范畴，成为海外华人华侨千里寄相思和饮食文化传递的载体。近年来，海外华人华侨积极响应国家政策号召，在中华传统节日中秋节前后，通过月饼来传承中国饮食文化，月饼消费氛围越来越浓，并吸引越来越多的外国友人爱上月饼。月饼在海外市场的升温就像当年巧克力进入中国，很多中国消费者喜欢吃巧克力，而现在越来越多的外国朋友也喜欢上中国的月饼、糕点和饼干。

中山是月饼企业生产聚集地，全市拥有 200 多家月饼生产企业。早在 2007 年，行业人士就建议中山月饼行业可联合向中国食品工业协会申报"月饼名城"。中国焙烤协会副理市长高波曾评价，中山月饼企业集中，生产技术全国领先，中秋赏月、寄饼相思是五千年中华文明的重要内容，申报"月饼名城"建设可以提升城市的文化内涵。

张延杰对 2017 年中山月饼出口"成绩单"进行分析后认为，中山海外华人华侨众多，注重技术创新，质量过硬，中华传统文化越来越受到国外关注等都是取得这份好成绩的因素。

中山月饼质优、安全、健康，深受全球华人华侨的欢迎，已是中国靓丽的中秋名片和中华饮食文化传播的载体。中山月饼屡创出口新高，最根本的原因还是市场。月饼企业一方面保留传统的手工制作，以确保月饼的好口感；另一方面不断创新，生产低糖和不同馅料的新产品，自然受到海外华侨和国外消费者的欢迎。如广东省焙烤食品产业技术创新联盟与中山企业 2017 年 8 月刚推出的一款新产品——"鲜果轻"月饼当年就出口到新加坡、马来西亚等国家。

"月饼是很有传统文化味道的产品，海外华人华侨在中秋佳节品着月饼，可以唤起对中华传统文化的热爱。中山月饼出口还有很大的空间。"张延杰建议，可以从国家层面把中秋节申请为世界非物质文化遗产，通过中秋节，以月饼为载体，更好地传播中华传统文化，讲好中国故事，传播中国声音。

一份"深调研"

2006 年 11 月，国家商务部认定的第一批"中华老字号"名单出炉。第一批认定的"中华老字号"共有430个企业（品牌），其中广东获得"中华老字号"品牌称号的有 22 个，中山只有咀香园和沙溪凉茶两个上榜。这是商务部开展振兴"中华老字号工程"以来首批认定的中华老字号企业。

何谓"中华老字号"？根据商务部有关规定，老字号必须满足三个条件：一是企业在 1957 年之前成立的，而且现在仍在经营；二是属传统特色工艺，具有民族特色；三是有传承文化的色彩并有自己的技术特色。

善于思考的张延杰，在不断优化技术，搭建科研平台的同时，也会静下来思考老字号发展的一些话题。2011 年，以张延杰为课题组负责人，郭凤屏、邬海雄、苏泳仪、朱钢等为成员组成的中山咀香园社科建设基地课题组开展了"中华老字号现状及创新发展的研究"。这个课题获得中山市社会科学界联合会立项。

老字号凝结着民族精神、历史文化和地理属性，是一种独特的标识，经过历史长河的洗练，积累了无形财富。我国的老字号企业大都有辉煌的历史，曾是我国民族工商业的精英，在促进经济增长、丰富人民物质文化需求、弘扬中华民族优秀传统文化、促进国际交流等方面起到重要作用。但是由于社会、政治、经济环境的动荡与变革，一些老字号企业惨淡经营，甚至销声匿迹。我国已进入社会主义市场经济发展时期，一方面，为老字号企业发展提供了很好的机遇；另一方面，在市场经济竞争条件下，我国老字号企业的生存与发展也面临挑战。

据国家权威部门的数据统计，新中国成立初期，我国有老字号企业1600多家，主要集中在医药、餐饮、食品等行业，大多分布在北京、成都、重庆、天津、上海、杭州、西安、广州等地。从1600多家老字号企业的生存情况来看，勉强维持现状的占70%；长期亏损，面临倒闭、破产的占20%；生产经营有一定规模、效益好的只有10%左右。

张延杰后来将这一现象形容为老字号企业面临的"721"现象，即老字号企业70%已经从市场消失，20%还在艰难维持，只有10%在市场上健康发展。张延杰说，这说明老字号企业要生存下来，并不容易。不少企业经营者近年来一直在深刻反思，也有新闻媒体先后做过报道剖析：咀香园这家老字号企业为何迄今仍能挺立时代潮头，并且探索出中华老字号焕发新活力的成功之道？

张延杰分析认为，历史包袱比较重，因循守旧、创新不足，人才流失严重，缺乏知识产权、现代营销意识等，是导致老字号企业发展步履维艰的主要原因。老字号品牌的持续发展和做强做大，归根到底是企业的自身行为，是市场优胜劣汰的选择结果。所以，老字号企业的发扬光大，关键还是要依靠企业自己走市场，推陈出新，创新经营发展理念，同时保持自己诚信的商誉和商业秘密，在市场竞争中生存、发展。

这份研究报告指出，老字号企业出现生存危机的根本原因就在于没有建立起现代企业制度，包括法人财产制度、有限责任制度和科学的组织及管理制度；其次，营销模式滞后也在很大程度上限制了老字号的发展。此外，对老字号文化品牌的滞后开发也是重要原因之一。

纵观企业百年沉浮，许多老字号企业在20世纪30年代的战乱、20世纪50年代的公私合营运动，以及其后的"文革"中存留下来，却无法适应20世纪80年代中后期开始的市场经济环境，在这一场大洗牌中销声匿迹。相反，主动应对，进行市场化运作，并积极在市场大环境中寻找出路的老字号企业，则实现了从小店铺到大企业的蜕变。

在市场经济大背景下，老字号企业的根本出路在于改变传统运作模式，创新生产机制和营销模式，并积极挖掘、传承传统的文化符号。咀香园正是从自己的探索中寻求转型和蜕变，从小店铺到小食品加工厂，从公私合营到市场化运作，最终成为年产值过亿元的现代化企业。咀香园的这份研究报告还指出，在大力发展现代营销模式、建立现代企业生产方式和管理制度的同时，应始终以老字号的文化符号为依托。"文化是老字号的灵魂，我们要想办法让它在现代经济社会的环境中生存、发展和壮大。"

该课题组认为，根据实际情况，可以通过建立老字号博物馆、出版老字号书籍、拍摄关于老字号历史轨迹的方式宣传和巩固传统文化，并通过非物质文化遗产名录的影响力进一步提升老字号的文化价值。

百年咀香园的发展道路，为老字号发展提供了一种新思路。张延杰认为，正是因为建立起适应市场经济的现代企业制度，进行市场营销模式创新，进行技术、产品、服务创新，重整资源推动发展，善于运用老字号品牌的无形资产价值，与时俱进去丰富老字号品牌的文化内涵，积极主动去进行品牌自我保护等举措，才成就了咀香园百年的无断代传承。

纵观老字号企业的发展形态，主要有三种路径：一是做成小而精、小而特、小而专、小而美的中小企业，打造成行业内的"隐形冠军"；二是发展连锁、扩大经营，用文化、科技增强影响力和竞争力；三是发展壮大成集团公司，实现现代化、产业化、规模化，甚至上市。

这份研究报告这样总结："老字号企业发展的根本问题还是在自己，重要的是练好内功，关键问题是传承与创新。传承特色工艺、特色产品、诚信质量、道德文化的同时，要与时俱进，做好观念创新、技术创新、产品创新、管理创新等。对老字号来说，没有传承就没有老字号。同时，没有创新，也就没有老字号的发展。"

2017 年 11 月 27 日，广东省第十二届委员会第二次全体会议在广州举行。会议上称，将在全省部署开展"大学习、深调研、真落实"活动，要以学促干、知行合一，奋力在新时代干出新气象，实现新作为；要深入开展全省大调研、深调研，聚焦事关全局的重大课题，谋划新时代广东改革发展。咀香园的这份研究报告好比一次"深调研"。通过与中山市社会科学界联合会的深入合作，咀香园将以更宏观的视角为老字号发展把脉、导航。

中山老字号群像

中山有着辉煌的商业文化历史，曾涌现出一批闻名遐迩的老字号企业。从地域分布上来看，香山县时，老字号主要集中在以县城石岐为中心的一带与周边隆都一带，以及小榄镇。从老字号的分布来看，也说明这两个区域的商业经济起步较早。

20 世纪初，一群香山县归侨在香港、广州、上海等地创办了大批百货、保险、银行、纺织等企业，其中就有著名的四大百货公司。香山商帮的活跃，也带动了本土商业活动的发展。在孙文西路上，就集中了思豪大酒店、大方照相馆、福寿堂药店、永明眼镜店等数家老店。

小榄镇历史悠久。明洪武十四年（1381 年），由乡改设坊都，宁安乡的大榄、小榄分立而统名大榄都。明洪武二十七年（1394 年），大榄、小榄有 18 卫所军队进驻屯田，垦荒种植，逐渐扩大耕地面积。随着沧桑易貌、人口繁衍，居民逐渐迁居小榄，形成墟市。墟市的形成，给小榄的工商业发展提供了条件，一批商号随之萌芽、发展。

小榄镇菊花肉曾经是与杏仁饼齐名的中山特产。相传，在清嘉庆甲戌年（1814 年）的首届小榄菊花会上已有菊花肉面市。菊花肉产品制作精心、香甜可口、肥而不腻，深受人们喜欢，日益畅销。

时至今日，中山仍有生产菊花肉的老店，但由于缺乏品牌，菊花肉与杏仁饼已不可同日而语。小榄荼薇酒也曾闻名遐迩。据老一辈酿酒师讲述，荼薇酒始酿于明代，距今已有300多年历史。20世纪40年代后半期，过万人口的小榄已有酿酒作坊50多间，多酿制荼薇酒。20世纪50年代，中山酒厂通过公私合营集中了小榄各家酒坊的酿酒工艺，重酿荼薇酒。

荼薇酒的振兴，也像咀香园、美味鲜、沙溪凉茶等老字号一样，在文化、品牌传承方面采用了工业旅游的形式。2015年1月27日上午，小榄镇菊城酒厂工业旅游景点正式开门迎客。游客可在数千平方米的酿酒车间近距离观看荼薇酒、菊花酒的酿制过程，感受中山酿酒文化。

小榄菊花会早已名满天下，但很少有人知道小榄镇的酿酒传统与菊花会一样历史悠久。明清时期，生活优裕的士绅们热衷于品酒吟诗，直接催发了小榄菊花酒和荼薇花酒的诞生。改革开放之初，由中山酒厂生产的荼薇酒一度成为出口创汇的重要商品。

2011年前后，小榄商人区明添找到年过七旬的酿酒大师陈仲次，与朋友一道成立了中山市菊城酒厂，目的是重续正在消失的菊花酒和荼薇酒制作工艺。通过技术改造增强产品活力，是中山老字号焕发生机的重要途径。

沙溪凉茶的创始人是中山沙溪塔园村人黄汇，他出生于1861年，家境贫寒，15岁起便自食其力，当轿夫谋生。清光绪十年（1884年），黄汇总结和整理出一条专治外感、劳倦、伤寒的验方，然后挂牌行医，自行采药和加工，用纸袋包装起来出售。包装上写有"沙溪伤寒圣茶，黄汇制造"的字样，当时人们称之为黄汇凉茶。后人为纪念黄汇，就将此茶以他的故乡命名，叫作沙溪凉茶。虽然后来几经周折，但沙溪凉茶之名还是保留了下来，并于2006年荣获中华人民共和国商务部颁发的"中华老字号"称号。

沙溪凉茶通过技术改造，实现了"瘦身"，焕发出青春活力。在广东沙溪制药有限公司（原中山市沙溪制药厂）沙溪凉茶（煎煮茶）包装车间，组合秤按沙溪凉茶的五种配料分成五组，共50把秤，利用组合秤包装线，一分钟可完成45包沙溪凉茶煎煮茶的包装。这个速度在过去是不敢想象的。

除煎煮茶用上新设备外，沙溪凉茶颗粒、袋泡茶两个产品的生产也用上了新设备。如在中药提取车间的 MVR 操作室旁，装有十余米高的大设备。一天算下来，这条生产线可节省上万元，投入使用两年便可回本。整个 MVR 浓缩生产线只需要一名技术人员进行电脑操作即可完成。设备每小时可蒸发五吨药液，浓缩成清膏，然后通过其他生产工序制成颗粒剂或袋泡茶。传统的生产方式耗能高、成本高，但这个设备可充分利用二次蒸汽，提高了效率，降低了成本。广东沙溪制药有限公司是在行业内较早使用这种设备的企业。

为了让老字号在新的市场竞争中展现更多活力，近年来，广东沙溪制药有限公司已投入几千万元对厂房设备等进行改造升级。技术改造后，公司生产线人员减少了一半，效益却大幅提升。在产品质量上，还委托广州中医药大学新药开发研究中心对沙溪凉茶的清热、除湿、导滞等主要药效进行试验研究，对有效性做出科学评价；委托广州中医药大学新药开发研究中心进行"沙溪凉茶急性毒性试验"和"沙溪凉茶长期毒性试验"实验；委托广西中医学院第一附属医院对沙溪凉茶进行临床试验研究。

2006 年，包括沙溪凉茶在内，来自粤港澳地区的 21 家凉茶生产企业的 18 个品牌 54 个秘方及术语，纳入首批国家级非物质文化遗产。作为中华老字号的沙溪凉茶，对非遗的保护和传承一刻也没有停止过，并不断创新方法，如今已成为国内感冒类凉茶的著名品牌。

在走访广东沙溪制药有限公司时，公司办公室郑主任介绍，曾几何时，市场上假冒的沙溪凉茶泛滥，严重影响了沙溪凉茶的品牌，国家非物质文化遗产受到了严重伤害。当时，沙溪凉茶生产厂家的负责人痛定思痛，组织开展了多次声势浩大的打假行动。通过"打"，打出了威风，打出了效果，猖獗的假凉茶生产得到了有效遏制，对国家非物质文化遗产的伤害越来越小。

郑主任坦言，单靠被动的打假也不是办法，不仅成本高昂，而且各国的法律规定有差异，执行起来也不容易。后来这种"打"逐渐减少，取而代之的更多是"护"，加快自身的创新发展。实践证明，这种"护"的效果更佳。最有效的"护法"是公司花费几十万元进口了一套设备，在产品包装袋上打印防伪追溯码。每一包产品都有唯一的"身份证"，消费者在购买时对真假一目了然。

广东美味鲜调味食品有限公司是我国调味品行业品牌企业之一，也是百年老字号企业。生产工艺已跻身国内前列，生产规模及市场占有率位居全国第二。

2012 年 10 月，广东美味鲜调味食品有限公司与山东大学微生物技术国家重点实验室进行合作签约，标志着中山市调味品行业有了高层次的创新平台。山东大学微生物学科历史悠久，微生物技术国家重点实验室技术力量雄厚，科研条件完备，在现代发酵工程技术、酶工程技术、微生物分子生物学技术等现代生物学技术领域具有扎实的理论研究基础，在功能微生物菌种的选育和改良技术上的学科优势明显。广东美味鲜调味食品有限公司作为我国调味品行业的优势品牌企业，一直把技术创新研发作为企业发展的助推器，坚持开展以企业为主体的产学研合作，在保持产品百年品质的同时，紧跟行业发展趋势，不断优化工艺、创新产品，推动调味品行业创新和升级。

广东美味鲜调味食品有限公司在调味品行业处于领先地位，逐步提升和积累了企业的品牌力、产品力、营销力、技术及管理创新力。动力来自哪里？公司董事长张卫华分析，一个很重要的因素就是公司紧紧围绕"以党建强经营，以发展促党建"的宗旨，将党建逐步融入日常生产过程中，引导职工进一步解放思想，转变观念，最大限度地调动职工的积极性，为企业发展提供了思想保证和精神动力。公司发挥党员在企业中的核心作用，吸引了不少优秀青年向党组织靠拢，党员队伍不断壮大；在科技创新方面，鼓励员工发挥创造性，设立了"科技创新"奖励，鼓励员工在项目、工艺、成本上积极进行技术创新，在推动企业发展的同时不断提高自身素质。

与上述老字号一样，始创于清道光七年（1827 年）的榄都堂（现为广东金城榄都医药有限公司）也走了一条"文化＋科技＋资本"三结合的发展之路。2017 年 8 月 1 日，山东金城医药集团股份有限公司入驻火炬开发区国家健康科技产业基地中德（中山）生物医药产业园区并举行生产基地奠基庆典。其厂房所在处，与咀香园相距仅几百米。

金城医药中山火炬开发区项目以广东金城金素制药有限公司、广东金城榄都医药有限公司为主体，通过集团"实业＋资本"双轮驱动发展模式、实现原料与制剂一体化、国际化。这个项目还有一个特殊使命，就是要将"榄都堂"老字号擦亮。

一个现代制药企业为何要与近200年的老字号结缘？在山东金城医药集团股份有限公司董事长赵叶青看来，老字号蕴含传统商业文化的精髓，是地区民俗文化的一部分，具有"以质取胜"的战略意识。赵叶青坦言，提升老字号品牌，是探索推进产业转型升级的有效途径，能够再造产业竞争新优势。

金城医药、榄都堂，一新一老两个品牌，在资本运作之下走到了一起。广东金城榄都医药有限公司顺利入驻国家健康科技产业基地。榄都堂品牌将借助健康科技产业基地大平台开启新篇章。

广东金城榄都医药有限公司董事长周白水介绍，榄都堂始创于清道光七年（1827年），1958年，小榄制药厂在此基础上开办。山东金城医药集团股份有限公司则成立于2004年，是全国同行业首家登陆创业板的上市公司，2015年9月改组原小榄制药厂头孢车间，成立广东金城金素制药有限公司，下设广东金城榄都医药有限公司，传承榄都、榄药文化及知识产权（如榄都堂牌人参茶膏等），开启并恢复"榄都堂1827"字号。

周白水说，把榄都堂老字号产品及老字号品牌的价值发扬光大，是现代制药企业义不容辞的历史使命和长远追求，他们将提炼榄都堂的优秀经营理念和文化传承，并发扬原老字号的处方和工艺，鼓励和支持其加快技术改造，增强市场竞争力。

从中山上述成功的老字号发展历程来看，创新精神确实贯穿其发展始终。中山老字号的振兴，主要采取"文化＋科技＋资本"的手段，一是通过工业旅游等新平台进行文化传承、品牌打造；二是通过技术改造，推出新品种，扩大企业规模；三是通过资本对接，与相关行业的大企业进行融合发展。

如何破解"富不过三代"

"富不过三代"，这是对中国企业寿命最形象的一句概括。这句话由孟子的"君子之泽，五世而斩"演变而来，完整句子为"道德传家，十代以上，耕读传家次之，诗书传家又次之，富贵传家，不过三代"。

与德国、日本等一些发达国家的企业寿命不同，在中国，俗称的"富不过三代"的观点从数据上得到了普遍印证。2013 全球富豪榜上有四分之一的富豪财富来源为继承，但财富普遍继承到第二代为止，继承超过三代的仅有 22 位。

在 2014 年 7 月 8 日举办的"家族企业财富保全与传承论坛"上，中国中小企业协会常务副会长张竞强公布的一组数据显示，中国不到 30% 的家族企业能进入第二代，不到 10% 能进入第三代，而进入第四代的只有大约 4%。家族企业的短暂生命周期似乎在验证着"富不过三代"的"正确性"。

与国外的长寿企业相比，中国企业的寿命更能引起关注。从百年发展历史来看，咀香园曾面临传承的考验，只是在每一次的社会转型期都能平稳度过。这也从另一个侧面反映，中国企业其实也可以破解"富不过三代"之说。在百年发展史中，咀香园又为中国企业的长寿之路提供了哪些参考呢？

2014 年，发表于《中山日报》的《咀香园的文化引领和科技创新》一文对咀香园的精神做了以下总结："依山傍海的地理环境、迁徙流转的生活经历和农商并重的文化传统，使中山成为中国近代商业的典范。咀香园历经百度春秋，如今更显时代风流。齿颊留香的杏仁饼承载着海内外中山人剪不断的乡愁；历久弥香的百年老字号，彰显的是独特的企业文化和'诚、勤、俭、礼、善、和'的人文精神。"

"诚、勤、俭、礼、善、和"这六个字，对百年咀香园发展中所积累的企业家精神做了一个综述。这六个字，不仅仅对咀香园经营者来说具有重要的意义，对其他企业家来说同样具有借鉴作用。当然，随着时代的变化，咀香园需要在这六个字的基础上赋予更多的内容。

著名经济学家威廉·鲍莫尔和罗伯特·斯特罗姆认为，历史是一方盛产政策理念的沃土，远不同于其他经济学论题，对企业家精神的研究必须转向非统计性的历史，以获取大量相关证据。他们认为，可用来分析企业家精神等经济活动的证据来源主要有三种——统计资料、理论和历史。

纵观咀香园的百年发展史，可以发现不同的历史环境孕育和影响着不同的企业和企业家精神。反之，不同的企业家精神又反作用于企业发展，并对其历史发展产生不同的影响。

历史总是浩浩荡荡向前发展的，企业家精神亦如此。正如美国学者陈锦江所言，不管怎样，企业家及企业精神在中国仍将继续蓬勃发展。如果从过去的历史中吸取经验教训，将有助于他们应对未来前行路上遇到的各种挑战。

跨越百年再出发

2018 年 6 月 22 日，对中山市而言是一个特别值得纪念的日子。当天有两件大事。上午，中共中山市第十四届委员会第四次全体会议（以下简称"中共中山市委十四届四次全会"）闭幕。会上强调要坚持以习近平新时代中国特色社会主义思想统领中山一切工作，振奋精神，昂扬斗志，奋力实现中共广东省委赋予的"三个定位"，为全省"四个走在全国前列"做出中山应有的贡献。

中共中山市委十四届四次全会深入分析了中山面临的新方位、新形势、新任务，研究部署当前和今后一个时期中山的重点工作，号召全市各级党组织和广大党员干部要更加紧密地团结在以习近平同志为核心的党中央周围，以新担当、新作为，奋力开创中山工作新局面。

创新是第一动力。高质量的科技供给，是高质量发展的强大动能，是建设现代化经济体系和形成全面开放新格局的重要支撑，也是构建共建共治共享社会治理格局的重要手段。中山要建设国家创新型城市，必须强筋壮骨、强核补芯，推动中山科技创新能力从量的积累迈向质的飞跃。

党的十九大报告指出，我国经济正处在转变发展方式、优化经济结构、转换增长动力的攻关期，建设现代化经济体系是跨越关口的迫切要求和我国发展的战略目标，而实体经济则是建设现代化经济体系的"牛鼻子"。

中共中山市委十四届四次全会指出，必须把发展经济的着力点放在实体经济上，推动资源要素向实体经济集聚、政策措施向实体经济倾斜，加快建设制造强市。开放是国家繁荣发展的必由之路。中山是著名侨乡，对外开放早、开放程度高，已经深度融入世界经济。必须在区域经济一体化、深度参与全球化上下工夫，坚定开放之志，高举开放之旗，敢闯开放之路，加快形成全面开放新格局。这次会议为中山未来的发展描绘了新蓝图。

另一件大事，就是百年咀香园迎来"百岁生日"。当天，由咀香园主办的"飘香100年"咀香园2018年中秋月饼全国订货会、"正心诚意·拥抱下一个100年"咀香园100周年庆典晚宴在南朗镇海港大酒楼举行。咀香园始创于1918年，至2018年，陪伴了几代中山人的成长。从老石岐饼铺到中山火炬开发区的百亩园区，栉风沐雨，完成百年蜕变。

百年老店正青春！当天上午的订货会会场布置以"百年跨越"为创意起点，在会场门头、舞台布景以及终端陈列的设计上，巧用港珠澳大桥形象，展示了咀香园与众不同的品牌意境，让人耳目一新。在产品展示及新品发布环节，一场别开生面的"百年时光秀"全方面展示了咀香园品牌独有的魅力和纯粹的美。身着民国学生装、旗袍和现代汉服的模特，将咀香园浓浓的历史风情和现代风尚演绎得淋漓尽致。这也意味着，作为百年老店的咀香园正以新的姿态积极融入粤港澳大湾区建设中。

当晚的庆典以"正心诚意，拥抱下一个100年"为主题，设有颁奖、亮灯、百年庆生、幸运抽奖等精彩环节。在回顾咀香园百年光荣历程的同时，指明了未来品牌升级方向。

◀咀香园百年庆典活动上，饼模展示新品（夏升权／摄）

　　"正心诚意"是一个汉语成语，原是儒家提倡的一种修养方法，现也泛指心地端正诚恳。该成语出自《礼记·大学》："欲修其身者，先正其心；欲正其心者，先诚其意；欲诚其意者，先致其知。致知在格物。"正心，指心要端正而不存邪念；诚意，指意必真诚而不自欺。认为只要意真诚、心纯正，自我道德完善，就能实现家齐、国治、天下平的道德理想。

　　咀香园作为老字号品牌，在考虑企业创造效益最大化的同时，保证产品不出问题，保证产品能够以高质量标准生产。咀香园和很多客户合作长达 20 年以上。之所以能够与客户建立紧密的战略合作关系，最重要的是咀香园从客户利益出发，做好产品和服务，不断要求自身创新，也要求客户创新，通过创新与创造价值，深化与客户的价值认同。

　　咀香园诚实守信的经营道德，赢得了客户的信赖和赞扬。超过 90% 的经销商对咀香园一心一意，相守不二。

　　无锡百佳食品有限公司总经理王小东感慨道："与咀香园的合作到 2018 年正好 25 个年头。为什么能坚持只做咀香园一个品牌，这与咀香园百年老店的诚信是分不开的。"

　　咀香园执行董事、总经理郭伟文说："咀香园能够无断代传承 100 年、飘香 100 年的原因，就是'正心诚意'，即心要端正不存邪念、心意必真诚而不自欺。"

　　1985 年，郭伟文到咀香园上班。"在咀香园工作了 30 多年，可以说我的青春岁月都奉献给咀香园了。婚姻、事业、交友等，都与咀香园品牌有着千丝万缕的联系。"郭伟文说。对咀香园的百年发展史，郭伟文更是如数家珍。"这 100 年来，咀香园经历了 1918—1948 年的 30 年家庭作坊样板，1949—1998 年的 50 年新中国成立公私合营、国有企业壮大扩充，特别是 1998—2018 年的 20 年第一批转制企业壮大、做强、做精的'三大节点'。"

　　在郭伟文看来，这 100 年来，咀香园人心之所向、行之所至，一同经历风雨，自强不息；一切以咀香园的根本利益出发，励精图治；面对艰难，迎难而上，披荆斩棘，创造了一个个骄人的成绩。这 100 年来，咀香园人不逐快钱，稳中求进，实事求是，厚积薄发，专心专注，抵住诱惑，将产

◀无锡百佳食品有限公司总经理王小东（右）与咀香园执行董事、总经理郭伟文（左）签约（夏升权/摄）

品做到极致。

咀香园的核心价值观是"诚信践行、精益求精、勇于创新、乐于分享"这16个字。咀香园品牌的百年传承，与咀香园人秉承和践行以上核心价值观有着很大的关系。郭伟文说，值此咀香园100年之际，要持续做好咀香园品牌，需要的是不忘初心，让咀香园更开放、包容和专注，吸引更多优秀人才加入咀香园大家庭，将咀香园这个品牌继续传承下去。

咀香园人一直信奉专业主义，并把专业的事情交给专业人做。比如，近五年来，一直在引进专业的品牌管理公司、营销公司协助对品牌和营销等各方面进行升级，并从2017年起，一直推动企业往数字化方面的转型升级，坚持生产高品质的产品，所有的创新都要基于为客户创造更好的产品和服务。

咀香园董事长梁炳根认为，百年来风雨兼程，咀香园之所以历久弥香，除了技术创新与传统工艺结合之外，还有就是坚守诚信，承担着一份沉甸甸的社会责任，对员工之爱，对客户之爱，对消费者之爱，对社会之爱。诚信，成为咀香园品牌传承下去的"保鲜剂"。

如今，咀香园占地近100亩，厂房面积近3万平方米，巨大的饼模雕塑印证了咀香园享誉百年的光辉历程。咀香园代代相传，秉承传统秘方，结合现代科技，不断创新发展，已成为融开发生产、加工销售、连锁专卖、观光旅游、科普教育为一体的现代化食品制造企业。

今天，我们对老字号的寻根，并非只是发思古之幽情，更重要的是探寻如何继续擦亮百年老店的招牌、如何继续传承和创新。

百年咀香园的精神内核是什么？有哪些值得推崇的企业家精神？中山市经济研究院院长梁士伦教授当晚也参加了咀香园100周年庆典活动。他点评说："咀香园不断地发展壮大，直到今天成为中山真正最具代表性的百年老字号，首先是专注与执著。一个企业、一个人要做成一件事，必须专注和执着。咀香园的百年传承，靠的是一代代咀香园人专注于一件事，做好一件事——100年只做一个饼。正因为有这份专注和执著，咀香园才能把小小的一个饼做得越来越好，越来越受市场喜爱，品牌关注度越来越高，影响力越来越大，成为中华老字号。

"其次是传承与创新。专注与执著并不等于停滞不前，咀香园自始至终有对高品质产品的追求，传承的是咀香园的认真精神，传承的是一代代咀香园人不断打造、不断提升含金量的'金字招牌'。传承的同时不忘记创新。随着时代的发展、生活水平的提高，消费者对咀香园产品的健康口味诉求不断提升，所以咀香园也一直在不断创新。

"再者，创新不仅仅是技术，还有文化。小小的一个饼，不仅要做到技术创新，还有新设备、新工艺，甚至新配方，不断推出。咀香园建有国家重点实验室分支机构，建成博士后科研工作站、院士工作站等一大批科研平台。创新不仅表现在产品技术研发方面，同时也注重文化的传承与创新。除了做好一个饼，咀香园还不断结合企业实力来提升、扩大并承担更多的社会责任，如建成国家3A级工业旅游区、社科基地、中小学科普教育基地等，把咀香园百年的食品文化、品牌文化、企业文化等系统展示出来，并通过这些景区、基地不断地推向社会各界，使企业文化走向社会，成为中山地方文化重要的有机组成部分。"

20世纪80年代末至90年代中期，中山和东莞、顺德、南海四个城市被誉为"广东四小虎"，实现了经济腾飞。梁士伦认为，中山之所以被列入"广东四小虎"，实际上与当年名震一时的"十大舰队"息息相关。随着改革的不断深入，"十大舰队"一个又一个实现了转制，咀香园是中山地方市属国有企业实现成功转制的典范。为什么会成功？为什么能成为典范？一个非常重要的点是必须要专心专注。不管时代怎么发展，做产品、做品牌，只有真正专心专注，发挥工匠精神，才能不断提升产品品质和品牌影响力。同时，随着时代的进步、技术的进步，需要不断创新，紧跟时代步伐。有了创新，有了工匠精神，有了坚定的信念，这样不管是国有企业还是民营企业，都会有更好的发展。

梁士伦认为，有些企业转制后，之所以经营不好甚至难以为继，很大一部分原因就是失去了原来对品牌、对产品的专心专注，失去了对未来、对技术等多方面的及时跟踪，甚至超前引领，从而在经济、社会、技术等快速发展的时期落伍了，掉队了，消亡了。咀香园的成功转制，也给现在的国企混合所有制改革、民营企业改革等提供了很好的范本。

"100周年庆典活动之所以选择在南朗镇举办，因为南朗镇是孙中山先生的故乡。下一个100年，咀香园人更要秉承孙中山先生'敢为天下先'的精神。"郭伟文深情地说。

在这个美好的日子里，除了有员工的祝福，咀香园董事会成员也发表了感言。董事长梁炳根说："2018年，咀香园100岁了。我们有幸能够见证一个品牌跨越整整一个世纪。我相信，每一位咀香园人都和我一样，感到无比自豪和骄傲。"

▲咀香园董事会成员（左起依次为董事杨培明、董事孙志均、董事长梁炳根、执行董事郭伟文、董事张延杰）

执行董事、总经理郭伟文说："心之所向，行之所在。这100年来，一代代咀香园人励精图治，披荆斩棘，创造了一个又一个骄人的成绩。100年是一份荣耀，这份荣耀离不开咀香园人的坚守与付出，离不开合作伙伴的帮助和信任，更离不开广大消费者的支持与厚爱。"

董事孙志均说："100年，能够让一粒种子长成参天大树。咀香园100年，是梦想践行的100年，是激情澎湃的100年。"

董事张延杰说："100年光阴，100年积累，咀香园人精益求精，勇于创新，缔造了广东美食的传奇佳话。"

董事杨培明说："100年奋斗，100年成就，今天咀香园带着荣耀，跨越第一个百年。"

附录　咀香园百年发展足迹简述

1.清末，中山石岐一书香世家自制绿豆杏仁饼。时任香山知县品尝后，挥毫写下"齿颊留香"四个大字。

2.1911年，杏仁饼公开售卖，因风味独特，大受欢迎，开始行销。

3.1918年，正式注册商标并对外营业，店号为"咀香园杏仁饼家"。

4.1935年，作为正宗的中山特产名扬海外。

5.1948年，咀香园饼家为维护自身权益，连续在《建中日报》发表打假声明。

6.1956年，咀香园饼家原班人马一起与中山30多家私营饼家合并为糖果商店咀香园加工场，仍取咀香园之名。

7.20世纪70年代末，逐步进入半机械化大生产时代。

8.1980—1997年，经过十多年的发展，咀香园不断发展壮大；20世纪90年代初成立中山市咀香园食品工业（集团）公司。

9.1997年5月，咀香园进行第一次改制，成立股份合作制公司。

10.1998年年底进行第二次改制，由职工赎买全部国有股份，咀香园率先成为中山市第一批民营企业。

11.2000—2002年，咀香园邀请国内知名设计大师，按GMP国际标准建新厂房。

12.2003年7月19日，咀香园新厂（位于中山火炬开发区）正式投产使用，老字号企业向现代化龙头企业转变。

13.2012—2018 年，相继引入国家重点实验室分室、院士工作站、博士后科研工作站等科研平台。如今，已建成"一室、两站、三平台、四基地"的科技创新平台架构。

14.2018 年 6 月 22 日，咀香园举行 100 周年庆典，开启下一个百年。

后 记

2018 年 3 月，我接到由中山市社会科学界联合会、咀香园和广东人民出版社联合策划的《创变百年——老字号咀香园的传承与发展》写作任务时，心里还真有点打"退堂鼓"。

写作确实是一件"苦差事"，这种无声无息的累，在我创作上两本书稿的过程中已"领教"过。况且，要写好一个百年企业的历史，谈何容易。虽然由于工作原因，对咀香园有长期的近距离观察，但要真正为其创作一本书，心里还是没有底，真怕写不好。

2018 年是中国改革开放 40 周年，也是咀香园成立 100 周年。面对如此大事喜事，于情于理，我似乎找不到推却的理由，只好硬着头皮答应下来。

写作确实需要一点勇气。在创作过程中，面对各种朋友邀约时，得找上 N 个拒绝的理由，与电脑为伴。写作期间，周末还时常"泡"在图书馆查找、核实资料。这种"强迫"，也让我有更多机会阅读到一些专家学者创作的好作品。幸好坚持了下来。《从"新"出发——中山市创新驱动全景纪实》《再造优势：中山十年经济的观察与思考》分别于 2016 年 2 月、2017 年 6 月出版发行，加上这本《创变百年——老字号咀香园的传承与发展》，算是一个"创新系列"。三本书三个维度，其中既有对创新驱动发展战略的系列探索，也有对城市在一定时期创新的微观调研和宏观思考，以及对百年老字号咀香园的企业个体观察。

在本书的创作过程中，我尽量做到让参与企业发展的见证者多些讲述。在咀香园董事、首席技术官张延杰的牵线搭桥下，我有幸认识了咀香园的一些前辈。他们当中，有年近八旬的许德恩（恩叔），还有年近七旬的陈贯宇（宇叔）、郑术恒、任洁玲（玲姨）、李炳雄、陈明锐等老职工。他们重点回忆了 20 世纪 60—90 年代咀香园与中山这座城市，以及他们所处年代的独特记忆。他们除了向我耐心讲述那些往事外，还提供了当年的工作证、票据、旧照片等珍贵的历史资料。有了这些"口述历史"，对还原咀香园百年历史中的精彩片段就会更加生动逼真。在此一并向前辈们表示感谢。

咀香园在每个重大的历史转折期都能把握好"航向"，并平稳过渡，然后飞速发展。这是中山市，甚至是中国企业史上的典型案例之一。

张延杰 1989 年大学毕业后来到咀香园上班，到 2019 年，正好 30 周年。他是咀香园在中国改革开放快速发展进程中的重要参与者、见证者。作为企业知识分子中的一员，他对咀香园的情感是深厚的。忙碌的工作之余，他一直用心收集企业发展的历史，保留了大量史料，有些还是从广东省、中山市档案馆复印而来的，再精心汇篇成册。那种认真和细心，让人感动。

这些资料为我写作此书提供了很多帮助，让我有机会对咀香园的百年历史做更深入、细致的了解。这些资料对研究中国一定时期的企业发展状况大有裨益。企业家对企业的爱，不仅仅体现在对经营数据的关注上，还体现在对企业软实力构建的用心用情上。这是新时代中山企业家精神的具体体现。

在本书近两年的创作历程中，我遇到了不少困难。可以说，没有张延杰董事的支持，写作难以完成，本书也不可能付梓。

从写作第一天开始到本书印刷出版的整个过程，中山市社会科学界联合会胡波主席给予了无微不至的关心。创作之初，胡波主席就对本书的写作提纲提出了很多宝贵的意见；在创作过程中又不断给予鼓励和支持。没有胡波主席的信任与支持，写作难以坚持下来。

巧合的是这个"创新系列"均由广东人民出版社编辑、出版、发行。

在此衷心感谢出版社的编辑老师们。

在写作过程中，还得到了咀香园董事会的大力支持，他们向我提供了大量旧照片，让当年的岁月得以更精彩地呈现在书中。

另外，还要感谢黄春华、苏泳仪、郭凤屏、雷敏芝、陈妙芬、谭琦、吴竞龙等人的大力支持。在此一并致谢！

由于时间仓促，本人知识水平有限，短时间的观察与写作是表浅的，难言深入研究、讲述。本书创作时间紧张，难免出现错漏之处，在此祈请各方专家学者与广大读者朋友批评指正。

谭华健

2020 年 5 月

本书配有能够帮助您提高阅读效率的线上服务

建议配合二维码一起使用本书

扫码后，您可以获得以下线上服务

01

本书立享服务

★本书话题交流群

02

每周专享服务

★行业热点头条

★同类好书推荐

03

长期尊享权益

★推荐同城/省会/邻近直辖市优质线下活动